胡卫卫　著

乡村柔性治理研究

RESEARCH ON
RURAL FLEXIBLE GOVERNANCE

社会科学文献出版社
SOCIAL SCIENCES ACADEMIC PRESS (CHINA)

本书为教育部人文社科研究青年基金项目"乡村振兴背景下柔性治理的运作机理及实践路径研究"(21YJC840004) 的结项成果。

序 言
柔性治理：中国乡村治理
现代化的重要面向

公共行政范式的创新和发展经历了一个漫长的过程，20世纪80年代，治理理论的兴起逐步颠覆了传统的公共行政模式，在很大程度上拓宽了理论界对公共行政的认知，也正如罗森布罗姆认为的我们已经从传统政府管理走上了新型公共治理的道路。治理的出现意味着"以政府为中心"向"以公众为中心"的范式转换，强调不再过多依靠政府公权力的强制性，而是通过和社会组织的合作协商实现互动式治理。公共行政范式的变化也形塑着公共治理的环境、制度和模式，对新时代的乡村治理转型具有重要的理论指导意义。审视中国乡村历史的变迁轨迹可以发现，乡村治理模式的形塑基本上是以政府和社会之间的关系调适为基本逻辑的。20世纪50年代，人民民主专政的社会主义新政权的建立打破了传统乡村社会"简约治理"的整体格局，随着国家行政权力的逐步下移，乡村社会的自治空间不断萎缩并最终形成人民公社时期政社合一的"全能治理"模式。改革开放后，随着家庭联产承包责任制的确立，中央在全国范围内推行村民自治制度，基层政权的"悬浮"拓展了村民自治的制度空间，在一定程度上促进了农村生产力的快速发展。21世纪初，农业税的终结标志着我国乡村社会进入后农业税时代，其典型特征是国家通过"项目制"和"财政转移支付"的方式继续推动基层民主化治理实践。然而，基层政权的"上移"和资源项目的"下沉"虽赋予了乡村社会一定的弹性空间和发展活力，但并未实现村社善治。在现有的科层制架构内，"中心工作"[①] 构成基层政府"晋升锦标赛"的运作逻辑，也造成村民自治实践中出现"行政吸纳自治"的现象。乡村传统行政运作范式的存在有其历史、制度和文化的根源，其形塑的乡村刚性治理模式导致当前乡村公共事务治理中"内卷化"现象的发生。为此，党中央在国家治理体系和治理能力现代化的理念指导下，结合当前正在大力实施的"乡村振兴"战略，提出构建"共治共建共享"的社会治理体系。

乡村是国家治理的微观领域和基础单元，在社会治理转型背景下，如何通过治理模式的创新来化解乡村公共事务治理中的失灵问题不仅关乎村社善治的实现进程，还关乎全国人民群众的福祉。柔性治理是在深入分析中国社会的历史和现实、制度和文化的基础上提出的一种面向未来的、引领公共治理潮流的乡村治理范式。作为"乡村振兴"战略进一步深化的模式选择，乡村柔性治理着眼于行政权威和物质激励不能满足社会变革的治理诉求的现实，强调通过非物质性和非强制性手段影响现代化进程中社会公众的思维方式，积极培育公务员的服务意识并增强其德治力量，其核心是建构积极性创造与再创造的动态发展机制。既有的关于柔性治理的研究在对象选择上主要聚焦于城市领域，而在乡村实践中的应用较少；在具体的研究内容上，往往囿于"某个观点"或"某种认知"，对于柔性治理的制度变迁、发生境遇和运作机理等研究存在诸多盲点；在研究方法上大多停留在质性分析层面，而对柔性治理的操作化和落地化问题关注不够，特别是定量和案例等实证研究比较缺乏。有鉴于此，本书在国家治理体系和治理能力现代化的时代背景下，结合当前的"乡村振兴"和"精准扶贫"战

---

① 围绕上级部署的各种任务而展开的各种阶段性工作，对于这些工作，相关部门必须不计成本和代价地去完成。

略，以"中国之治"为政策指导，通过更加翔实的案例，深入系统地剖析乡村柔性治理的发生情景、运作机理和应用路径；按照"提出问题—分析问题—解决问题"的研究路径，在文献梳理和实践调查的基础上提出"发生—运作—应用"的逻辑分析框架对乡村柔性治理进行实证解读和学理阐释。

2022 年 7 月 1 日

于西农大人文学院 6 号楼

目　录

第一章
绪　论

第一节　研究缘起

一　研究背景

20 世纪 90 年代，全球化和分权化的社会发展思潮逐步改变了公共治理的国际环境，"治理"作为公共行政学的新概念被广泛运用到国家公共事务的解决中。与传统公共行政研究范式的差异在于，治理理论颠覆了以往公众对公共行政的认知。因为无论是"政治—行政"两分法[①]还是"管理、政治和法律"的三种途径都是从政府的角度去理解公共行政的[②]，带有明显的"政府中心主义"色彩，而治理强调"公众中心主义"。作为一项最基本的人类社会活动，治理的发展经历了由本能到经验再到科学的变化过程，而治理的精细化和技术化也完善了公共管理学这门年轻的学科。在经济全球化、文化多样化和政治民主化的社会发展背景下，追求善治已经成为世界各国政府的终极目标，并通过一系列的制度创新与政策变革推进国家善治的实现。所谓的善治就是使公共利

[①]　王学栋：《政治与行政二分法视野中的行政自由裁量权》，《行政论坛》2008 年第1 期。

[②]　曹剑光：《多视角的公共行政观——评〈公共行政学：管理、政治和法律途径〉一书》，《公共管理学报》2007 年第 2 期。

益最大化的社会管理过程和管理活动，其本质特征在于寻求政府和社会的合作关系。人类文明演进的过程也经历了从"统治"到"善政"，再到"善治"的变迁轨迹，而"以人为本"的柔性治理范式因其内在治理价值的前瞻性和创新性，引领着公共治理的潮流，成为 21 世纪社会善治变革的重要走向。在全国推进善治创新的情景建构中，中央政府如何通过科学的顶层设计稳步推进国家治理现代化，地方政府如何通过政策创新提升治理能力，基层社会的治理模式选择如何实现村社善治，是值得关注和探讨的学术命题。本书围绕乡村善治这条逻辑主线，从宏观的政策背景、中观的制度背景和微观的实践背景三个方面对乡村柔性治理展开研究。

（一）宏观层面：中央顶层设计下的治理现代化

进入 21 世纪，我国经济社会形势发生了深刻变革，组织结构去中心化、公众诉求多样化、价值观念多元化和利益格局复杂化成为新时期社会转型面临的深层次难题。传统的政府治理模式在当前的发展形势下显得捉襟见肘，不仅成为政府治理失灵的直接原因，也对社会公共秩序的维系带来严峻挑战。为此，党的十八大报告将"全面建成小康社会"作为党和国家的战略目标，并将其视为实现中华民族伟大复兴的关键一步；在党的十八届三中全会上，党中央正式吹响"全面深化改革"的号角，并将推进国家治理体系和治理能力现代化作为总目标，这为公共治理发展指明了方向。紧接着，党的十八届四中全会提出"全面推进依法治国"，着眼于促进国家生活和社会生活的法制化、制度化和规范化。之后，习近平总书记又在党的群众路线教育实践活动总结大会上提出"推进全面从严治党"的目标，至此，中央形成"四个全面"的战略布局。从历史发展的线性脉络看，"四个全面"战略布局是对我们党治国理政实践经验的科学总结和丰富发展。同时，党的十九届四中全会明确了国家治理体系和治理能力现代化的总体目标，对"中国之治"的理论体系和实践发展做出战略性的规划，也为建立"共建共治共享"的社会治理格局指明了出路。

在国家"四个全面"战略布局和中央顶层设计理念的指导下，各级地方政府高度重视"三农"问题，将其视为关乎国家政权稳定和国计民生的重要标杆，这也是中国共产党工作的重中之重。连续多年的中央一号文件都把"三农"问题放在首要地位，特别是2019年中央一号文件明确指出"要建立健全党组织领导的自治、法治、德治相结合的领导体制和工作机制"，这为全国"三农"工作的开展指明了方向。实际上，"四个全面"的战略布局与国家的乡村治理体系建构密切相关，特别是2018年确立"乡村振兴"战略之后，中央的顶层设计为乡村治理现代化的实现提供了制度支持（见表1-1）。

表1-1　2011~2020年中央一号文件标题的关键词汇总

年份	关键词
2011	水利改革发展
2012	农业科技创新、农产品供给保障能力
2013	发展现代化、农村发展活力
2014	深化农村改革、推进农业现代化
2015	创新力度、加快农业现代化
2016	发展新理念、农业现代化、全面小康目标
2017	农业供给侧结构性改革、农业农村发展新动能
2018	乡村振兴战略
2019	农业农村优先发展
2020	抓好"三农"领域重要工作

资料来源：根据每年中共中央、国务院印发的中央一号文件整理所得。

（二）中观层面：地方制度创新下的治理多样化

在中央顶层设计理念的指导下，各级地方政府紧扣时代变迁的脉搏，大力推进政策实践创新并形成一大批典型的关于地方治理创新的案例。相关的组织团体依据一定的标准筛选出比较有影响力的典型治理案例，比如"中国城市治理创新奖"、"地方治理创新最佳案例"和"改革开放

40年地方改革创新致敬案例"。其中,"中国城市治理创新奖"旨在发现、奖励、推广和总结中国城市治理创新的先进经验,推进中国城市治理的现代化;"地方治理创新最佳案例"按照地方治理实践中的创新性、重要性、效益性、参与性和推广性等标准确立;"改革开放40年地方改革创新致敬案例"主要依据案例自身价值、典型意义、对今后改革的影响和引导、群众获得感以及社会影响力等因素设置。从2018~2019年"中国城市治理创新奖"的公示结果来看,主要是对我国各个城市地区在推进治理政策创新中所做的贡献进行奖励。从地域分布看,获奖的城市基本上是经济发达的东部地区,特别是江浙地区获奖数占了近一半。从城市治理创新的内容上看,主要是基于智慧治理的理念,通过治理模式的创新,打造分类治理、技术治理、大数据治理及"三治融合"治理体系。"地方治理创新最佳案例"的评选自2000年至今已经有20多年的历程,本着独立、公正、透明和非营利的原则,每年都会评选出十大典型案例。从案例评选结果的内容上看,涉及小城市治理模式、街道社区治理模式和乡村治理新模式。这些典型的案例也代表当前我国地方在推进治理创新中的主要经验,也是坚持"以人民为中心",构建共建、共治、共享的社区治理格局的微观缩影。其中,2019年最佳案例中提到的建构乡村善治新格局是对健全"三治融合"乡村治理体系的现实回应。

从表1-2看,"改革开放40年地方改革创新致敬案例"多是时间跨度长、影响范围大、在各个领域具有代表性的地方改革经典示范案例,能真正意义上体现改革开放至今我国地方政府在制度创新和政策制定中的卓越贡献。从时间变迁的纵向角度看,从1978年安徽省凤阳县小岗村的"大包干"到2005年浙江省安吉县"两山理论"再到2011年贵州省湄潭县的"农村综合改革试验探索",地方政府在实践中所探索的先进治理模式、治理经验和治理方法大多通过政策扩散的途径上升到国家法律层面,再以中央名义推广到各地区,最终形成可复制、可借鉴的基层治理样板。

表 1-2 部分改革开放 40 年地方改革创新致敬案例

序号	年份	省/自治区/直辖市	地点	名称
1	1984	北京	天桥商场	国内第一家国有企业股份制
2	1988	北京	中关村	国家自主创新示范区
3	1994	天津	滨海新区	先行先试重大改革
4	1986	辽宁	沈阳	国企首次公开破产
5	1984	上海	上海市	首次公开发行股票
6	1990	上海	浦东新区	浦东开发开放引领改革开放
7	2005	浙江	安吉	"两山理论"发源地
8	2011	浙江	义乌	国际贸易综合改革试点市
9	1978	安徽	凤阳	农业大包干拉开我国改革开放序幕
10	1988	福建	石狮	探索"小政府大社会"
11	2002	福建	晋江	改革开放晋江经验
12	2009	福建	永安	全国唯一林业改革与发展示范区
13	1992	山东	诸城	放活国有小企业
14	1979	湖北	武汉	开放小商品市场
15	1987	广东	深圳	土地拍卖探索土地资本化
16	2009	广东	深圳	综合配套改革"新特区"
17	2009	广东	佛山市顺德区	机构改革"先行先试"的探路者
18	1980	四川	广汉	广汉首撤"社"建"乡"
19	2007	四川	成都	国家统筹城乡综合配套改革试验区建设
20	2011	贵州	湄潭	农村综合改革试验探索

资料来源:《改革开放 40 年地方改革创新 40 案例名单揭晓》,新华财经客户端百度百家号,2018 年 12 月 27 日,https://baijiahao.baidu.com/s? id=1620987469241651243&wfr=spider&for=pc。

（三）微观层面：乡村振兴实践下的治理落地化

乡村是国家治理的基本单元和主要构成,其模式选择与治理成效直接关系到乡村振兴的"最后一公里"。在乡村治理场域,村民自治的行政化倾向压缩了农村政治民主化的发展空间,传统的以工具理性为主的"治理模式"遵循的是依靠政府权力支配和资源供给的实践逻辑,缺乏现代化人文主义价值关怀。从图 1-1 可知,在取消农业税后,国家主要通过"项目制"和"财政转移支付"的方式向农村输送大量的发展资源，乡村治理也过度依靠政府自上而下的行政化权威，造成农民主体意识的弱化和话语权的缺失，由此引发乡村发展的内生性动力不足问题。过度依靠行政权威的乡村治理实践在一定程度上使村民自治制度的运行受到阻碍，乡村发展陷入非良性循环的怪圈。①

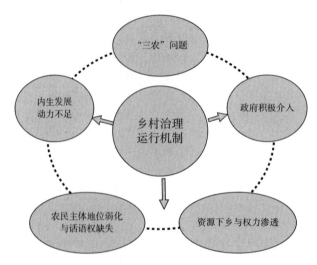

图 1-1 行政推动与"三农"发展的非良性循环

资料来源：笔者自制。

因此，在国家治理能力和治理体系现代化的理念指导下，基于我国乡村实践中长期遵循的"物质治理"抑或"行政主导"难以适应当前社会发展需求的现实情况，无论是社会实践部门还是学术界都试图开辟一种新的乡村治理范式。至此，长期以来被忽略的柔性治理范式逐步引起社会各界的关注，并被逐步引入到公共治理的理论研究和实践运用领域，发展为公共管理学科的重要内容。审视当今的中国，城镇化、工业化和市场化的浪潮使传统的乡村社会正经历一场史无前例的革命性变迁，当今的乡村社会也不再是费孝通先生口中的"乡土中国"。从乡村

---

① 郁建兴等：《从行政推动到内源发展：中国农业农村的再出发》，北京师范大学出版社，2013，第 25 页。

社会的变迁结果来看，传统乡村社会的元素如代际关系、道德伦理和村规民约等逐步被市场化浪潮所冲击，村社共同体、社区归属感和土地安全感逐步被城镇化引发的流动社会所解构。从价值理性和工具理性的层面看，乡村社会被"器物"或理性所充斥，物质治理模式被广泛地运用或普及，在过度强调工具理性的同时忽略了社会治理的价值理性。同时，乡村社会的现代化变迁为乡村社会内部人文地理关系的重塑提供了契机，也为乡村治理的变革带来前所未有的机遇。当前，乡村治理研究领域的共识性观点认为后农业税时代国家权力的"悬浮"、市场经济的冲击和村社共同体的解体成为乡村治理的制度性困境，传统以文化基因为基础的乡村社会正面临权力悬浮、功利下沉和信任流失的问题。这些问题的解决关乎"乡村振兴"战略的落地，因此迫切需要进行乡村治理变革。

二 问题的提出

乡村社会是国家治理的基本单元和微观领域，作为国家治理现代化和地方治理创新的第一线，其治理成效直接关乎基层社会秩序的稳定和人民群众的福祉。随着社会转型的加快，我国已经进入后工业化时代，而高度的不确定性和高度复杂性是后工业化时代的典型特征，由此引发了一系列的公共治理问题。[1] 就乡村社会而言，在利益关系日益复杂化的现实背景下，新旧文明的交替增加了社会治理的难度和风险。通过一种有效的纽带或者工具来化解社会矛盾，平衡各种利益关系，特别是将现代社会的文明元素如平等、开放、自由和民主等价值工具融入乡村社会变迁的浪潮中促进乡村善治是新时代赋予我们的学术使命。在当前的乡村治理实践中主要存在着国家自上而下的行政权和乡村内生的自治权两大权力，而以公权力为基础的行政权占据主导地位，过度强调行政权

---

① 杨华锋：《走向后工业社会的道德管理：从行政之恶谈起》，《南京农业大学学报》（社会科学版）2013 年第 1 期。

力的强制性会带来一系列治理失灵问题。乡村善治的初衷是实现村民公共利益的最大化，作为一种创新性的、符合未来公共管理发展趋势的治理范式，柔性治理的核心价值在于通过非强制性工具和非物质化的手段逐步转换社会公众的思维模式，培育治理主体的服务意识并增强社会行动主体的德治力量。因此，在传统治理模式的路径依赖中和当前刚性制度结构下探索柔性治理的发展路径，实现乡村振兴的"刚柔并济"是一项极具前瞻性的学术命题。现实的问题是，虽然理论界和政府部门已深刻认识到乡村柔性治理的重要性，但是在具体的实践层面却陷入"说着容易做着难"的尴尬局面。乡村柔性治理是推进乡村善治的有效举措，也是乡村治理转型的一种有效途径，如何将抽象的概念运用到实践中并没有得到人们足够的关注。乡村柔性治理是在什么样的情景下产生的？在具体的乡村治理实践中是如何展开的？柔性治理范式在乡村善治进程中是如何有效落地的？这些问题在学界目前还没有得到很好的回应。鉴于此，本书紧紧围绕乡村柔性治理的来源性问题、运作性问题和应用性问题进行了深入探讨。

三　研究意义

（一）理论意义

20世纪末，美国著名政治经济学家埃莉诺·奥斯特罗姆以公共选择理论为基础从不同于"新公共管理"和"新公共服务"的角度，建构了一整套全新的后官僚制行政理论，提出了"多中心治理"的公共行政范式，成为理论界比较有影响力的分析框架。受"多中心治理"的影响，华中师范大学中国农村问题研究院的徐勇教授于1998年首次提出了"乡村治理"这一概念来系统地阐释中国乡村社会的治理逻辑、运作机制和发展路径，构成了乡村治理理论的基础。[①]　与"村民自治"

---

① 徐勇、徐增阳：《中国农村和农民问题研究的百年回顾》，《华中师范大学学报》（人文社会科学版）1999年第6期。

的概念不同的是，乡村治理将社会转型中的乡村政治、乡村经济与乡村文化统筹进来进行系统分析，形成对乡土社会强大的解释力。20 世纪与 21 世纪之交，以"乡村治理"为主题词的研究文本愈加丰富，构筑了乡村问题研究的主流范式，而乡村柔性治理研究的理论意义如下。

首先，拓展公共治理的理论内涵。从公域之治模式的角度审视社会发展演变历程，我们清晰地看到其共经历了传统的公共行政即国家管理模式、新公共行政即公共管理模式和公共治理模式三个阶段。国家管理失灵为公共管理的兴起提供了契机，但是公共管理理论在解决公域之治的实际问题时只能有限度地缓解其内在张力，不能从根本上化解公域之治的困境，而治理理论的兴起有效地突破了新公共行政的局限性。从隶属关系看，柔性治理理论是现代公共治理理论体系的重要构成，也是对公共治理理论的补充和丰富。特别是柔性治理理论对治理主体的法律地位、参与治理的过程以及治理的模式都给予了细致的说明，着重强调治理主体采取协商的软治理技术更是对传统刚性治理模式的超越。由此可见，乡村柔性治理极大地丰富了公共治理理论的内涵，也是对刚性治理的有效补充，将成为未来公域之治的一种途径，能促进国家治理现代化的理性建构。

其次，推动治理理论的本土建构。当前，关于治理理论的话语体系正在不断完善，为广大涉农研究的专家学者开拓了新的政治理论视野。治理理论是个"舶来品"，如何将治理理论运用到中国的乡村治理实践中是理论界关注的热点话题，因为将西方治理理论的内涵、要义和条件，直接拿来解决中国的公共治理问题会面临诸多的局限性。乡村治理实践中，如果只是简单地或者机械地照搬西方的治理理论，必然会在乡村治理问题的解决中出现治理失灵现象。本书将以柔性治理为逻辑主线，通过学理分析和实证研究，建构乡村柔性治理的理论框架，拓展柔性治理的内涵和外延，确保乡村政治系统的高效运转和民主决策的科学性，最终促进治理理论的本土化拓展。

最后，促进治理范式的现代转型。在乡村治理的学术研究场域，现有的理论框架、研究成果和模式构建始终没有跳出"行政主导"的藩篱。乡村柔性治理的理论体系框架迎合国家治理现代化的需要，将国家公权力的行使与村民自治权进行有效的结合，与传统的政府和社会相分离的"双轨政治"有所不同，其更多地体现出政社之间的良性互动。乡村柔性治理是在乡村治理转型背景下产生的一个全新的学术命题，涉及乡村治理主体的变革、治理结构的调整、治理方式的改进和治理目标的调适，是一个具有复合学科特性、多种学术流派交织特征的研究主题，其本身就是一种理论创新。同时，乡村柔性治理不断丰富和完善了乡村治理研究的理论体系，将学界关注的目光从城市社区治理转移到乡村治理，打破"用城市套农村"的思维惯性，为分析乡村治理实践提供了新的理论视角，最终促进学术界实现由行政权威主导向柔性治理研究范式的转换。

（二）实际意义

从历史发展的时间节点看，我国正处于全面深化改革和社会体制转型的攻坚期。高度不确定性和高度复杂性是社会转型期的基本特征，主要表现为各种利益主体之间矛盾的增加，城乡贫富差距的增大以及阶层流动的固化。在农村发展场域，环境污染严重、土地增值空间有限、农村空心化现象严重、农业产业结构失衡和政府职能转变滞后等一系列问题掣肘乡村的发展。① 针对农村发展中遇到的各种问题，如何创新乡村治理范式是值得考虑的问题，本书嵌入柔性治理范式的现实意义如下。

首先，创新乡村治理模式，促进政府职能转变。20 世纪末在全国实行的村民自治制度是在国家理性建构的实践背景下产生的，换言之，村民自治并未改变国家权力单向度的运作逻辑，自治权在一定程度上是国家权力的延伸。实践证明，在国家行政权力和村委会自治权力主导的乡村

---

① 吴蓉、施国庆：《后税费时代乡村治理问题与治理措施——基于文献的讨论》，《农业经济问题》2018 年第 6 期。

治理结构中,单纯依靠权力、制度和技术的治理模式并不能真正实现村社善治和乡村振兴。只有嵌入组织化的公众团体,建构起以"以人为本"为主旨的乡村治理模式,才能在一定程度上可以改变国家行政权力向乡村社会的渗透逻辑,从而使乡村社会具有民主化的发展空间。柔性治理的嵌入,能够强化社会利益相关者在基层治理中的作用,有效地改变传统政府"命令—服从"的行为逻辑。通过运用柔性化手段,倒逼政府职能的转变,为建构政党领导、政府负责和社会协同的乡村治理格局奠定了基础。

其次,健全"三治"融合机制,推进乡村治理转型。乡村治理问题向来受到党中央的高度关注,健全自治、法治和德治相融合的治理体系是党的十九大报告中的重要内容,为后农业税时代乡村治理体系建构指明了出路。在传统的乡村治理实践中,基层政府过度依赖权力的强制力推行公共政策,贯彻国家意志。在治理的策略选择上,基层政府过度聚焦于如何通过刚性的制度设计、治理技术或者物质资源的分配规则来进行治理,较少考虑立足乡村固有的历史文化、自然资源和社会资本,进而将自治、德治和法治有机结合,形成一整套"刚柔相济"的乡村治理模式。在传统的乡村治理场域,政府一直都是唯一的治理主体,一元化的行政主导与现代社会结构多元化之间的张力不断拉大成为对当前乡村治理实践的基本判断。因此,在现代化浪潮的推动下,本书基于我国市场经济发展中积极培育的公民民主化人格和法治契约精神提出了乡村柔性治理的概念,为健全自治、法治、德治相结合的乡村治理体系提供了思路,成为推进乡村治理转型的催化剂。

最后,形成可借鉴的经验,为公共决策提供依据。学界当前对于乡村治理的研究著述颇丰,但是诸多研究要么偏重于宏观层面的学理分析,要么强调个案研究的重要性,在解释治理模式创新层面有很大的局限性,究其根源在于当前的学术研究和社会治理变革实践之间存在脱节问题,两者不能形成很好的合力。本书从社会变迁的角度出发,通过理论探讨和实证分析,系统阐释乡村柔性治理的发生情景和运作机理,进而形成可复制、可推广和可借鉴的乡村治理经验，从促进乡村振兴中"治理有效"目标的实现。乡村柔性治理的有效落地是当前各级政府部门普遍关注的社会课题，为此，需要有关公共部门出台很多关于乡村治理的政策。公共政策的制定要深入基层，要聆听百姓心声，反映民生诉求①，本书采用田园式研究方法，通过大量的案例素材和科学的计量方法，有效地规避经验分析和纯粹学理性研究的不足，使研究结果更加真实、客观，为政府部门在制定乡村治理政策时提供依据，提高公共决策的科学性。

第二节　文献综述

一　国内研究动态

本书遵循"治理—乡村治理—柔性治理"的分析思路对与主题相关的国内外文献资料进行系统梳理，在此基础上凝练出总结性观点并对已有的研究进行细致的评述。在此基础上，针对前人研究的不足建构本书的逻辑分析框架，以期不断促进我国乡村治理理论体系的完善和新时代背景下的乡村治理的转型。

（一）关于治理理论的研究

本书借助中国知网（CNKI）数据库，在检索条件中，以"治理理论"作为关键词，以 CSSCI 来源期刊为检索对象，检索时间为 2019 年 10 月 10 日，对 2009~2019 年国内学者所发表的 2381 篇学术文章进行分析，数据结果如图 1-2 所示。

从横向时间轴的变化趋势看：自 2012 年党的十八大召开以来，国内学者对于治理理论的研究兴趣不断提高，这主要是由于党的十八届三中全会提出了"推进国家治理体系和治理能力现代化"的口号，但也反映出学术理论研究迎合国家实践需求的基本逻辑。2017~2018 年，发文数量

---

① 　王洛忠、蒋晓飞、庞锐：《公共政策过程中公民参与研究的回顾与展望——基于 2003—2017 年 CSSCI 文献的分析》，《学习与探索》2018 年第 4 期。

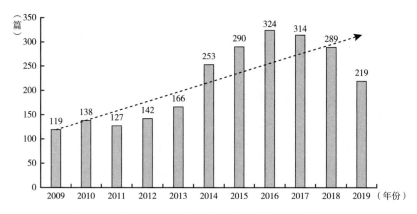

图 1-2 2009～2019 年国内学者关于"治理理论"研究
在 CSSCI 来源期刊中的发文量

资料来源：CNKI。

虽有小幅度下降，但总体还是保持在每年 300 篇左右，这也与党的十九大报告首次明确提出国家治理现代化的路线图，并将其思路和逻辑贯穿于"五位一体"的各个部分有关。高校学者是推动治理理论不断丰富和完善的主力军，实际上，自"治理理论"在西方国家产生之日起它就引起了我国高校学者的关注。当前，国内高校研究治理理论发文前五名的分别为中国人民大学、武汉大学、南开大学、华中师范大学和吉林大学，如表 1-3 所示。一般来说，各个高校通过对治理理论的研究也间接促进了国内管理学的发展，特别是促进了公共管理学科的建设。

表 1-3 2009～2019 年国内部分高校关于"治理理论"研究的发文量

单位：篇

高校	数量	高校	数量
中国人民大学	78	北京大学	52
武汉大学	74	南京大学	51
南开大学	60	浙江大学	43
华中师范大学	53	清华大学	38
吉林大学	53	厦门大学	38

资料来源：CNKI。

改革开放 40 多年来，我国的高校涌现出一大批研究治理理论的学者，他们将治理理论同中国的发展实际相结合，建构起中国特色的人文社科学科体系、学术体系和话语体系。笔者在对相关文献进行梳理后，从以下几个方面对相关学者治理理论的研究主题进行了概括。

第一，对治理理论兴起和范式归类的研究。治理理论产生于西方发达国家，对我国来说，是个"舶来品"。实际上，自 20 世纪 90 年代产生伊始它就引起了我国学者的高度关注并在我国的理论界引起强烈反响。我国公共管理和公共政策研究的著名学者毛寿龙教授是国内较早关注治理理论的学者之一，他认为西方文献中 govern 的含义既非"统治"也非"管理"，而是"治理"，治理是对传统科层官僚制行政模式的替代，在具体实践中政府是"掌舵者"而非"划桨者"，但是毛教授并未对治理的概念做出系统详细的阐释。① 北京大学的俞可平教授在分类考察国内外学者关于治理定义的基础上在其著作《治理与善治》中对治理的定义进行了完整的论述，这个论述得到国内大多数学者的认可，其认为治理的初衷和最终目的都是促进公共利益最大化的实现。其实现需要在不同的制度关系中合理运用政治权力，通过人性化的引导、规范和调适等手段促进治理活动的开展。多中心的治理结构是未来社会发展的主流趋势，应该充分发挥第三团体在社会发展中的积极作用。随着治理理论在中国的兴起，国内学者对其展开系统深入的研究并形成不同的研究范式。比如，有学者认为经济体制的变革引起社会治理结构的变迁，将治理结构变迁聚焦于某个具体的微观领域，就形成了治理理论的结构—功能主义范式。有些学者从政治系统的思想观点出发对治理理论进行系统考察，进而提出治理体系和治理生态之间的关系，这就是典型的政治系统论范式。② 当前，有些学者在摒弃"国家中心论"和"社会中

---

① 毛寿龙：《机构改革的组织创新》，《开放时代》1993 年第 4 期。
② 薛澜、俞晗之：《迈向公共管理范式的全球治理——基于"问题—主体—机制"框架的分析》，《中国社会科学》2015 年第 11 期。

心论"的基础上从政社互动的角度探讨社会建设，即政社互动范式。除此之外，还有历史主义范式和比较制度范式等，这些研究范式的丰富和完善进一步推进了治理理论的本土化拓展。

第二，对治理理论发展与实践结合的研究。治理理论的产生是基于当时特有的国际社会背景，而治理理论在发展完善中也不断与治理实践相结合，即治理理论的本土化问题。在探讨治理理论的本土化问题上，郑杭生等学者认为本土化就是将国外先进理论中的合理成分和本国的具体实际结合起来，治理理论的本土化需要将治理涵盖的内容和我国的现实情境相联系，通过合理化的汲取，形成与本国治理实际相符合的一种理论方法。[①] 实际上，很多从事公共治理的科研工作者有机会也有能力参与到政府治理实践中，他们懂发达国家实证研究的基本方法，能够为治理理论的引进和本土化拓展提供良好的平台，也能为其他的学者进行理论框架的建构带来启发。从历史变迁的角度审视中国共产党治国理政的历程，我们可以清晰地看到党对于公共事务的治理基本上经历了由"统治"到"管理"，再到"治理"的过程。从治理理论产生之初国内学者的呼吁，一直到治理理论在国家政策实践层面的广泛推广，特别是党的十九届四中全会提出"中国之治"的概念，充分展现了治理理论已经得到党中央的高度认可，其本身具有强大的生命力。作为一种研究工具，治理理论能够对我国社会发展中各种纷杂的现象进行诠释，治理理论与实践的结合不仅拓展了其本身的内涵，还促进了其本土化建构。

第三，对治理理论演化与创新发展的研究。经过长时间的演进发展，治理理论与我国制度实践相结合，在具体的指导政府公共部门处理社会公共事务中发挥了很大的作用，特别是"中国之治"的提出表明我国已经初步形成具有国家特色的治理体系。从治理理论的应用

---

① 郑杭生、邵占鹏：《治理理论的适用性、本土化与国际化》，《社会学评论》2015年第2期。

范围上看，其不仅在涉及中央顶层设计的社会维稳和国家安全领导上有所体现，而且在关乎民生建设的具体领域，包括社区基层治理和乡村治理领域都得到细致的体现。[①] 在治理的主体上，从之前强调权威主义的科层治理辅之以市场化运作和社会管理协同到现在的政府指导下的公众参与，治理主体的内涵和外延不断扩大，如"官民共治""多元治理""一核多元""政社互动"等当前流行的关于基层治理的学术话语。[②] 从治理的未来发展趋势上看，和传统的公共行政向新公共行政的发展趋势一样，公共行政的发展逐步改变了"政府中心主义"的思维范式，也逐步建构起"公民中心主义"的基本格局作为对政府治理问题的新回应，国内很多学者展开数字治理范式的研究。[③] 可见，治理理论在中国未来的实践应用中需要进行全方位的整合，并树立起以需求为基础的"整体主义"观念，极大地推进其数字化的转型。简言之，国内学者将治理理论创新发展的研究更多的是纳入国家治理能力提升的宏大视野，这表明无论是国家在提供内部服务还是在进行外部交往时都需要具备更强的治理能力。在大力推进国家治理现代化的时代浪潮下，治理创新的核心和关键在于将治理的本质和意蕴与中国的社会主义性质和特色制度优势纳入常规的治理轨道运行。

（二）关于乡村治理的研究

本书仍以中国社会科学引文数据库为检索工具。将"乡村治理"作为关键词，在剔除掉一些会议综述及短篇评论后得到：2009~2019年（检索日期为 2019 年 10 月 10 日），国内学者在 CSSCI 来源期刊合计发表学术论文 1991 篇。根据发文时间可划分为三个阶段：第一阶段是

---

① 丁元竹：《治理现代化呼唤政府治理理论创新》，《国家行政学院学报》2017 年第 3 期。
② 李战刚：《公平正义与社会治理理论创新》，《科学社会主义》2014 年第 1 期。
③ 颜佳华、王张华：《数字治理、数据治理、智能治理与智慧治理概念及其关系辨析》，《湘潭大学学报》（哲学社会科学版）2019 年第 5 期。

2009~2013 年的"平稳期",每年的发文量基本维持在 100 篇左右;第二阶段是 2014~2017 年的"低速增长期",呈明显的上升趋势;第三阶段是 2017~2019 年的"高速增长期"。其中,2018 年的发文量为 433 篇,相比 2016 年增长了 123.2%,具体见图 1-3。

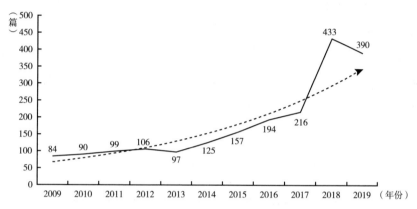

图 1-3 2009~2019 年国内学者关于"乡村治理"在 CSSCI 来源期刊中的发文量

资料来源:中国社会科学引文数据库。

国内学者关于"乡村治理"的研究热情与国家关于"三农"的制度设计和政策有关,特别是 2014 年习近平总书记提出"精准扶贫"战略和 2017 年党的十九大报告提出"乡村振兴"战略后,关于乡村治理的研究引起学术界的高度关注,预计未来几年内都会保持较高的热度。借助 CNKI 计量可视化分析软件,可检索得出关于"乡村治理"的主题分布情况:当前国内学者在乡村治理研究中使用的高频词排在前五位的依次是:乡村治理、乡村振兴、村民自治、村干部和劳动者。在计量可视化分析工具中,关键词之间的关系往往根据连线的基本情况来体现。一般来说,在某个研究主题的"关键词共现网络"中,关键词之间的连线越多,代表两者之间共现的频率越高,证明其是该研究领域的热点话题,如果关键词之间的连线越粗,则代表其关系越紧密。通过国内学者关于"乡村治理"研究高频关键词的网络图谱可以看出：相关研究以"乡村治理"这个核心关键词组成的群组为主，"中央一号文件""治理能力"等重点关键词之间的连接线最粗，关联性最强。笔者认为，我国的乡村治理实践是在国家的政策背景下展开的，是中央顶层设计推动的结果。在 20 世纪 90 年代，村民自治的制度提出以后，乡村治理就成为国家政策制定必须考虑的内容。近几年来，国家围绕"三农"问题出台了一系列政策文件，特别是"精准扶贫"战略的提出，为乡村治理的发展注入了活力。学者们在研究中国的乡村治理问题时，也将其与国家政策结合起来。那么，在学术界，哪些研究成果最能引起学者们的关注？为此笔者对 2009～2019 年学界发表的相关文献进行了统计（见表 1-4）。

表 1-4　2009～2019 年乡村治理研究样本文献的高被引论文

单位：次

序号	题目	作者	刊物	发表年份	被引频次	下载次数
1	《基层治理中的"不出事逻辑"》	贺雪峰 刘岳	《学术研究》	2010	333	5459
2	《论乡村治理内卷化——以河南省 K 镇调查为例》	贺雪峰	《开放时代》	2011	305	8620
3	《从维权到谋利——农民上访行为逻辑变迁的一个解释框架》	田先红	《开放时代》	2010	266	3898
4	《新时代中国乡村振兴战略论纲》	叶兴庆	《改革》	2018	209	20366
5	《新型城镇化背景下的中国乡村转型与复兴》	申明锐 张京祥	《城市规划》	2015	185	6838
6	《乡村治权与分类治理：农民上访研究的范式转换》	申端锋	《开放时代》	2010	166	2838
7	《分利秩序与基层治理内卷化 资源输入背景下的乡村治理逻辑》	陈锋	《社会》	2015	163	6253
8	《乡村振兴战略的关键点、发展路径与风险规避》	刘合光	《新疆师范大学学报》（哲学社会科学版）	2018	140	17607

序号	题目	作者	刊物	发表年份	被引频次	下载次数
9	《我国农村又将面临一次重大变革——"互联网+三农"调研与思考》	万宝瑞	《农业经济问题》	2015	137	10201
10	《无理上访与基层法治》	陈柏峰	《中外法学》	2011	137	4729

注：被引频次和下载次数统计截至 2019 年 10 月 10 日。

资料来源：中国社会科学引文数据库。

以"乡村治理"为主题词进行文献检索，检索统计结果显示：武汉大学贺雪峰教授的论文《基层治理中的"不出事逻辑"》在 2009～2019 年内被引用的频次最高，而其另一篇作品《论乡村治理内卷化——以河南省 K 镇调查为例》被引次数排在第二位。根据学术成果在研究机构中的分布情况得出：随着乡村治理研究热度的持续上升，国内已经形成较为稳定的、有组织秩序的学术共同体，形成一批能影响中国乡村治理实践的知识分子。统计发现：研究乡村治理的科研机构学术成果发文量排在前五位的依次是：华中师范大学、华中科技大学、中国人民大学、南京大学和南京农业大学。具体情况见表 1-5。

表 1-5　2009～2019 年乡村治理研究机构在 CSSCI 来源期刊发文量情况

单位：篇

序号	机构	数量	序号	机构	数量
1	华中师范大学	145	11	中国社会科学院政治学研究所	29
2	华中科技大学	112	12	南京师范大学	29
3	中国人民大学	63	13	中山大学	29
4	南京大学	57	14	中南财经政法大学	24
5	南京农业大学	54	15	吉林大学	23
6	武汉大学	52	16	四川大学	23
7	中国农业大学	50	17	华东理工大学	22
8	清华大学	41	18	中国社会科学院农村发展研究所	21
9	华中农业大学	32	19	山西大学	20
10	南开大学	30	20	西南大学	19

资料来源：中国社会科学引文数据库。

第一，关于乡村治理概念内涵的研究。"以乡镇基层政府为基础的公共权力部门联合其他社会主体向农村地区提供公共产品和公共服务的过程"是较早对乡村治理概念的表达，这个概念是 1998 年由华中师范大学中国农村研究院的学者提出的。之后，国内其他的高校和科研院所也从不同的角度对其概念进行了阐释。比如，在治理目标上，武汉大学中国乡村治理研究中心的贺雪峰教授等学者认为乡村治理就是实现乡村社会的有序发展①；中国著名政治学家徐勇教授则认为乡村建设的现代化是乡村治理的主要目标。在治理主体上，赵树凯认为主体多元是乡村治理的基本特征，在乡村公共事务治理中通过民主协商的方式解决分歧，形成治理合力②；党国英则认为在我国现有的制度背景下，乡镇政府是乡村治理的绝对主体，辅以村委会、村民和农村经济合作组织。③ 郭正林对乡村治理主体的划分更加细化，认为其不仅包括乡镇党委政府在内的正式组织还包括其附属机构，如共青团和妇联等，同时还有各种村级组织和民间团体。④ 虽然学者们对乡村治理主体的划分标准不一，但都体现了"多元"和"去中心化"的理念，而治理主体与乡村社会的关系构成了乡村治理机制。从治理的内容上看，乡村治理涵盖的内容涉及乡村的政治、经济、文化和社会等多个方面，不仅包括村民自治，还有乡村建设、精准扶贫和农村环境整治等。从治理层级看，周庆智教授认为乡村治理包含两个层级⑤，一是国家对乡村社会的治理，二是村级内部的治理；而肖唐镖认为乡村治理

---

① 贺雪峰、徐扬：《村级治理：要解决的问题和可借用的资源》，《中国农村观察》1999年第 3 期。

② 赵树凯：《乡村关系：在控制中脱节——10 省（区）20 乡镇调查》，《华中师范大学学报》（人文社会科学版）2005 年第 5 期。

③ 党国英：《我国乡村治理改革回顾与展望》，《社会科学战线》2008 年第 12 期。

④ 郭正林：《乡村治理及其制度绩效评估：学理性案例分析》，《华中师范大学学报》（人文社会科学版）2004 年第 4 期。

⑤ 周庆智：《官民共治：关于乡村治理秩序的一个概括》，《甘肃社会科学》2018 年第2 期。

就是村级治理。① 简言之，自治理论引入我国后，其与乡村社会的具体实际相结合，在学者的提炼、概括和呼吁下建构起完备的乡村治理理论体系，形成了较为成熟的乡村治理的内涵和外延。虽然学者对乡村治理概念的界定有所差异，但都强调乡村治理过程的自主性、主体的多元性和形式的多样性，根本目的是实现村社善治，建构稳定和谐的乡村秩序。

第二，关于乡村治理模式选择的研究。首先，基于历史演进的宏观角度。苏海新、吴家庆基于时间更替的角度，按照历史发展的顺序梳理了我国乡村治理的模式，认为在新中国成立之前实行的模式是"县政绅治"；中华人民共和国成立之后，在当时高度集中的政治经济体制下形成了"政社合一"的国家管控模式；1978 年改革开放以后，随着家庭联产承包责任制的推行，我国逐步确立了"乡政村治"模式。总的来说，我国基本上形成了三种比较典型的乡村治理模式，这三种模式体现出从传统的政治统治向政治管理，最终过渡到现代治理的公共行政过程。② 付翠莲以 21 世纪初的农业税费改革为时间节点，认为农业税的终结形塑了中国的乡村治理模式，实现了由"间接治理"向"直接治理"的转变。权力悬浮是直接治理的典型特征，这与后农业税时代基层政权组织的财政基础、权力结构和人事制度的结构化调整相关。传统的乡镇和村民的关系发生了变化，特别是乡镇机构财政的空壳化导致其治理能力的弱化，换言之，传统的地方政治权威在乡村场域面临着失效的情况。③ 冯石岗、杨赛认为特定的社会条件和历史状况形塑了特定的乡村治理模式，不同时期的乡村治理模式都是特定历史阶段的产物，对当时的

---

① 肖唐镖：《近十年我国乡村治理的观察与反思》，《华中师范大学学报》（人文社会科学版）2014 年第 6 期。

② 苏海新、吴家庆：《论中国乡村治理模式的历史演进》，《湖南师范大学社会科学学报》2014 年第 6 期。

③ 付翠莲：《我国乡村治理模式的变迁、困境与内生权威嵌入的新乡贤治理》，《地方治理研究》2016 年第 1 期。

乡村发展都有积极的推动作用。根据历史发展的演变趋势，他们认为新中国成立后乡村治理模式经历了人民公社、乡政村治和新农村建设三个重要节点。[①] 田先红和陈玲认为从封建时期到 21 世纪初农业税费改革之前，乡村治理更多地依靠乡村社会的内生性力量，比如传统意义上的宗族、士绅和乡绅群体，表现出来的是间接治理模式或者说"简约治理"；农业税改革后，国家权力的运行机制发生了变化，主要是通过寻求新的村庄代理人的方式，形成以保护村民权利为核心的"直接治理"模式。[②]

其次，基于批判思维的中观角度。随着农业现代化进程的推进，新型农业经营主体的产生和培育是实现农业高质量发展的重要举措。阎占定认为农村经济合作组织的发展壮大改变了传统乡村社会的治理结构，也形塑了一种新的治理模式即"嵌入农民合作经济组织"的乡村治理模式。与传统的"乡政村治"模式相比，这种模式更多地融入市场的理念或者企业管理的元素，强调政治、经济和社会的协同发展。[③] 南刚志教授也认为随着村民自治制度的不断完善和市场经济的持续推进，"乡政村治"模式的弊端逐步暴露，其建议将村民自治制度所辐射的领域扩大到乡镇这一层级，或者说把"乡政村治"模式转变为"乡村民主自治"模式，为制度的良性运行提供经济、文化和社会基础。[④] 赵爱庆认为自村民自治制度确立以来，乡村民主实践的最终目的是寻求乡村善治，但是在实践中却出现了制度的异化，走出了一条"精英治理"模式的道路。[⑤] 学者陈昭探讨了乡村治理和国家现代化之间的关系，通过对乡村治理历史

---

① 冯石岗、杨赛：《新中国成立以来我国乡村治理模式的变迁及发展趋势》，《行政论坛》2014 年第 2 期。

② 田先红、陈玲：《再造中间层：后税费时代的乡村治理模式变迁研究》，《甘肃行政学院学报》2010 年第 6 期。

③ 阎占定：《嵌入农民合作经济组织的新型乡村治理模式及实践分析》，《中南民族大学学报》（人文社会科学版）2015 年第 1 期。

④ 南刚志：《中国乡村治理模式的创新：从"乡政村治"到"乡村民主自治"》，《中国行政管理》2011 年第 5 期。

⑤ 赵爱庆：《基层群众自治：社会主义自治的创新形式》，《科学社会主义》2009 年第 3 期。

的梳理，认为我国乡村治理模式包含"为稳定的治理"和"为发展的治理"两个阶段。通过现实的案例，在概括提炼的基础上提出了刚性乡村治理模式和柔性乡村治理模式，两者的区别在于前者是以"现代化要素投入"为特征，而后者则是以"现代化经验赋予"为特征。[①] 在规划学领域，有学者从乡村规划的视角探讨乡村治理模式的转换逻辑，比如学者邰艳丽认为我国目前乡村治理模式基本逻辑框架是宏观区域层面的迁村并点和微观个体层面的拆旧建新，村庄的治理遵循强权政府运行方式，村级公共决策也是自上而下的单向维度，政府和其他社会组织的投入较少考虑到农户的实际需求，邰艳丽将这种乡村治理模式称为"农民置下"，其倡导一种建构村民话语权的"农民置上"本原模式。[②]

最后，基于区域异质性的微观角度。经济发展水平、历史传统文化、地理空间分布和政治社会文明程度的差异造成我国农村地区的异质性和复杂性。农村地区的异质性决定了不可能有一种标准的治理模式可以贯穿全国乡村场域，经济发达地区和经济欠发达地区的乡村治理模式有所差异。井世洁等人以苏南 Y 村为考察对象，研究认为应借助市场化运作的手段，将村集体产权进行股份制改造，而专业性很强的股份合作社则是推进村级治理的组织载体之一。苏南 Y 村通过有效地处理好农业合作社和农村基层党组织及村委会之间的关系，建立起相互之间的信任和组织网络，能够实现治理主体的统筹整合，最终形成"村社协作型"治理模式。[③] 学者谭志松、陈瑶以经济欠发达农村地区为例，认为经济基础较差，发展速度较慢的民族地区和山区农村，传统的社会管理模式已不能适应当下社会的需要，武陵山片区中的湖北省秭归县进行的"幸福村落"建设实践探索，形成了有效的乡村社会治理模式——"幸

[①] 陈昭：《以体制机制改革促服务贸易高质量创新发展》，《国家治理》2018 年第 23 期。

[②] 邰艳丽：《我国乡村治理的本原模式研究——以巴林左旗后兴隆地村为例》，《城市规划》2015 年第 6 期。

[③] 井世洁、赵泉民：《新型乡村社区治理模式构建——基于苏南 Y 村"村社协作型"的个案》，《南京社会科学》2015 年第 4 期。

福村落"模式。① 学者王海侠、孟庆国采用案例研究法，以江西省分宜县为研究对象，深入系统地分析分宜的"党建+"治理模式，认为该模式将党建深入到最基层，强化了党对乡村的管理。在强化基层党建的过程中，分宜县一般是通过建立有效的村民理事会制度来调动村民参与村级事务治理的热情的，确保农村基层党建和村民自治的有机统一。② 在乡村治理模式多样化的研究上，学者赖晨野认为治理元素的多元改变了乡村治理的结构③，是治理模式多样的主要原因，比如随着农村精英、新乡贤和各类经济合作组织的广泛兴起，治理主体的丰富性也使得"多元"、"多主体"或"多中心"成为乡村治理的主要特征。④

第三，关于乡村治理现实困境的研究。作为国家治理体系的重要组成部分，我国的乡村治理是在现有的全球化国际环境和国家现代化政权建设的制度背景下展开的。与传统的基于熟人社会土壤上的"村社共同体"不同，当前的乡村治理更多体现"行政化沉"的特质。在城镇化、市场化和信息化等浪潮的推动下，传统意义上的"村社共同体"不断消解，乡村治理的实践遇到一系列挑战，成为制约村社善治的深层次难题。⑤

首先，治理制度的困境。新中国成立后，为汲取工业化发展所需的原材料和巩固新生的人民政权，国家加快现代化政权的建设进程并进行

---

① 谭志松、陈瑶：《武陵山片区乡村社会治理模式研究——以湖北秭归县"幸福村落"治理模式为例的分析》，《吉首人学学报》（社会科学版）2015 年第 6 期。

② 王海侠、孟庆国：《乡村治理的分宜模式："党建+"与村民自治的有机统一》，《探索》2016 年第 1 期。

③ 赖晨野：《现代国家建构、农村民主与社会自治——以农村社会组织建构为基点的分析》，《社会主义研究》2010 年第 3 期。

④ 王春光：《制度—行动：社会治理视角下的中国社会保障建设》，《探索与争鸣》2015 年第 6 期；邢成举、张晓娟：《统筹城乡与乡村治理的多元主体：兰考实证》，《重庆社会科学》2009 年第 12 期；陈天祥、魏晓丽、贾晶晶：《多元权威主体互动下的乡村治理——基于功能主义视角的分析》，《公共行政评论》2015 年第 1 期。

⑤ 彭忠益、冉敏：《乡村治理背景下村规民约发展的现实困境与重塑路径》，《中南大学学报》（社会科学版）2017 年第 6 期。

一系列乡村治理制度的变革。从制度更迭的演进轨迹看，乡村治理中蕴含正式制度和非正式制度两种制度形态，且两者对乡村社会的影响呈现此消彼长的态势。① 但是，无论是以"法律"为基准的正式制度抑或以"道德"为核心的非正式制度均没有在乡政村治的体制背景下实现乡村治理的有效统一。法治和德治的衔接失衡造成农村法治建设的滞后和村规民约的失效，这就为乡村宗族势力（多指南方地区）、小亲族（多指北方地区）及黑恶势力登上村庄政治舞台提供了机会。当前我国乡村治理制度的安排和运行是在压力型体制下展开的，压力型体制虽然可以在短期内调动一系列资源促进乡村治理目标的实现，但是其也过多地受到基层政府的行政干预，进而压缩乡村治理的弹性空间。农业税费改革后的乡镇政府有"权力悬浮"的倾向，由于乡镇政府和村民的关系疏远，乡镇政府缺乏对乡村治理实践的有效引导，这在一定程度上加剧了乡村治理困局。② 当前由于制度的缺失和失范，部分乡村地区出现治理主体缺位、治理规则破碎和治理文化断层等问题。从"三治融合"体现的制度设计情况来看，自治和德治都有健全的制度体系，而法治的制度安排相对弱化，乡村治理的法治化问题主要体现为"法治剩余"如何处置的问题。③ 在村民自治的实践运作中，民主协商是建构乡村治理制度的基本准则，但是，由于我国还处于社会主义初级阶段，现有的民主协商体系中存在着制度设计和法律规范衔接度低，协商主体单一、协商议事的效率低下和协商发展的动力不足等问题。④

其次，权力运行的困境。在乡村政治场域，谈及治理，权力是不可

① 章荣君：《乡村治理中正式制度与非正式制度的关系解析》，《行政论坛》2015 年第3 期。

② 铁锴：《协同复合治理：走出乡村治理困局》，《内蒙古社会科学》（汉文版）2014 年第 5 期。

③ 吕德文：《乡村治理法治化的实践过程——基于 P 县砂石盗采治理的分析》，《华中农业大学学报》（社会科学版）2019 年第 2 期。

④ 张露露：《乡村治理中协商民主的实践形式：比较、问题与对策——基于我国东中西部地区四个典型案例的分析》，《中州学刊》2019 年第 4 期。

绕过之议题，乡村治理主体的多元性也决定了权力结构的杂糅性。当前的乡村治理实践中相关权力类型不仅包括乡镇行政权力、村民自治权力（包括村支书的政治权力和村委会的自治权力）[1]，还包括农村经济合作组织的第三方权力，这些权力的存在对各治理主体配置、权力运作和权力互动进行规制。在农业税费改革之前，国家行政权力主导乡村社会治理，特别是人民公社时期"政社合一"的权力配置格局使得乡村丧失自治的空间，但是这个时期国家和社会的互动是良性的，基层政府和村民之间的联系较为紧密。进入后农业税时代，国家权力的"悬浮"进一步剥离了政社之间的紧密联系，在国家政权组织退出乡村社会之后，小农的分散性和组织化实践的缺陷导致乡村社会长期处于秩序失控状态，乡村治理产生"有效性悖论"。[2] 乡村社会中权力的配置受到中央政府和地方政府价值偏好的影响，在现有权力结构的基础上，出于资源稀缺和成本控制的考虑，地方政府在乡村治理中出现缺位、错位和越位等问题。[3] 有学者以农地纠纷为研究对象，认为乡村公权力的缺失是造成纠纷频发的体制性根源，呼吁重构农村权力的公共性。乡村社会中权力结构的布局也影响到村民的集体行动，特别是地方政府和企业在谋利型价值观的驱动下，通过"土地财政"和"资本下乡"等方式持续渗透乡村社会，乡村政治场域中权力的博弈导致国家和村民衔接互动机制的失衡。[4] 简言之，乡村社会中权力结构的失衡实质上是国家行政权力与村民自治权力关系失衡的表现。[5]

最后，秩序建构的困境。无论是乡村治理的制度设计还是治理模式

---

① 戴玉琴：《基于乡村治理现代化的三维权力运行体系分析》，《教学与研究》2015 年第 9 期。

② 张红阳、朱力：《"权力悬浮"背景下乡村治理无效性的根源——基于华北 D 村自来水工程建设史的分析》，《学习与实践》2017 年第 3 期。

③ 李齐、李欢欢：《乡村治理中地方政府行为逻辑的重构》，《理论探讨》2017 年第 6 期。

④ 陈占江：《制度紧张、乡村分化与农民环境抗争——基于湘中农民"大行动"的个案分析》，《南京农业大学学报》（社会科学版）2015 年第 3 期。

⑤ 张小蕾：《城中村社区乡村权力关系研究——以天津市 S 社区为例》，《北方民族大学学报》（哲学社会科学版）2011 年第 3 期。

的选择，抑或治理目标的确立基本上是围绕着乡村社会秩序建构展开的。基于历史变迁的视角审视乡村社会的内生秩序，可以清晰地发现新中国成立后我们经历了建国初期的权力下移、人民公社时期的双重挤压、改革开放后的秩序重构和后农业税时代的转型升级几个阶段。乡村治理的目的是形成稳定和谐的乡村社会秩序，而社会秩序的维系离不开多元的权威主体及其内在规则。张立荣和冉鹏程从社会资本的视角探讨我国的乡村社会秩序，认为当前乡村治理中网络不全、信任弱化和规范欠缺等现象普遍存在，成为威胁乡村社会稳定的主要因素。① 在封建时期和国家进行现代化政权建设之前，乡村社会秩序的维系基本依靠村规民约等内生性力量，随着改革开放浪潮的推进，特别是全面取消农业税后，国家通过项目制的方式推进新农村建设并辅之以公司化的资本运作，虽然提升了村庄的经济活力，但却导致村庄公共资源的私人化和村级政治组织的逐利化。② 当前，在乡村内生性动力培育较为弱化的背景下，乡村秩序的维系主要依靠以"农民权利"为导向的政治调控，这在一定程度上压缩了乡村政治实践的弹性空间，导致村庄政治的行政依附，这也是温铁军教授"去依附"理论形成的根源。③ 我国社会的发展目前处于转型期，从乡村公共空间的秩序变迁看，传统意义上的公共空间在现代化浪潮的冲击下不断被解构，但是以城乡融合为特征的新公共空间还没有真正形成，而新旧公共空间的磨合成为当前乡村治理面对的主要现实，在这个转型期，公共精神流失是造成秩序失范的主

---

① 张立荣、冉鹏程：《社会资本视角下乡村治理的困境分析与出路探寻——以恩施州利川市律师事务所参与乡村治理为例》，《华中师范大学学报》（人文社会科学版）2018年第4期。

② 卢青青：《资本下乡与乡村治理重构》，《华南农业大学学报》（社会科学版）2019年第5期。

③ 杜鹏：《论乡村治理的村庄政治基础——基于实体主义的政治分析框架》，《南京农业大学学报》（社会科学版）2019年第4期。

要原因。① 在乡村治理场域，既是国家行政权力机关代理人又是基层群众自治组织代理人的村干部因为"双重代理"身份的存在为权力寻租创造了可能。在缺乏有效的外部监督和农村法治还不健全的情况下，农村领域的小微权力腐败是常有的现象，甚至在很多地区成为腐败的重灾区②，对乡村公共秩序造成严重冲击。

第四，关于乡村治理创新路径的研究。首先，治理理念的转换。乡村治理的有效实现必须根植于宏观层面国家治理理念的转变。党的十八大以来，"现代化"构成国家治理能力和治理体系建构的重要理念，就乡村治理而言，其善治的实现也要以现代化为指导。实际上，现代化的乡村治理理念包含民主、法治、德治等内容。进入 21 世纪，为提升基层政权组织的合法性，国家不断加强政府公信力建设，通过民主化和法治化的手段促进治理理念的转变，主要是通过树立基层治理变革的辩证法理念和乡村治理的自主性促进未来的乡村治理改革有效性与合法性的平衡。③ 后农业税时代的乡村治理更多地遵循的是"物质治理"的实践路径，所依据的手段主要是资源、制度和政策的给予，而沉淀千年的优秀传统文化实际上处于边缘化地位。乡村治理转型不仅要重视以器物为核心的"物质治理"，还更应该加强软实力的培育，不断地挖掘出乡村社会发展中积淀而成的文化因子，比如将传统农耕文化中自信、勤劳、淳朴等文化理念融入乡村社会治理中，通过乡土的文化自信推动乡村自治。④ 在乡村治理的实践中，随着"村社共同体"的解体，村规民约处于不断消解的状态，新时代背景下应理性挖掘村规民约的现代价值，通

---

① 张洋阳、叶继红：《新型城镇化进程中乡村公共空间的流变与形塑》，《学习与实践》2018 年第 12 期。

② 陈建平、胡卫卫、郑逸芳：《农村基层小微权力腐败的发生机理及治理路径研究》，《河南社会科学》2016 年第 5 期。

③ 吴秋菊、林辉煌：《改革乡村治理：有效性与合法性的平衡》，《江西财经大学学报》2017 年第 5 期。

④ 卓德雄：《让优秀农耕文化融入乡村治理》，《人民论坛》2019 年第 14 期。

过建构乡村社会道德价值体系约束村庄各行动主体的行为，并利用奖惩机制重构乡村社会道德秩序。[①] 同时，在"三治"融合治理体系的指导下，乡村要逐步建构与时俱进的文化体系，更多地依靠乡村社会的内生性力量提升乡村治理水平。[②] 简言之，乡村治理的有效性实现是国家行政机构和乡村自治组织合作治理的结果，必须树立起既要重建适合农村的公共权威系统也要重建民间的权威系统的治理理念。

其次，治理制度的设计。制度能否更好地发挥作用关键是看治理效能得到多大提升，乡村治理目标的实现是在坚持和完善中国特色社会主义制度的宏观政策背景下展开的。我国的乡村治理实践从"乡政村治"体制确立起就根植了制度的因素，主要表现为通过村民自治制度促进乡村社会的良性运行。国家行政权力主导乡村自组织的制度设计是乡村治理的运行基础，实际上国家通过一系列的制度嵌入可有效促进"正式制度的非正式化"机制的实现。[③] 制度创新通过政治的动员落实到乡村治理实践中，乡村治理制度创新遵循的依据是"规则之治"且被"利益密集"所形塑，同时，乡村治理的制度创新必须坚持群众路线的政治基础。[④] 在乡村制度运行层面，其运行的基本条件是在国家权力机关的制度安排和各利益主体策略性调适的背景下展开的，但是制度的嵌入只有和乡村社会的内生秩序相耦合才能最大限度地降低制度嵌入的成本，可有效地避免乡村治理"内卷化"的发生。[⑤] 农村集体产权是乡村发展和稳定的物质基础，而农村集体产权制度改革也是当前学者探讨的热点话

---

① 高艳芳、黄永林：《论村规民约的德治功能及其当代价值——以建立"三治结合"的乡村治理体系为视角》，《社会主义研究》2019 年第 2 期。

② 李元勋、李魁铭：《德治视角下健全新时代乡村治理体系的思考》，《新疆师范大学学报》（哲学社会科学版）2019 年第 2 期。

③ 陈寒非：《嵌入式法治：基于自组织的乡村治理》，《中国农业大学学报》（社会科学版）2019 年第 1 期。

④ 杜鹏：《利益密集、制度创新与乡村治理现代化——基于浙江"宁海 36 条"的实践分析》，《华中科技大学学报》（社会科学版）2019 年第 5 期。

⑤ 许源源、左代华：《乡村治理中的内生秩序：演进逻辑、运行机制与制度嵌入》，《农业经济问题》2019 年第 8 期。

题，因为产权制度改革的质量影响乡村治理的成效且主要是通过治理主体、治理资源和治理机制三种效应发生作用的。① 乡村治理制度的实践创新是在"自治、德治和法治"三治融合治理体系的框架下展开的，其中很重要的一点是要正确处理好法治和德治的关系，理论上更应该坚持法治在乡村治理中的主体地位，同时强化德治的价值引领作用。可见，只有正式制度和非正式制度的深入耦合才能形塑村民自觉的民主参与意识，提升乡村治理的现实水平。② 近年来，"社区营造"成为一个热门的词语，为乡村治理提供了启发，作为乡村社区治理的升级版，社区营造可有效地促进乡土社会的复兴，解决乡村治理中的深层次难题，是推动国家基层治理的制度选择。③ 从乡村关系层面看，基层政府通过规章制度对村级公共事务进行支配，是一种以制度为治理技术的机制设计④，这种机制最终通过制度性的嵌入或者制度性的支配关系实现乡村社会的有效治理。

再次，治理方法的改进。根据现实需求不断地改进乡村治理的方式是理论界特别关注的学术命题。从制度和方法的关系看，即便有良好的制度安排，但如果缺少有效的治理方法，同样会降低乡村治理的质量。从政策扩散的角度审视乡村治理方法，我们发现：地方的实践创新受到中央的制度规范的影响，但中央也积极吸纳地方关于乡村治理的先进方法进入国家政策制定轨道，因此，地方的乡村治理方式创新和国家的顶层设计是有机互动的。⑤ 针对当前我国乡村社会面临的空心化问题，有

---

① 仝志辉、韦潇竹：《通过集体产权制度改革理解乡村治理：文献评述与研究建议》，《四川大学学报》（哲学社会科学版）2019 年第 1 期。
② 刘昂：《乡村治理制度的伦理思考——基于江苏省徐州市 JN 村的田野调查》，《中国农村观察》2018 年第 3 期。
③ 宁超：《"乡村复兴"丰富国家治理制度选择》，《学习与实践》2016 年第 11 期。
④ 邹建平、卢福营：《制度型支配：乡村治理创新中的乡村关系》，《浙江社会科学》2016 年第 2 期。
⑤ 杨正喜：《中国乡村治理政策创新扩散：地方试验与中央指导》，《广东社会科学》2019 年第 2 期。

学者提出"脱域性治理"的方法，核心在于强调人口流动带来的乡村治理变革。[①] 在当前的"乡村振兴"战略的宏观政策背景下和村民自治制度的基础上，通过强化地方政府和村集体在微观层面的良性互动可进一步约束村庄各行为主体的行为，同时这种互动机制的双向性也有利于规范乡镇政府的权责体系。[②] 实际上，乡村治理体系包含两个方面的意思，一方面是国家行政机关对乡村的治理，另一方面是乡村内部的自主化治理。在现有的实践运作中，两个层面是紧密相连的，只有建立乡镇政府和乡村社会的互动机制，才能促进治理效果的提升。适应性治理理论认为要根据环境的实时变化对治理方法做出相应的调适，特别是在当前城乡一体化的治理格局下，农民的思维模式、行动规则和乡村社会结构均发生重大变化，在此情况下，必须建构多元化的治理主体和关系网络，充分发挥非正式制度在乡村治理中的价值功用。[③] 贺雪峰教授认为我国当前的乡村虽呈现"半乡土性"的表征，但实际上仍具备乡土的特性，因此，"面子"仍然是一种不容忽视的心理因素，在当前的乡村治理中仍然要发挥"面子"的作用，进而形塑稳定的乡村公共秩序。[④] 同时，当前的乡村治理创新要顺应国家的顶层设计，乡村精英治理要以民主精神为向度，而乡村文化治理要以灵魂凝聚为依托。[⑤]

最后，治理体系的完善。乡村治理体系的完善不仅要在国家的宏观政策指导下展开，同时还要基于我国特有的民族习俗、共同记忆和行为规范，将国家制度建构和乡村内生性元素有机统一起来。审视改革开放 40 多年来乡村治理的演变历程，我国经历了从自治到共治的历

---

① 谢小芹：《"脱域性治理"：迈向经验解释的乡村治理新范式》，《南京农业大学学报》（社会科学版）2019 年第 3 期。

② 曹志立、孙德超：《乡村振兴战略下的乡村治理转型与完善》，《商业研究》2018 年第 12 期。

③ 朱宝丽：《论城乡一体化进程中的乡村治理问题》，《山东社会科学》2012 年第 10 期。

④ 高隽娴：《"面子观"与乡村治理》，《人民论坛》2019 年第 6 期。

⑤ 江维国、李立清：《顶层设计与基层实践响应：乡村振兴下的乡村治理创新研究》，《马克思主义与现实》2018 年第 4 期。

程，从"村民自治"的嵌入到"乡政村治"体制的确立，再到"乡村共治"的实现，我国的乡村治理体系初步形成。从当前乡村治理体系的运行情况来看，应鼓励更多的行动主体参与治理实践，在建构农户话语权的基础上夯实公众参与的制度体系。乡村振兴背景下，我国的乡村治理既面临挑战也充满机遇，而重构多元共治的发展格局基本在学术界达成共识，未来的乡村治理体系建构一定是在健全"自治、德治和法治"相结合治理体系理念的指导下进行的。有学者认为当前乡村治理体系的建构必须置身于城镇化这个大的现实背景中，在城镇化快速发展的进程中，针对乡村治理中遇到的多重难题，应该构建市镇主导、开放包容、城乡一体、公民平权及民主法制的基层社会治理体系。① 在国家治理体系和治理能力现代化的价值引导下，无论是实践部门抑或理论界均需要具备建立现代化乡村治理体系的意识，而现代化的价值主要体现在应对社会主要矛盾转化和为人民服务的现实需求上。② 在乡村治理体系的建构中，学者们也认识到乡村社会资本的重要性，认为乡村社会规范、社会信任和社会网络对乡村治理体系的重构是经过实践检验的可靠之途。随着乡村互联网的普及和大数据治理理念的深入，也应该将数据治理平台布局和数据决策机制强化作为推动乡村善治的主要抓手。③ 最后，乡村社会的复杂性和异质性决定我们应该根据不同区域的实际情况建立适合本区域发展的乡村治理体系，只有这样才能有效推动乡村治理现代化。④

（三）关于柔性治理的研究

柔性治理的概念是由柔性管理延伸而来的，是柔性管理与治理理论

---

① 项继权、刘开创：《城镇化背景下中国乡村治理的转型与发展》，《华中师范大学学报》（人文社会科学版）2019 年第 2 期。

② 陈健：《新时代乡村振兴战略视域下现代化乡村治理新体系研究》，《宁夏社会科学》2018 年第 6 期。

③ 王欣亮、魏露静、刘飞：《大数据驱动新时代乡村治理的路径建构》，《中国行政管理》2018 年第 11 期。

④ 贺雪峰：《乡村治理现代化：村庄与体制》，《求索》2017 年第 10 期。

相结合的产物。为全面客观了解柔性治理的概念和内涵，我们需要对柔性管理进行梳理和解读。中国知网数据库显示，最早关于柔性管理研究的文献出现在 2003 年，目前已经形成比较完备的关于柔性管理的理论、机制、思想、系统、模式、理念与策略等。柔性管理首先兴起于经济学领域，起初主要是研究企业的组织发展问题。从产生的时代背景看，最早可追溯到 20 世纪 30 年代后期，在工商管理领域，美国经济学家哈特在探寻经济周期波动对企业发展的影响时首次提出"组织柔性化"的概念。① 另有学者霍普夫则从优化学的视角认为：为了企业整体目标的实现，要牺牲部分团体利益，最优化的状态是各要素之间的均衡，其追求的是企业组织的灵活性即柔性。20 世纪中期，西方发达国家的企业内部出现严重的管理失灵问题，主要体现在机构的臃肿、信息的失真和组织等级化方面。企业组织的弱化直接降低了企业的生产效率和生产效益，关于组织的柔性化问题逐步引起学界的广泛关注。到了 20 世纪 80 年代末和 90 年代初，企业在发展变革中出现了一些新的实践，比如全面质量管理和企业流程再造等，这些管理实践都深刻地体现柔性管理的理念，并在制造业中发挥的作用最大。此时，柔性的概念也引起企业领导层的高度关注，他们认为企业的高层管理队伍要树立柔性管理的理念和培育柔性管理的能力。目前，关于组织柔性化管理的动态性特质引起学者们的高度关注，核心的观点是柔性管理并不等于说排斥刚性，刚性本能地存在于柔性的组织化变革中。在对柔性管理的概念界定上，王长喜认为，"以人为本"是柔性管理所推崇的核心价值观，"人格化"管理是主要管理模式，"组织"是管理的载体，管理的依据是组织的共同价值观和文化精神，柔性管理存在的意义是为了应对外部环境的变化。在对柔性管理的具体应用上，目前，国内学者主要将其运用于企业经济

---

① 司江伟：《20 世纪刚性管理与柔性管理发展的对比》，《科学管理研究》2003 年第 1 期。

管理、高校教育管理、人力资源管理、财务管理等①，所应用的范围和领域在逐步地拓展与深化。

第一，柔性治理研究的基本概况。国内关于"柔性治理"最早的文献是 2007 年刘圣中教授在《决策》杂志上发表的一篇题为《一个公共话题催生政府"柔性治理"》的评论②，主要讨论重庆市政府在化解"钉子户"问题时的智慧化解决办法，即将传统依靠行政管理的"命令—服从"式办法转换为协商、沟通和平等交流的柔性化方式，这种情形就是"柔性治理"。当前学界对"柔性治理"的研究较少，以"柔性治理"为关键词在中国知网数据库进行检索可以发现：从 2007 年开始，关于柔性治理研究的文章数量逐步增多，特别是 2014 年为 8 篇，达到近几年的最高值，但是也发现，关于"柔性治理"研究的文章总数量较低。因此，我们有理由认为作为一种新的治理范式，未来关于"柔性治理"的研究会越来越多，其将会是学术研究的一个热点话题。统计发现：虽然国内关于柔性治理的文献总体数量不多，但是相关的学科分布却较为丰富，涉及管理学、政治学、社会学、经济学和法学等大的学科门类。在具体的学科研究领域，我们发现其分布并不均衡。排在前几位的是：中国政治与国际政治、行政学及国家行政管理、新闻与传媒、法理与法史。从各个学科所占的权重来看，关于柔性治理的研究主要还是集中在管理学和政治学领域，特别是在国家政治建设、行政体制改革和社会治理领域运用较多。当前，国内高校对柔性治理研究呈现一种碎片化的特征，或者说并没有形成稳定的学术共同体。笔者梳理和统计了近几年关于柔性治理研究的主要机构，按照发文量排在前三的是南京师范

① 张振刚、姚聪、余传鹏：《管理创新实施对中小企业成长的"双刃剑"作用》，《科学学研究》2018 年第 7 期；宋春泽：《校园管理中的刚性文化与柔性需求研究》，《教育理论与实践》2018 年第 20 期；应验：《"候鸟型"人才柔性管理与服务模式研究》，《中国人力资源开发》2018 年第 5 期；陈艳、杨雪、李知恩：《财务柔性储备对公司资本投资的影响——基于资本成本锚定观的视角》，《宏观经济研究》2018 年第 4 期。

② 刘圣中：《一个公共话题催生政府"柔性治理"》，《决策》2007 年第 5 期。

大学、中共上海市委党校和复旦大学。

第二，关于柔性治理内容的研究。柔性治理涵盖"柔性"和"治理"双重要素，不同的学者从多个角度对其概念进行阐释。刘圣中教授认为柔性治理作为一种全新的治理模式重在强调政府职能的转变，由政府单向度主导的传统治理向治理主体多元的参与式治理模式转变，从权力的角度看，要将僵硬且粗暴的强制性权力转变为受道德和法律双重约束的柔性权威。简单地说，柔性治理是人道的治理，核心在于强调人的价值，重视人的需求，尊重个人的基本权利贯穿于柔性治理过程的始终，从政府和个人的关系角度看，具有公共责任的行政权力机关和个人是合作的关系而非对立关系。从治理的对象来看，柔性治理更多的是面对处于社会底层或者被边缘化的弱势群体。谭英俊认为柔性治理的目的在于寻求社会对政府公共治理的信任、合作及参与，在追求善治的过程中采取非强制方式激发治理对象的创造性和主动性。[①] 实际上，柔性治理更多地体现出平等、民主的理念，在一定程度上弱化了政府的单向主导性。总的来说，国内学者对柔性治理的概念界定在绝大程度上达成了共识。首先，作为一种新的治理理念、治理范式或者治理策略，与传统的政府治理模式相比，柔性治理强调政府民主协商的公共性品格，弱化强制性的色彩；其次，在治理体系中，柔性治理的结构是扁平化的，治理主体和治理对象之间的身份定位发生了变化，即治理对象不是被动的附和者而是主动的参与者；最后，在柔性治理的制度框架内，传统的政府和公民之间的控制与被控制关系被打破，由原先自上而下单向度的管控变为双向的合作共治。

笔者在文献的检索过程中发现，当前国内外学者对柔性治理的研究相对比较缺乏，为使所收集的文献素材更加丰富，本书将与"柔性治理"意义相近的"软治理"作为检索关键词，借助 CiteSpace 5.1 引文

[①] 谭英俊：《柔性治理：21 世纪政府治道变革的逻辑选择与发展趋向》，《理论探讨》2014 年第 3 期。

可视化工具对当前学界关于"柔性治理"和"软治理"的文献进行检索，其结果如图1-4所示。

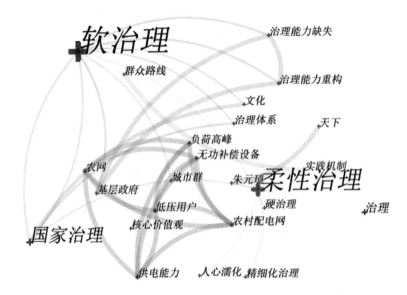

图1-4　2007~2019年"柔性治理"和"软治理"研究
高频关键词共线知识图谱

资料来源：中国社会科学引文数据库。

1. 柔性治理在具体应用领域的研究

柔性治理的概念自产生之日起就被广泛地运用到社会治理领域。在灾害防治领域，周利敏认为政府部门在应对频繁的灾害事件时要改变传统单纯依靠技术的治理策略，建议借助非结构式政策的柔性治理方式进行灾害的综合治理。非结构式政策的价值在于建立信任与合作机制，注重社会治理主体的公平性并形成公私合力。[1] 在网络舆论治理领域，周玲明认为互联网的快速发展为网络舆论的产生提供了物质载体，但也为网络治理带来了挑战，政府部门通过柔性治理模式能够有效地化解网络

---

[1] 周利敏：《重大灾害中的集体行动及类型化分析》，《北京行政学院学报》2011年第6期。

治理遇到的诸多难题，而如何通过柔性治理模式正确回应网络舆论成为当前关系国家安全和社会稳定的重大课题。① 不仅如此，在当前网络治理成为社会治理的主旋律语境下，传统的以堵、截、断等为特征的具有刚性色彩的管控手段暴露出诸多的局限性。因此，需要根据现实情况因势利导，采用以协商为核心的柔性治理模式才能实现网络舆情问题的有效解决。一些学者有类似的观点，认为随着互联网的发展，传统的刚性管控手段难以有效发挥作用，政府、市场和社会的合作才是未来互联网治理的重要面向，因此需要采取柔性的治理手段。② 在民间金融研究层面，学者周昌发、张成松认为当前我国农村民间金融治理机制的缺乏导致灰色金融问题的频发，失信已经成为影响农村金融秩序稳定的重要因素，由于软法规范和民间金融存在高度的耦合性，可通过柔性治理机制回应金融制度变迁诉求。③ 在"医闹"领域，学者张晶主要采取"抗争"的研究范式，从资源争夺、替代性机制和情感博弈三种视角阐述"医闹"过程中利益相关者的行为逻辑④，在具有组织化特征的"医闹"事件中，其认为非官方的社会组织实施的柔性治理模式在化解矛盾纠纷中更有成效。在基层治理领域，有学者将柔性治理的模式和框架纳入社区治理的分析框架中⑤，通过培育公共性追求和生成德治体认，使基层社区治理体制创新成为新的发力点。

2. 关于软治理的研究

在柔性治理的概念提出之前，学者们多用软治理来展开研究，认识

---

① 周玲明：《政府回应网络舆论的研究：基于政府治理的价值向度》，《改革与开放》2012 年第 24 期。

② 张志安、吴涛：《国家治理视角下的互联网治理》，《新疆师范大学学报》（哲学社会科学版）2015 年第 5 期。

③ 周昌发、张成松：《农村民间金融柔性治理机制分析》，《商业研究》2014 年第 9 期。

④ 张晶：《正式纠纷解决制度失效、牟利激励与情感触发——多重面相中的"医闹"事件及其治理》，《公共管理学报》2017 年第 1 期。

⑤ 陈保中、韩前广：《城市社区柔性治理的人心濡化之道——基于上海市 J 区"客堂汇"的个案研究》，《岭南学刊》2018 年第 2 期。

和把握软治理的内涵和应用有助于更好地理解柔性治理。从治理能力的角度看，学者周根才认为很多现代社会中的治理问题难以用传统的硬治理手段解决，治理能力的提升客观地要求社会治理主体需要具备以文化价值共识为核心的形塑能力，强调以心灵治理为核心的心理疏导能力和以沟通协商为根本的协调合作能力，这些能力的养成过程也是软治理能力形成的过程，这是未来基层政府治理能力提升的主要举措。① 笔者认为柔性治理和软治理表达的内涵大同小异，为深化了解柔性治理的本质内涵，特对软治理的相关研究进行梳理。国内较早提出软治理概念的文献是在研究亚洲金融危机时出现的，有学者认为东南亚在亚洲金融危机发生后需要进行制度性变革，各个国家之间应该以软治理模式为导向形成合作共赢的局面。② 针对我国西部地区人才流失的问题，特别是高校人才流失问题，有学者提出通过发挥"软治理"模式的优势对人才的管制提供理论支撑。③ 在环境治理场域，吸取软治理的理念可为各个国家当前的环境整治提供借鉴，走软硬结合之路是未来发展中国家环境治理的理性选择。④ 在软治理的实现路径上，付春认为国家的重要职能是协调矛盾和建构秩序，国家职能的实现需要借助公权力的运行，而文化作为一种重要的力量理应受到重视，将文化塑造融于国家治理的宏大框架中可实现有效治理。⑤ 学者徐春光认为公共文化服务是国家治理体系的重要组成部分，也是国家顶层设计中需要重点考虑的内容。从治理手段上看，公共文化服务具有软治理的基本特征，也是国家治理能力现代

---

① 周根才：《走向软治理：基层政府治理能力建构》，《学术界》2014 年第 10 期。
② 赵银亮：《东盟地区治理进程中的制度构建》，《当代亚太》2006 年第 11 期。
③ 赵翔、冯文全、郑浩：《西部高校教师流失问题的实证研究——影响因素及其"软治理"效果》，《生产力研究》2007 年第 10 期。
④ 贾爱玲、周红占：《环境问题的软法之治》，《山东行政学院山东省经济管理干部学院学报》2008 年第 3 期。
⑤ 付春：《软治理：国家治理中的文化功能》，《中国行政管理》2009 年第 3 期。

化的重要面向，其中，文化的秩序是公共文化服务有效展开的纽带。[①]
在城市公共治理中，软治理作用的发挥需要借助法的力量，通常是采取
软法辅之以硬法的方式，在党的领导下积极地培育城市治理中的软治理
要素。如通过城市社区中广大社会组织的积极培育，不断地完善城市群
体的心理治理机制，人民政协为城市社会软治理作用的发挥提供了很好
的平台，在社会治理实践中具有协调利益、凝心聚力和建言献策的作
用。[②] 在安全治理领域，杨振姣等学者认为我国海洋事业的发展必须以
软治理为保障方能促进刚性制度的顺利实施。[③] 同样地，在食品安全治
理层面，刘飞认为以信息技术为工具的软治理模式能够建构消费者的信
任，即建构起以信任为基础的新型治理模式。[④] 实际上，学者倡导"软
治理"模式并非否定或者排斥"硬治理"，从国家治理体系来看，两者
是一体两翼的关系[⑤]，从实现程度看，软治理的难度要更大，只有正确
处理好两者之间的关系，通过系统治理等才可推进国家治理能力现代化
的实现。

3. 关于柔性治理经验借鉴的研究

柔性治理或软治理在当前国家治理能力和治理体系现代化建构中占
据重要的地位，但同时，其在基层治理转型的攻坚期也遇到很多挑战，
主要表现在柔性治理或软治理的价值、内容及机制等方面。[⑥] 通过了解
世界各地在运用柔性治理案例解决公共事务中的经验，可为我国基层治

---

① 徐春光：《公共文化服务的"软治理"要义与发展逻辑》，《学习与实践》2016 年第
8 期。
② 林华山：《软治理视角下人民政协社会管理作用探析》，《江苏省社会主义学院学报》
2011 年第 6 期。
③ 杨振姣、刘雪霞、辛美君：《我国增强在北极地区实质性存在的实现路径研究》，《太
平洋学报》2015 年第 10 期。
④ 刘飞：《风险交流与食品安全软治理》，《学术研究》2014 年第 11 期。
⑤ 陈伟：《软治理实践五对关系辨析》，《理论与改革》2015 年第 1 期。
⑥ 任勇、肖宇：《软治理与国家治理现代化：价值、内容与机制》，《当代世界与社会主
义》2014 年第 2 期。

理创新提供有益的启示。欧盟治理是国际社会比较关注的话题，一般认为欧盟的硬治理主要是依靠公权力的强制性推动的；而软治理的实施需要靠成员国的自我认同推动，在欧盟治理体系中，软治理和硬治理同等重要，这是保证欧盟稳定发展的重要法宝。[①] 实际上，从我国基层治理的实践看，当前的社会治理更多的是从国家政策等正式制度的视角建构社会治理模式，而较少考虑基层社会的异质性特别是乡村治理实践中乡村社会的乡土性，也就是说对于低成本的自我治理和非正式制度的应用关注欠缺。[②] 根据辽宁省经济社会发展的现状，有学者在比较多重社会治理手段的基础上，提出应该从社会文化的整合、社会信任的重构、道德伦理的重建等非正式的途径促进社会的有效治理。在宗教治理方面，潘文通过建构"软治理"的逻辑分析框架对英国的宗教团体参与国家政治政策议程设置进行分析，研究认为作为成熟的组织，英国宗教机构以代议制为特征的参政议政方式促进了政府和社会的有效互动，对我国的宗教治理有一定的借鉴和启示作用。[③] 从治国理政的层面看，有些国家采取柔性治理模式作为维护政治稳定的重要举措，并在实践中取得很好的成效。比如新加坡在民主化改革的实践中，采取的是重视民意或者说"以人为中心"的柔性治理策略确保政治系统的平衡[④]，从而最终实现了社会强制型稳定和自然型稳定的统一。从国内部分地区柔性治理实施的先进经验看，吕朝辉提出"边疆软治理"的概念[⑤]，即在国家政权体系的制度框架内将软治理的价值理念和政策的刚性需求结合起来，通过协商、指导和合作等方式在边疆地区贯彻党的政策方针并取得很好的效果。

---

① 高奇琦：《公共权力与欧盟的软治理》，《欧洲研究》2011 年第 3 期。
② 郑光梁：《辽宁社会柔性治理策略建议》，《黑河学刊》2017 年第 5 期。
③ 潘文：《英国宗教"软治理"探析——以政府与主要宗教团体的对话和征询意见为例》，《北方民族大学学报》（哲学社会科学版）2017 年第 5 期。
④ 许开轶、王洪涛：《新加坡维护政治稳定的经验分析》，《长白学刊》2012 年第 6 期。
⑤ 吕朝辉：《论党的群众路线与边疆软治理模式的二维关系》，《理论导刊》2016 年第 10 期。

二　国外研究动态

（一）关于治理理论的研究

第一，治理理论的缘起研究。治理理论的兴起是与特定的国际社会环境紧密相关的，是社会实践的产物。20 世纪 30 年代，欧美等西方国家爆发了严重的经济危机，这是其长期以来奉行自由主义经济思想的结果，"市场失灵"现象的出现倒逼政府采取国家干预的发展策略。到了70 年代，在"凯恩斯主义"即行政干预的影响下，西方国家政府又出现财政危机和信任危机即"政府失灵"问题。在"政府失灵"和"市场失灵"的双重困境下，资产阶级政府开始寻求破解之道，至此，治理作为一种新的政府执政模式进入世人的视野。1989 年，世界银行报告第一次提出"治理"的概念，直到 1992 年，全球治理委员会才对其内涵进行详细的阐释，认为治理是公共权力部门和私人机构合作管理公共事务的总称，通过公私合作来有效地解决不同利益群体之间的矛盾，治理是一个持续不断的过程。治理理论的产生是对传统"统治"和"管理"的颠覆和批判，这也正如罗德·罗茨认为的治理的出现意味着统治概念的变化，而罗西瑙也明确指出，与传统的统治方式不一样的是，治理重在强调主体之间的协作，注重公众的参与和上下级的互动。20 世纪 80 年代治理理论在西方国家的兴起，逐步引起学者的广泛关注，并传播到世界各国形成比较完备的治理理论体系。治理理论的兴起、扩散与完善与 20 世纪 90 年代新历史主义的出现有关，在米歇尔·福柯等一批新历史主义学派学者的推动下，西方世界的学术思潮和研究范式也不断发生历史性的转型。至此，非形容词形式的"治理"一词才被用于否定传统的"管理"概念。奥斯特罗姆认为作为治理主体的政府或市场均有缺陷，而建构包括政府、市场和社会在内的多元治理主体的治理网络才是有效的，这进一步推进了治理理论的发展与扩散。

第二，治理理论的概念研究。"治理"一词最先出现于希腊语

"Kubernan"，意为"统治"，古希腊时期著名的思想家亚里士多德和柏拉图是较早使用治理一词的人。20 世纪 80 年代后期，随着治理理论的迅速兴起，西方理论界展开对治理概念的诠释。要弄清治理的内涵，需要对与其相关联的统治和管理的概念加以区分，简·克伊曼（Jan Kooiman）在比较分析治理与统治的概念时提出作为未来国家与社会关系调整的一种趋势，治理存在的目的是化解传统政社格局中的不可治理性。① 在传统的国家统治中，政府一直处于中心地位，而治理更多地强调政府之外的力量。大卫·利维-福尔（David Levi-Faur）详细地分析了治理与管理概念的差异，认为管理是指一元化的威权管理者通过确立权力的上下级关系完成既定的目标②，而治理的不同在于管理主体的多中心化，通过弱化单向度权威以正式和非正式方式合作促进共同认可结果的出现。法国著名管理学家让-皮埃尔·戈丹（Jean-Pierre Gaudin）认为治理是一个现代化的概念，在弥补行政干预空缺中发挥着重要作用，这种打破成规的理念迎合社会发展趋势。也正如美国理论学家珍妮特·V. 登哈特和罗伯特·B. 登哈特所言：治理的优势在于多个行动主体共同发生作用。③ 阿尔坎塔拉（Alcántara）在总结前人研究的基础上对治理的概念进行了有层次的阐述④，第一，政府不是维护社会政治秩序稳定的唯一主体，单纯强调政府的一元化权威不符合现代民主的理念，有碍于民主制度的优化⑤；第二，传统的科层制管理模式的优势在一定的范围内有效，但是社会的良性运行需要民主、合作和多元；第

---

① Jan Kooiman, "Socoal-Political Governance: Overview, Reflection and Design," *Public Management Review*, Vol. 1, 1999.

② David Levi-Fau ed., "From 'Big Government' to 'Big Governance'," in *Oxford Handbook of Governance*, Oxford University Press, 2012, pp. 23–24.

③ Janet V. Denhardt, Robert B. Denhardt, "The New Public Service Revisited," *Public Administration Review*, Vol. 5, 2015.

④ Cynthia Hewitt de Alcántara, "Uses and Abuses of the Concept of Governance," *International Social Science Journal*, Vol. 50, 1998.

⑤ Mark H. Moore, *Creating Public Value: Strategic Management in Government*, Harvard University Press, 1995, p. 11.

三，作为一种政治过程，治理能在利益交织的社会网络格局中发挥特有的优势化解社会分歧。

第三，治理理论的内容研究。从 20 世纪 90 年代治理的概念产生之日起，国外学者就围绕治理的内涵展开研究并逐步建构起完备的治理理论体系，总体来说，治理理论从产生到发展经历了理论空白、理论创新、领域拓展、全面加速和总体深化的历程。通过政府、市场和社会之间的互动机制，促进公共利益的实现。格里·斯托克（Gerry Stoker）认为当前学术界对治理理论本身的研究要远多于对治理理论基础的研究，其将网络管理理论、授权理论和社会解释理论看成治理理论的三个支柱。① 治理突出政府的去中心化，但是否政府的作用就不重要？针对这个问题，登哈特夫妇给出了合理的解释，他们认为在主体多元的公共事务实践中政府仍是首要的行动主体，特别是在规则制定和立法层面，政府的主导地位可保证社会组织参与的良性化。作为公权力的组织，政府在资源整合中有较大优势，可利用手中的权力对社会进行有效监管，因此，治理理论并不弱化政府的功能和地位。从治理理论与实践相结合的情况看，治理理论的落地离不开国家权力部门的推进，治理理论研究的重点实际上就是社会权力的回归和政府定位问题。一些学者发现治理理论本身是有缺陷的，比如鲍勃·杰索普（Bob Jessopp）认为用治理去代替市场或政府统治是失败的②，为此他提出"元治理"的概念，在元治理的话语体系中，治理的角色由国家承担，实际上国家的功能也被凸显出来。③ 随着治理理论体系的不断完善，治理理论的内容也更加丰富，比如英国学者佩里·希克斯提出的整体性治理理论，斯蒂芬·戈德

---

① Gerry Stoker, "Public Value Management: A New Narrative for Networked Governance?" *American Review of Public Administration*, Vol. 1, 2006.

② Bob Jessop, "The Rise of Governance and It's Risk of Failure: The Case of Economic Development," *International Social Science Journal*, Vol. 68, 1998.

③ 〔英〕鲍勃·杰索普：《治理的兴起及其失败的风险：以经济发展为例》，漆燕译，《国际社会科学杂志》（中文版）2019 年第 3 期。

史密斯和威廉·D. 埃格斯联合提出的网络化治理理论①及英国学者帕却克·邓利维提出的数字化治理理论等。②

（二）关于乡村治理的研究

中国的乡村治理问题实际上一直被国外的学者所关注，其中，有一大批学者不远万里来到中国，深入农村基层展开实地调研，从管理学、社会学、经济学和政治学等多个学科视角展开研究，并在此基础上提出了很多比较有影响力的学术观点。

第一，乡村治理主要概念的研究。美国社会学家明恩溥（A. H. Smith）被公认为是研究中国乡村治理问题的先行者，通过在山东一带的调研，其所撰写的《中国乡村生活》（*Rural Life in China*）是至今为止比较详尽描述我国乡村社会面貌的著作。③ 杜赞奇（Prasenjit Duara）在"满铁"调查的基础上提出了"国家政权建设""盈利性经纪人""治理内卷化"等概念，为深入了解我国乡村社会基层政权组织的权力布局、政治结构和社会重组等提供了翔实的证据。④ 戴慕珍（Jean C. Oi）是美国学界公认的研究中国问题的专家，她通过对中国乡村社会中基层干部或乡村精英的研究认为这些群体在乡村社会开辟了新的权力资源，乡村精英通过权力运作实现对村集体资源的掠夺，并提出"地方政府法团主义"的概念。⑤ 黄宗智教授梳理了新中国成立到改革开放期间我国长三角地区农村集体化和农业现代化的现状并提出"没有发展的增长"

① 〔美〕斯蒂芬·戈德史密斯、〔美〕威廉·D. 埃格斯：《网络化治理：公共部门的新形态》，孙迎春译，北京大学出版社，2008，第124页。

② Patrick Dunleavy, *Digital Era Governance: IT Corporations, the State, and e-Government*, Oxford University Press, 2006, p.66.

③ 〔美〕明恩溥：《中国乡村生活》，陈午晴、唐军译，中华书局，2006，第56页。

④ 〔美〕杜赞奇：《文化、权力与国家——1900—1942年的华北农村》，王福明译，江苏人民出版社，1966，第23页。

⑤ 〔美〕戴慕珍：《中国地方政府公司化的制度化基础》，载甘阳、崔之元编《中国改革的政治经济学》，牛津大学出版社，1997，第245~247页。

和"集体制下的过密化"等概念。① 欧博文（Kevin J. O'Brien）等人系统地分析了中国农村选举意识和权利意识对乡村冲突性事件的影响，在此基础上提出了"依法抗争"的概念。②

第二，乡村治理基本内容的研究。哈佛大学的政治学教授裴宜理（Elizabeth J. Perry）采取历史比较法，通过典型案例分析在新中国成立后到改革开放之前乡村冲突的现象，是国外学者中较早研究中国农村群体性事件的学者之一。③ 在传统中国的乡村治理场域，作为特殊治理主体的乡绅从来都是学者关注的对象，西方古典管理理论学家马克斯·韦伯（Max Weber）认为乡绅具备双重代理人身份，游走于乡村社会和地方政府之间，由于其一部分权力来源于国家行政机构，因此在维护乡村利益的时候有一定的局限性，往往受到国家权力机关的束缚。④ 提及乡村治理，习惯法是不容忽视的内容，作为维系乡村社会正常运行的工具，日本著名学者滋贺秀三等人认为民间常情或者习惯法在处理农村纠纷时比国家法律更加灵活，因此，村规民约是一种重要的化解邻里纠纷的解决机制。⑤ 施坚雅（G. William Skinner）对我国人民公社时期的乡村治理困境进行研究认为不能根据农民所在村庄的空间范围确定其实际的社会空间大小，公社的范围超越市场共同体的边界⑥，这是人民公社时期乡村治理内卷化的主要原因。乡政村治体制确立后，村民自治的制度设计对农村经济及政治发展到底产生怎样的影响，大卫·茨威格（David Zweig）课题团队在对我国东北和中部农村地区实地调研的基础上认为民主选举过程促进了乡村经济的发展，其也从实证的角度考察了村民对农村民

---

① 〔美〕黄宗智：《长江三角洲小农家庭与乡村发展》，中华书局，2000，第36页。

② Kevin J. O'Brien, *Rightful Resistance in Rural China*, Cambridge University Press, 2006, p. 89.

③ Elizabeth J. Perry, "Rural Voilence in Social China," *The China Quarterly*, Vol. 103, 1985.

④ 〔德〕马克斯·韦伯：《儒教与道教》，洪天富译，江苏人民出版社，2008，第205页。

⑤ 〔日〕滋贺秀三等：《明清时期的民事审判与民间契约》，法律出版社，1998。

⑥ 〔美〕施坚雅：《中国农村的市场和社会结构》，史建云、徐秀丽译，中国社会科学出版社，1998，第115页。

主程序的看法。[①] 另外，在关于乡村民主选举的研究中，马尼恩（Manion）认为村民更愿意选择与其思想、价值和观念相一致的人担任村干部，而且地缘性、地方性习俗和社会化过程均影响选举的过程和结果。[②]

第三，乡村治理的典型案例研究。美国社会学家葛学溥（Daniel Kulp）是国外最早采取案例研究的方法来研究中国乡村治理问题的学者[③]，他通过驻村观察得出家族主义在华南地区的中心地位，并认为家族主义影响华南村庄的政治格局、社会发展和权力运行。韩丁（William Hinto）以我国西部地区的陕西省张庄村为研究案例，在论述20世纪40年代中国土地革命积极性作用的基础上，歌颂了中国共产党在艰难的历史条件下是如何带领中国老百姓推翻封建主义、帝国主义和资本主义三座大山的。[④] 卜凯（John Lossing Buck）花了近20年的时间在中国的乡村进行实地调查，连续跟踪10多个村庄近3000个农户家庭变迁的情况，通过对土地产权、土地经营及农村人口等的研究，为我们了解近现代中国的农村现状积累了丰富的资料，也为当前学界进行村庄的田野调查树立了好的榜样。[⑤] 为了解县、乡基层干部的行为逻辑，舒耕德（Gunter Schubert）等人分别选取了浙江、陕西和江西的几个县进行案例研究，认为我国县、乡干部往往在完成上级给予的行政任务基础上期待获得更多的政治自主性，但是这种行为逻辑往往导致权力寻租行为的发生。[⑥] 美国经济学家爱德华·弗里德曼（Edward Friedman）对

---

① 〔加〕戴维·茨威格：《中国农村的选举、民主价值及经济发展》（上），张定淮、金姗姗译，《国外理论动态》2008 年第 7 期。

② Melanie Manion, "The Electoral Connection in the Chinese Countryside," *American Political Science Review*, Vol. 1, 1996.

③ 〔美〕丹尼尔·哈里森·葛学溥：《华南的乡村生活：广东凤凰村的家族主义社会学研究》，周大鸣译，知识产权出版社，2012，第 21~22 页。

④ 〔美〕韩丁：《翻身：中国一个村庄的革命纪实》，韩倞等译，北京出版社，1980，第 110 页。

⑤ 〔美〕卜凯：《中国农家经济》（上），张履鸾译，山西人民出版社，2015，第 36 页。

⑥ 〔德〕托马斯·海贝勒、舒耕德、杨雪冬主编《"主动的"地方政治：作为战略群体的县乡干部》，中央编译出版社，2013，第 88 页。

改革开放以后我国河北省的一个村庄进行持续的跟踪调研，研究认为农业税费改革使得中国共产党得到农民的拥护并促进了农村市场经济的发展，是乡村建设的重要推手。也有学者对中国台湾地区的乡村治理问题进行研究，比如巴博德（Burton Pasternak）通过对台湾传统乡村家庭、血缘和社区的研究得出宗族主义对经济社会结构具有影响的结论。①

（三）关于柔性治理的研究

"柔性"（Flexibility）从字面上看，有易弯曲、不折断的意思，或者说行动主体根据外在条件的变化及时调整自己的行为以适应新环境。20世纪90年代，治理理论产生之后柔性治理的概念才逐渐被引申出来，实际上，在柔性治理产生之前，柔性管理一直都是西方国家企业的研究热点。安索夫（Ansoff）认为作为企业发展的一种能力，企业柔性越来越受到管理者的重视。何为柔性？马斯卡伦哈（Mascarenha）和布扎库特（Buzacoott）将其视为一种系统应对外界环境或处理环境不稳定性的能力，而荷兰著名学者沃尔伯达（Volberda）提出组织柔性的概念，用来阐释组织管理者所具备的组织管理控制力。② 随着科技的不断进步和在市场化浪潮的冲击下，柔性化能力日益受到组织领导者和系统管理者的认可，柔性化能力是一种涵盖包容、纠错和适应性的能力。在领导学中，甚至有学者将柔性作为领导的基本属性，比如尼克博克（Knickerbocker）从领导的过程出发，认为柔性是组织在完成既定目标的前提下理应具备的内在动力，是领导过程得以进行的关键变量。③ 在管理学经典的理论中，无论是权变领导理论、情景领导理论还是过程—

---

① Burton Pasternak, *Pasternak, Kinship and Community in Two Chinese Village*, Stanford University Press, 1972.

② Henk W. Volberda, *Building the Flexible Firm: How to Remain Competitive*, Oxford University Press, 1998, p. 56.

③ W. Warner Burke, "Changing Leadership and Planning Processes at the Lewis Research Center, National Aeronautics and Space Administration," *Human Resource Management*, Vol. 1, 1985.

目标管理理论，均体现"柔性"的特征，深刻诠释了柔性领导是组织管理的基础。作为组织管理领域的重要组成部分，企业的战略管理、组织架构及人力资源等均包含柔性的思想和理念，柔性成为推进现代化管理变革的催化剂。对柔性治理的研究可追溯到 20 世纪 30 年代著名的霍桑实验，该试验结果向世人证明人是"社会人"，社会人假设开启人本主义管理理论的先河。

国外关于柔性治理的研究基本上遵循的是"适应性"和"柔韧性"两条路线，强调治理过程中适应环境和应变的能力。20 世纪 70 年代之后，在国际范围内随着新公共管理和新公共服务运动的兴起，领导者更加关注组织体系中被管理对象的感受，柔性治理被广泛关注并被运用到公共治理的诸多领域。与传统"泰勒式管理"的理念和价值不同的是，柔性治理更加注重治理对象的情绪，真正体现"以人为本"。正如迈克尔·克雷默（Michael Kremer）所言：人们在生存发展中形成的各种利益关系处于治理的中心位置，这些关系构成了治理的 DNA，其着力点就在于对公众情绪或者心理的治理。不难发现：治理概念本身就融入了"人本主义"的理念，当前，在作为引领公共治理潮流的社区精细化治理中同样深刻地体现"柔性治理"这一重要抓手。新现实主义学派的代表性人物约瑟夫·奈在其著作《美国总统及其外交政策》中较为详细地对柔性治理的概念进行了论述，认为柔性治理是治理能力的一个层面，主要指在治理过程中注重运用文化、制度规训和意识形态等软性方式实现善治。在约瑟夫·奈看来，与刚性治理即主要用军事、经济、法律等硬性命令等方式相比，柔性治理旨在通过吸引力的手段来推动目标的实现。

三　研究评述

首先，在治理理论的研究层面。随着治理理论的完善和本土化拓展，目前在公共管理学科领域形成一个基本共识，那就是治理概念的产生和理论体系的完善有利于探寻公共治理的发展趋势和演变规律，为科学地处理政府、市场和社会之间的关系提供了指导。在行政管理中，治理理论有效地克服了传统科层官僚制的弊端，成为提升政府运作效率的理论支撑。当前理论界对治理理论的解读主要有两种声音：一是强调治理主体的多元化，且治理主体之间是平等合作的关系；二是认为在各治理主体参与公共事务中，政府起主导作用，强调"元治理"即治理的治理。实际上，国内很多学者在用多中心治理理论探讨中国的社会治理问题时，过多地将之解读为多元社会组织参与共治的结果，而忽略治理的核心主体仍是政府，亦即政府的"元治理"角色并未改变。同时发现，国内学者对治理理论研究的本土化努力远远不够，治理理论本身是一个较为抽象的概念，当前关于治理理论的本土化研究存在"简单化"和"重复性"的特点。改革开放以来，我国实现了从"一元主体"到"多元共治"治理主体的结构性转变，但实践表明：无论是"大政府、小社会"抑或"大社会、小政府"都不符合中国制度现实。因此，用治理理论研究或解决中国社会问题时必须考虑现有国情，而党领导下的以政府为主导，社会共同参与的共建、共治、共享的新格局才真正符合中国的发展现实。

其次，在乡村治理研究层面。自治理概念产生之日起，理论界就试图用治理理论解释或研究中国的乡村治理问题，并形成了丰富的研究成果。当前，学者围绕乡村治理的概念内涵、模式选择、实践困境及优化路径等展开了系统研究。其一，从研究的总体情况看，村治研究已经突破传统村民选举的"隧道视野"，从之前的关注制度设计转变为重视治理，试图通过范式创新寻求一种聚焦于"村治"视角的研究范式。其二，从研究视角看，从原来单纯从国家视角或者社会视角演化为从政社互动的视角看问题，为本书的角度切入奠定了坚实的基础。其三，从研究方法看，从最初的政治学单一学科发展为多学科的交融。但是学者们也逐步认识到传统研究路径的局限性以及"学术自我生产"的弊端。

第一，研究范式的单一性。治理理论是一个"舶来品"，我国学者拿治理理论来研究或解释中国的乡村问题时，将其过多地解读为多元治理主体共同参与的结果，而政府的主导地位实际上体现的不够。当前治理理论的研究范式比较单一，虽然一些学者从政治学、社会学及管理学等多学科角度进行研究，但研究的侧重点还是治理本身即概念、价值和内涵等解释性文本，并没有创新或建构出完整的乡村治理理论体系。第二，研究方法的局限性。在乡村治理研究的方法选择上，当前学者较多采用田野调查法，习惯于从单个村庄或者地区提炼出一个概念或相关理论。尽管可以通过深入细致的调查把现象阐释得很明白，但一些学者并没有考虑到中国乡土社会的复杂性和异质性，案例样本的选择是否具有可代表性实际上并没有阐述清楚，或者在选点问题的说明上显得含混不清，这样研究案例就可能因为自身的特殊性而缺乏普遍的解释力。第三，理论前沿的滞后性。乡村治理作为一个重要的研究方向，对其进行前瞻性的研究必不可少，乡村治理理论的前瞻性研究代表着理论的发展趋势，而理论前瞻性的缺乏是当前乡村治理研究遇到的一大难题。[①] 乡村振兴背景下，乡村治理的研究要紧扣时代发展的脉搏，而非局限于对传统乡村社会的解释上，当前对乡村治理的拓展研究还远远不够。第四，学科交叉的薄弱性。当前，学者主要从政治学、管理学和社会学的学科视角研究乡村治理，跨学科研究比较薄弱。从跨学科的角度对乡村治理的权力结构、组织体系及制度创新等方面进行研究还处于"远未形成"阶段，国内几大乡村治理研究机构缺乏合作，难以形成同群效应。

最后，在柔性治理研究层面。柔性治理或软治理作为产生时间较短的概念，相关的研究文献非常有限。柔性治理的概念来源于柔性管理，而柔性管理多运用于企业管理领域，属于工商管理的范畴。治理理论产生之后与柔性管理的概念相结合出现了柔性治理，柔性治理的内涵在实

---

① 朱雅妮、高萌：《乡村治理现代化：治理模式、关键问题与实现路径——第四届中国县域治理高层论坛会议综述》，《华中师范大学学报》（人文社会科学版）2020 年第 2 期。

践应用中不断深化。国外学者在探讨中国基层治理问题时，很重要的一点是把"柔性治理"这个议题纳入中国现代化国家建构的宏大框架中去思考，他们感兴趣的是国家现代化建构的条件及其可能生长的空间，但触及点不够细致，视角较为宏观。在对柔性治理的具体应用上，国内学者主要将其运用于互联网治理、城市社区治理、民间金融治理和"医闹"治理领域，鲜有学者将其运用于乡村治理场域。在研究方法上，既有的研究大多停留在质性分析层面，而对柔性治理的可操作化和落地化问题关注不够，特别是定量和案例等实证研究比较缺乏。从现有的实证研究情况看，部分研究者主要依据自身所掌握的知识体系进入实证研究的"情景"中，自身知识的局限和理论的薄弱导致调查研究被禁锢在"某个观点"或"某种认知"中，关于柔性治理的制度变迁、发生情景和运作机理等研究存在诸多盲点。

　　乡村柔性治理是乡村治理的重要构成，而乡村治理又是治理的重要研究内容，三者之间是包含与被包含关系，因此我们需要在前人研究的基础上对三者之间的逻辑关联进行梳理（见图1-5）。基于此，笔者尝试提出"乡村柔性治理"的概念，并对其内涵、外延和适用性等进行合理的学理阐释和科学的界定。乡村柔性治理是乡村振兴背景下的一种面向未来的乡村治理范式，是对党的十九大报告中健全"自治、法治和德治"相结合治理体系的现实回应，也是在治理理论的基础上形成的具

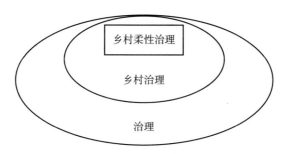

图 1-5　治理—乡村治理—乡村柔性治理关系

资料来源：笔者自制。

有前瞻性的能够促进乡村治理体系完善的基本范式，引领着公共治理的潮流。针对当前学者对"乡村柔性治理"研究的不足，在研究内容上，本书遵循"递进式"的研究思路，在分析行政有效性和社会有效性的基础上，从乡村善治的视角探讨乡村柔性治理的发生情景、运作机理和应用路径。在研究对象上，以单个"行政村"为研究单元，通过"解剖麻雀"的方式分析乡村刚性治理失灵的发生逻辑和现实后果，进而建立乡村柔性治理的结构系统模型。在研究方法的选择上，采取定性和定量相结合的方法，通过案例分析和数量统计等实证方法，为经验或理论分析提供科学论证。

第三节　研究内容与研究方法

一　研究内容

（一）乡村柔性治理的发生情景

乡村柔性治理学术命题的产生不仅在于自身的价值，还基于特定的社会发展背景。首先，本书认为行政权力主导乡村治理基本格局，以"命令—服从"为特征的刚性治理模式在具体的乡村治理实践中成为一种常态，能力、暴力和权力是乡村"力治"的三种形态。此外，本书从农村发展环境的适时耦合角度，分析刚治向柔治转变的意义和价值，为乡村柔性治理的产生提供支持。

（二）乡村柔性治理的运作机理

乡村柔性治理的各个要素相互关联并相互作用，为真正实现其价值和功效，必须对柔性治理的运作机理进行系统化解读。首先，基于新制度主义的分析思路，从新中国成立后乡村治理的正式制度和非正式制度入手，笔者认为行政主导与自治秩序之间的结构性张力构成乡村柔性治理运行的制度基础；其次，根据当前乡村发展中自上而下的"被规划"和自下而上的"自主式"两种形态，基于"村域"研究的微观视野，笔者在实地调研的基础上提取差异化柔性治理实践中的共识性因子；最后，在案例分析的基础上，笔者基于内源式发展的软化协同，从自觉认同的参与、畅通开放的表达、文化重塑的联动、不拘一格的引才和满足需求的服务方面阐释乡村柔性治理的运作机理。

（三）乡村柔性治理的应用落地

作为一种治理范式，乡村柔性治理的应用落地是实现乡村善治的关键，本书在了解其发生情景和运作机理的基础上试图寻找落地实现的路径。首先，明确乡村柔性治理落地的价值，主要体现在国家治理的现代化转型，地方政权组织的公共性重构，乡村公共秩序再生产和底层群体的话语权建构四个层面。其次，本书认为乡村柔性治理同样面临着落地难的困境，以豫西北 P 村的"水美乡村"建设为考察对象，认为治理结构失衡、治理能力欠缺和治理体系的消解是阻碍柔性治理落地的主要原因。最后，基于价值、文化、法律、信任和空间五个维度分析造成乡村柔性治理落地难的主要原因，以现代化为视角，从结构、能力、体系三方面提出实践路径。

（四）乡村柔性治理的学理阐释

在深入探讨乡村柔性治理的发生情景、运作机理和应用落地的基础上，以要素构成为依据，本书试图从本土化建构层面对乡村柔性治理范式进行学理阐释。首先，从治理环境要素出发，场域构成乡村柔性治理的情景，柔性治理环境的场域理路在于乡村公共能量场的营造。其次，从治理主体要素出发，从"硬权力"到"软权力"的转变是基层治理转型中农村权力结构演变的主要趋势，而基层政府的软权力建设是乡村柔性治理主体的权力逻辑。再次，从治理工具要素出发，技术构成乡村柔性治理的"工具在场"，从技术赋权的角度探讨技术变革对乡村治理的形塑，本书认为智慧化治理技术的实施构成乡村柔性治理的技术逻辑。最后，从治理对象要素出发，结合后现代公共行政话语理论，本书认为乡村柔性治理对象的话语理路在于农户话语权的形塑。

二　研究方法

（一）资料文献法

根据研究的问题和内容，本书借助文献检索数据库、政府官方网站和新闻资料素材等工具查阅文献，并根据研究需要对获取的文献进行归纳、整理和分类，得出相应的结论。具体来说，在文献综述撰写中，借助中国社会科学引文索引数据库，采用 Citespace IV 软件和 CNKI 可视化分析软件对"治理—乡村治理—柔性治理"的相关研究进行分析，进而掌握当前国内外学术界对本主题的研究动态；通过政府官方网站，对"中国城市治理创新奖"、"地方治理创新最佳案例"和"改革开放40 年地方改革创新致敬案例"等素材进行收集，并对相关内容进行数据统计。最终，进行理论阐释与实践的结合，以便更好地促进乡村柔性治理研究主题的深化。

（二）个案分析法

本书基于外嵌和内生的视角，选取当前我国乡村治理中两个典型的案例来论证乡村柔性治理的运作机理。笔者于 2018 年和 2019 年暑假期间，先后多次到河南省 J 市的 D 镇、安徽省 T 镇的 LG 村和江苏省 YX镇的 QL 村进行深入调研。通过发放调查问卷和访谈的方式了解以上地区在推进乡村柔性治理中的做法，采取"解剖麻雀"的研究方式，系统阐释柔性治理的实践逻辑和内在机理。最终，通过搜集到的数据得到指向这些问题的证据，得出案例研究结论并在此基础上提炼出更有意义和更具洞察力的问题。

（三）比较分析法

文章从历史变迁的视角梳理封建时期到现代社会乡村治理模式的演变历程，比较简约治理、全能治理、刚性治理和柔性治理在治理主体、对象、方式、模式等内容上的差异，结合乡村治理转型这一背景为乡村柔性治理的学术出场提供学理辩护。本书尝试从学理的角度建构一种面向未来、面向公共管理学科发展新方向的关于乡村柔性治理的总体定位、结构模型和目标路径，为乡村治理转型的实现提供一种思考（见表1-6）。

表1-6 乡村治理模式的历史演变类型

治理内容	治理类型			
	简约治理	全能治理	刚性治理	柔性治理
治理价值	权威主义	革命主义	增长主义	人本主义
治理体制	县政绅治	人民公社体制	乡政村治体制	以人为中心体制
治理机制	君主专制	意识形态动员驱动机制	压力型科层体制	民主协商
治理目标	维护中央集权	经济社会政治化	经济增长、社会稳定	社会主体性培育
治理手段	强制、刚性、命令	任务、命令和指令性计划	政绩、项目与政策	指导、激励、协商、提醒
治理的环境	封建时期	计划经济体制	向市场经济转型中	市场经济程度较高
政社关系	政社分离	政社高度统一	政社适度分离	政社进一步分离
政府角色	威权型	管控型	管理型	服务型
权力配置	高度集权	高度集权	适度分权、放权	高度放权和分权
民主化类型	—	政治动员式民主	行政吸纳式民主	参与式民主
权力运行向度	自上而下单向度	自上而下单向度	自上而下为主自下而上为辅	上下结合的双向度

资料来源：笔者自制。

本书将对乡村柔性治理的研究置身于中国乡村制度变迁的历史脉络中，采取解构和建构的思路，通过不同制度背景下的乡村治理范式的比较，凸显柔性治理在乡村善治进程中的价值与优势，从而很好地回应本书的研究问题。比较分析法也可以检验给定案例中关于相关性的一致性分析，通过比较两种不同类型村庄柔性治理的实践，总结出关于柔性治理运作的共性问题，从而为阐释乡村柔性治理的运作机理提供支持。

（四）问卷调查法

问卷调查法是人文社科研究中较为常见的方法，通过发放问卷的方式咨询被调研对象，进而获取想要的资料信息。一般来说，调查问卷以调研的主题为对象，通过设问的方式制定表格或者选择题，作为一种控制式的测量方法，问卷调查有效地规避了现有统计数据的局限性，是收集真实、可靠资料的有效手段。本书采取问卷调查的方式，通过编码、设计了解农村居民对政府线上服务和线下服务的满意度。问卷主要参考国务院发展研究中心 2019 年中国（江苏）民生调查的相关指标，并结合本书的主题进行设计。本书中问卷调研的对象为苏南和苏北地区的村民，在关于政务服务满意度的量表设计中，根据满意的程度划分为五个标准：非常满意、比较满意、一般、比较不满意和不满意。最终，通过对调研数据的整理和分析，为探究乡村柔性治理的运作机理提供实证支持。

第四节　研究思路与技术路线

一　研究思路

本书紧紧围绕"乡村柔性治理"这一议题，以乡村善治为基本导向，依据"总—分—总"的研究思路，通过建构"发生—运作—应用"的递进式逻辑分析框架，试图从政社互动的视角探讨乡村柔性治理的发生情景、运作机理和应用路径，最后从治理环境、治理主体、治理对象和治理工具四个要素入手，对乡村柔性治理进行本土化的学理阐释，为乡村振兴战略的实施和乡村治理转型提供理论借鉴。

（一）研究缘由与问题提出

首先，从现实出发，结合当前国际和国内公共治理的现状，基于宏观—中观—微观的维度，从中央顶层设计、地方治理创新和乡村振兴实践角度来为乡村柔性治理的学术出场提供制度支持；其次，基于"治理—乡村治理—柔性治理"的结构内容，借助 Citespace IV 软件进行可视化分析，了解当前国内外关于乡村柔性治理的研究状况；最后，在文献梳理的基础上提出如何从传统乡村刚性治理模式中探寻面向未来的乡村治理范式。

（二）理论基础与框架建构

首先，根据乡村柔性治理这一研究主题，对与本书相关联的两大理论（国家软权力和后现代公共行政话语）的观点进行提炼，并融入对乡村刚性治理、政府软权力建设和乡村公共能量场建构等方面的分析中；其次，在对传统乡村刚性失灵进行解构的基础上分析柔性治理，根据递进的逻辑关系，建构出"发生—运作—应用"的分析框架；最后，对乡村柔性治理的发生情景、运作机理和应用路径进行描述性分析，进而论证乡村柔性治理的可行性和科学性。

（三）实证考察与机理分析

首先，通过田野调查和网络素材整理的方式收集典型的案例，采取"解剖麻雀"的方式揭示乡村刚性失灵的表现、成因及后果；其次，以村域为研究单元，在回答选点问题的基础上，选取自上而下的"被规划"和自下而上的"主动式"两种柔性治理实践中村庄的实践案例；最后，在实证考察的基础上分析乡村各治理主体的行为逻辑，进而总结出乡村刚性治理失灵的内在逻辑及乡村柔性治理的运作机理。

（四）路径探讨与学理阐释

首先，基于"结构—能力—体系"三维框架，在分析三者之间逻辑关联的基础上，从柔性治理结构失衡、治理能力欠缺和治理体系弱化三个方面分析柔性治理的落地困境；其次，从价值、法律、信任、文化和空间五个维度分析落地困境的成因，并从结构、体系和能力三个视角提出针对性策略；最后，本书在"发生—运作—应用"的分析框架基础上，认为场域、权力、技术和话语构成柔性治理的逻辑主线，并从乡村公共能量场营造、政府软权力建设、智慧化手段运用和农户话语权形塑四个方面对其进行学理阐释。

（五）研究结论与未来展望

根据"发生情景—运作机理—应用落地"的逻辑分析框架，以政社良性互动为视角，结合当前国内乡村柔性治理实践，对乡村柔性治理所涉及的主要内容进行结论性的概括。对乡村柔性治理的研究涉及复杂的学科体系，因为时间和能力有限，笔者对乡村柔性治理研究的深度有待进一步深入，通过研究展望为后续研究主题的深化提供了方向。

第二章
概念界定、理论基础与分析框架

第一节　概念界定

一　政社互动

从政府的合法性来源看，政府和社会公众之间是一种具有契约性质的"委托—代理"关系。在如何处理政府和基层社会的关系上，党的十七大报告明确提出要将政府的行政管理活动和基层的群众自治有机结合起来，实现两者的良性互动。2008年，国务院出台一系列文件，要求强化社会自治的功能，实现政府治理和社会治理的有效衔接，为政社互动的概念产生提供了政策基础。所谓政社互动就是以善治为根本目标，以社会自治组织为依托的政府和社会合作治理的一种模式选择。政社互动的概念提出以后，我国各地区的相关部门在党中央的政策指引和理念指导下开始一系列的制度创新实践并取得了丰富的成果。其中，比较有影响力的是江苏省太仓市2008年在全国率先开展的关于政社互动的实践探索及理论创新，在经历了实地调查研究、科学的制度设计、乡镇政策试点试验和全面积极推广四个步骤后，基本实现了政府行政管理与村民基层自治的有效衔接。作为基层治理中具有一定理论创新和实用价值的治理模式，政社互动实现了治理主体由"一元主导"向"多元共治"的转变，在推进政府职能由管控向服务转型的同时也促进了政府和社会之间由单向刚性向双向互动的转变。

（一）"行政有效"抑或"社会有效"：政府治理行为的两种逻辑

从当前政府治理的机制来看，无论是压力型体制、行政发包制还是运动式治理机制，所贯彻的都是上级政府的意志，所反映的都是一种自上而下的行政主导的单向度政治逻辑，而非自下而上的代表群众利益诉求的民主政治逻辑。蔡禾教授在研究国家治理的有效性和合法性问题时提出治理机制的有效性遵循"自上而下"和"自下而上"两条研究路径，前者指国家的政策和意志得到高效落实，后者指国家政策促进社会善治。[①] 研究发现：两条治理机制的路径实际上反映出不同的治理逻辑，"自上而下的有效性"反映了科层制内部行政组织的运行逻辑，比如乡镇政府的"中心工作"行为选择就是为了确保上级的行政任务得到高效的执行。从政府产生的理论背景看，无论是社会契约论还是委托—代理理论，均说明作为公共组织的政府只有凭借公众授予的公权力为实现公共目标而奋斗才能彰显其政治合法性。在乡村治理场域，政府是绝对的行为主体，我们试图寻求一整套科学的治理机制既能实现政府的行政有效性，同时又能兼顾社会有效性。但是，后农业税时代的到来形塑了基层政府和农民的关系，由之前的"依附"转变为"剥离"。从基层政府的治理实践看，其治理机制的选择往往过分注重行政有效性而忽略社会有效性。以压力型体制和行政发包制为例，这些政府治理机制是在科层制的制度框架内设计的，注重的是行政组织内部的运作效率和上级政府的行政偏好。基于刚性的基层治理政治逻辑在很大程度上淡化了社会群众的利益诉求。"治理"的概念虽然是个舶来品，但是自产生之日起就被我国的学者关注并广泛运用，在不到40年的时间里，不断地影响着我国政治体制改革实践。从本质上看，治理所表达的一个核心

---

① 蔡禾：《国家治理的有效性与合法性——对周雪光、冯仕政二文的再思考》，《开放时代》2012年第2期。

观念是政府不要把社会公众看作管理或控制的对象，而应该将其看作与自己具有同等地位的社会行动主体，通过公众参与机制、社会表达机制来提升社会治理的效果。然而，传统的治理实践难以在行政有效性和社会有效性之间寻求平衡，压力型体制下，基层政府的治理机制依然注重行政效率。基层治理内卷化或政府治理失范是社会有效性弱化的结果，而在基层治理机制的设计中只有实现社会有效性才能体现政权的合法性。

（二）政社良性互动：乡村治理机制建构的逻辑选项

后农业税时代的到来不断形塑基层政府和乡村社会的关系，随着现代化国家政权建设的持续推进，如何通过治理机制的创新和治理模式的选择推进乡村善治是一个具有前瞻性的学术命题。针对当前乡村治理实践中行政有效性挤压社会有效性进而导致的政治合法性问题，本书试图从政社良性互动的视角为乡村治理机制的建构提供学理支持。政社互动作为一种基层治理理念，其政策基础是党的十七大报告。为此，理论界和实践部门通过自主创新不断丰富和完善政社互动的内涵，逐步形成了一套完整的政社互动理论体系。在实践操作层面，江苏省太仓市最先在全国范围内进行政社互动实践，并在全国形成一定的知名度和影响力。可见，政社互动的最终目标是推动社会治理重心向基层转移，进而打造"共建共治共享"的基层社会治理新格局。作为一种系统性的实践活动，只有深入剖析其内部结构才能精准表达出政社互动的本质内涵。笔者尝试从政社互动系统内部的行为模式和权力构成来界定其内涵和外延，所遵循的是"结构—制度"和"过程—事件"的分析思路。行政主导的治理体制下，鼓励公众参与并通过第三方力量的引入可以解决政府治理失灵等问题，但是实际上此时公众参与的程度仍是有限的。我国的"乡政村治"所体现的是政府主导下的村民自治，虽然在制度设计上拓展了乡村治理主体，夯实了乡村治理的基础，但能否真正发挥村民自治的优势还有待考证。从政社互动的类型看，其基本上可分为强力控制和民主合作两种形态，前者指政府在公共事务治理中处于主导地位，社会力量处于从属或者被动地位，其参与程度相对有限；后者指通过建构多中心治理格局，政府和社会通过民主协作实现社会公共事务治理。从政社互动的演进逻辑看，我国乡村治理正经历由"总体性支配"到"技术治理"的过程，在社会主义民主化浪潮的冲击下政府亟须重建符合现实社会结构的政社互动类型及机制。在乡村治理模式的选择上有刚性治理模式和柔性治理模式。刚性治理强调以"政府为中心"，体现了行政有效性，而柔性治理强调以"人民为中心"，体现了社会有效性。

（三）政社互动：乡村治理研究的一种分析视角

"政府—社会"作为一种分析视角兴起于20世纪90年代。随着改革开放的持续推进，国外的学者能够顺利地到达国内获取社会科学研究的资料经验，因此，作为一个海外的舶来品，最先利用这个分析视角的是研究中国问题的美国学者，比如哈佛大学的费正清教授。经过几十年的发展，"政府—社会"的分析框架已经成为当前国内社科领域的主流理论分析框架。就社会学的发展而言，"政府—社会"的分析范式凭借其超强的解释力极大地迎合了我国社会变迁的轨迹，进而成为一种主流的理论架构。同时，在社会学研究中，治理创新的相关理论也是在"政府—社会"分析框架的基础上形成的。不同的研究机构将乡村治理置身于不同的学科背景，比如以徐勇教授和邓大才教授领衔的华中师范大学中国农村研究院将其放置在政治学的学科体系中，以贺雪峰教授为代表的武汉大学中国乡村治理研究中心将其置身于社会学体系中，还有其他的研究机构比如浙江大学的郁建兴教授和南京农业大学的刘祖云教授等将其放在管理学的学科体系内。因此，无论是从社会学和政治学，还是从管理学学科视角研究乡村，"政府—社会"的分析框架建构都是一种主流的被广泛认可的学科范式，并取得丰硕的成果。本书中，笔者以"政府—社会"的关系调适为基本依据，采取解构和建构的思路对乡村柔性治理的发生情景和运作机理进行分析。政社互动失衡是中心工作制下刚性治理失灵的结果，而乡村柔性治理的内在逻辑是政社良性互动下的内生性培育，在"发生—运作—应用"层面都运用了政社互动的概念。

二　治理转型

治理转型作为一个管理学名词，具有相对丰富的概念。"转型"包含治理的各个要素，涉及治理理念转变、治理主体变革、治理结构调整和治理目标调适，是一个统筹性的概念。郭星华和石任昊从社会控制的角度认为当今我国的治理转型就是传统社会治理结构向现代社会治理结构的转型，是由人治向法治转变的过程。[①] 除此之外，刘祖云教授在其著作《十大政府范式：现实逻辑与理论解读》中将新中国成立以来政府的治理范式进行梳理和解读，认为在政治行政体制改革实践中，服务型政府、责任政府、法治政府、电子政府和生态型政府等是我国政府未来的主要范式。[②] 在刘祖云教授总结的政府范式中，服务型政府建构处于很重要的地位，这与当前国家大力推进的"放管服"行政体制改革的理念是相吻合的。在具体的行政价值观层面，服务型政府深刻地诠释了国家治理现代化的价值内涵，代表着政府改革的战略方向。党的十九届四中全会提出的"中国之治"实际上也为我国的社会治理转型提供了制度支持。在乡村治理场域，随着"乡村振兴"战略的出台和推进，乡村治理转型成为理论界和实践部门关心的话题，而建立健全"自治、德治和法治"相融合的乡村治理体系为乡村治理转型明确了方向，梳理我国乡村治理的历史变迁，可对乡村治理转型的概念进行清晰的把握。在乡村治理场域，从历史变迁的角度看，治理转型体现在以下几个方面。

---

① 郭星华、石任昊：《从社会管制、社会管理到社会治理——改革开放以来中国现代法治建设的变迁》，《黑龙江社会科学》2014 年第 6 期。

② 刘祖云：《十大政府范式：现实逻辑与理论解读》，江苏人民出版社，2014。

（一）双轨政治：封建时期的"简约治理"

"皇权不下县，县下皆自治"是封建时期我国乡村治理的真实写照，黄宗智教授将这种具有"双轨政治"特征的乡村治理模式总结为"简约治理"。简约治理也是我国学者研究封建时期乡村治理的一种尝试性分析思路，这是因为当前国家与社会的二元对立框架是学者分析乡村治理比较成熟和较为惯用的研究路径。在封建时期，皇权只到县这一级，并未深入乡村社会，在乡村社会内部主要依靠乡绅和宗族的内生性力量进行社会事务治理，这就使得基层社会治理凸显"双轨政治"的基本特质。由于封建时期奉行的是高度集权的君主专制，因此确切地说县级政府遵循的是一套"集权的简约治理"模式，其优势在于将简约的官僚制和皇权相结合。简约治理的基本特征体现在三个方面。首先，简约治理体现的是"半行政化"的治理策略。在传统的封建时期，由于国家权力的有限性和乡村社会的宗族性，国家权力在乡村治理实践中处于体制与非体制、结构与非结构的交织状态。在简约治理的结构框架内，国家行政组织主要依靠乡绅和士族这种非正式权力达到治理的效果。其次，简约治理注重准官员的使用。在传统的乡村治理实践中，胥吏是连接国家行政组织和乡村社会的主要力量，但实际上胥吏并非国家的行政成员，而只具备"半官半民"的特征。胥吏是国家和乡村社会互动的润滑剂，这种非正式的行政制度不仅保障了乡村社会的秩序稳定，同时为国家财税的征收提供了制度化的渠道。最后，简约治理具备儒化的特征。黄宗智教授建构的是一种"儒法兼顾"的治理理论，简约治理蕴含儒家的"仁爱"思想，这种治理理念在一定程度上中和了苛刻的法家思想中的现实主义。

（二）权力嵌入：新中国成立初期的"全能治理"

新中国成立后，我国建立起人民民主专政的社会主义国家，与此同时大力推进现代化国家政权建设。在新中国成立初期，为解决严重的国内外危机，我国在经济建设方面大力发展重工业，而乡村成为工业发展所需原料的主要来源地。为积累工业化发展原料和巩固新生政权，国家权力逐步渗透至乡村社会，权力嵌入改变了传统乡村社会的治理结构，行政权力作为一种重要的治理工具形塑了乡村的治理格局。1959 年，党中央下发《关于人民公社管理体制的若干规定（草案）》，该草案明确规定人民公社的组织形式是"队为基础，三级所有"，这个制度也确定了中国农村生产以生产队为基本单元的组织模式。然而在乡村治理实践中，"政社合一"的人民公社体制由于集权化色彩浓厚而出现了严重的乡村治理问题。同时，由于国家行政权力的严重干预和僵化的管控型制度，社员的劳动投入和实际收益严重失衡，不仅挫伤了农民生产的积极性还导致农村生产发展的严重滞后。简言之，人民民主专政的社会主义国家体制建立后，国家行政权力开始慢慢下移，最终形成"政社合一"的乡村治理格局，乡村社会的弹性空间被挤压，而基层政权组织几乎控制着乡村社会的全部，其权力超越传统的宗族、士绅等治理力量，形塑了"全能治理"的基本格局。全能治理模式的选择是由当时的社会发展背景所决定的，其虽然弱化了社会的自治能力，造成一定的负效应，但是依托政府强力，社会的资源整合能力得到提升，促进了国家政权的稳定。

（三）乡政村治：改革开放后的"刚性治理"

人民公社体制所形塑的"全能治理"模式有其存在的历史合理性，但是其所凸显的积弊在一定程度上阻滞了农村生产力的正常发展和民主化的实践进程。1978 年之后，在改革开放浪潮的推动下，以邓小平为首的国家领导人高瞻远瞩，确立了家庭联产承包责任制，特别是"分田到户"的落实使持续近 20 年的人民公社体制瓦解。人民公社体制终结的显著标志是国家体制性权力的上移，乡村社会有了一定的自治空间，在基层社会形成"乡政村治"的治理格局。1987 年，随着《村民委员会组织法（试行）》的颁布，我国农村地区开始推行"自主选举、自主管理、自主监督、自主决策"的自治制度。从形式上看，村民自治是对人民公社制度的替代，但实际上这种民主化的制度设计仍然带有"全能治理"的特征或者说继续保持"总体性治理"的惯性。从"乡政村治"的实践结果来看，其所建立的村民自治仍是在国家主义的理念和框架下展开的。在政社二元的治理结构中，国家行政权力仍处于绝对的主导地位，或者说仍然未摆脱行政组织的刚性管控。从国家顶层设计的初衷来看，村民自治是一种具有民主化特性的治理模式，但是在实践中一定程度上偏离了制度文本的要求。这是因为推进国家现代化需要农业税收的支持，在全面取消农业税之前，基层政权组织遵从的是一种"汲取型"的治理逻辑，主要是从农村获取工业化和城市化发展所需要的各种资源，在汲取型和压力型体制下，地方政府表现出的是一种依靠行政权力的刚性模式。换言之，乡政村治的制度设计仍然未摆脱人民公社体制的制约，并未实现真正意义上的乡村民主治理。

（四）资源下沉：后农业税时代的"柔性治理"

进入 21 世纪，为解决日益严重的"三农"困局，国家逐步进行农业税费改革。2006 年，全面取消农业税标志着我国进入后农业税时代，农业税的终结也预示着我国基层政权组织职能和角色的转变，为现代化国家政权建设提供了新的契机。政府和农民的关系问题历来都是学者关注的话题，而农业税的取消也在一定程度上重塑着基层政府和乡村社会的关系。在农业税改革之前，由于征税的需要，乡镇政府和农民之间存在着天然的联系，这一时期政社之间的互动总体上呈现"良性"的态势。后农业税时代，国家通过"项目制"和财政转移支付的方式向农村输入大量的资源，也基本上实现了村民自治制度的程序正义，但是并没有带来有效的乡村治理。实际上，农业税取消后，基层政府和乡村社会的情感关系变得日益淡薄，逐步疏远，乡镇政权组织"悬浮"于乡村社会之上，也即周飞舟教授所说的"悬浮型政权"或"维控型政权"，其主要职能是维护乡村社会的稳定，从当前基层治理的实践看，后农业税社会出现的公共物品供给失衡、群体性事件多发及干群关系的紧张说明村民自治的制度设计和基层政权组织的收缩并没有实现村社善治，这与基层政权组织的权力运行方式和逻辑紧密相关。国家现代化政权建设的目标是实现基层组织的职能化和科层化，乡镇体制改革的重要内容是将乡村社会原有的部门职能剥离出来交付乡镇政府。然而，我们发现科层化运作的专门性、等级化、独立性和职能性与乡村社会的不规则性、乡土性、复杂性和综合性存在高度的不耦合。国家在大力推进农业税费改革的同时也加快乡村体制改革，通过撤乡并镇、合村并组等方式促进基层组织由管控型向服务型的转变。2006 年以后，在全面建设社会主义新农村的政策号召下，国家通过自上而下的资源输入和政策支持赋予乡村社会更大的发展空间。当前乡村治理中出现的基层党组织功能弱化、农村微权力腐败滋生、农村空心化等乡村治理难题，客观上为乡村治理范式由"管控"向"服务"的转变指明了方向，因此，柔性治理是未来乡村治理变革的重要走向。

总之，从封建时期的"简约治理"到新中国成立初期的"全能治理"，再到改革开放后的"刚性治理"以及后农业税时代的"柔性治理"，我国乡村社会的治理模式随着社会的发展不断调适，从总的趋势来看，乡村治理的主体更加多元，治理对象更加复杂，治理的结构更加扁平，治理的价值更加"人本化"以及治理的策略更加技术性，这也形塑了乡村治理转型的基本逻辑。

三　柔性治理

从字面意思上看，柔性治理是"柔性"和"治理"的结合，或者说将柔性的理念、手段和行动融入治理实践中。在物理学意义上，柔性被界定为挠性，是和刚性相对立的一种物体属性；在社会学意义上，柔性常用来表达柔性管理和柔性生产。在公共管理层面，柔性治理是指国家行政组织秉持民主、协商和平等的理念，奉行以人为本的宗旨，并非凭借自上而下单向度的强制性权力，而是采用谈判、协商、激励等非强制手段激发治理对象的主动性和创造性，通过探寻社会公众的参与机制、配合方式及信任程度促进公共事务的有效解决。从政府治理的实践看，传统的政府治理更多的是依靠公权力的强制性实施，带有明显的刚性治理的特征。而柔性治理中政府权力的强制性色彩逐步淡化，政府由原有刚性治理角色转变为民主协商者。在柔性治理实践中，传统的治理主体和治理对象之间单向度的控制与被控制关系被双向度的平等协商和合作共赢所取代。在柔性治理结构中，治理主体和对象的角色会发生转换，治理对象往往是主动的参与者而不是被动的服从者，其行为是被鼓励而非被阻止，其关系是合作而非孤立。作为一种符合政府治理能力和治理体系现代化的治理理念或治理模式，柔性治理是"政府中心主义"向"公众中心主义"过渡的深刻体现，强调去中心化和分权化。因此，理解柔性治理的概念，便于对善治视角下的乡村柔性治理进行很好的解读。乡村善治是党和国家追求的终极目标，需要通过制度化的手段和方法的创新来实现，而柔性治理是实现乡村善治的重要手段。

（一）柔性治理的历史渊源

1. 西方国家柔性治理的历史渊源

20世纪30年代，美国著名经济学家哈特在研究经济周期的动荡对企业的影响时首先引入"组织柔性化"的管理概念，但是这并未受到学界足够的重视。20世纪40年代中后期即第二次世界大战之后，以美国为首的西方资本主义列强吸取20世纪30年代世界金融危机的教训，抛弃自由主义的经济传统，通过凯恩斯主义加强对经济的干预，国家权力深度介入社会经济领域，也主导着公共事务治理的变迁。20世纪50年代至70年代，凯恩斯主义的盛行导致欧美国家的大公司内部出现严重的官僚制现象，关于组织的柔性化问题逐步引起学界的广泛关注。所谓组织的柔性化，是指在尊重企业员工的行为和心理的前提下，通过非强制手段将企业的意志内化为员工的行为自觉，形成潜在的说服力。总体来说，组织柔性化代表了一种先进的管理模式，所强调的重点是通过改变管理者的理念，变刚性控制为柔性驱动，让员工的内在驱动力发挥作用。那么，经济学领域中的柔性管理是如何引入公共治理领域的呢？实际上，第二次世界大战后，以国家行政干预为特征的凯恩斯主义不仅仅体现在经济领域，还涉及社会生活层面的公共事务治理领域。经济全球化、政治分权化和科技信息化的时代浪潮重塑着社会治理的环境，传统的以行政权力为核心的科层制在日益复杂化、动态化和多元化的公共事务治理中面临严峻挑战。以国家干预为表征的凯恩斯主义使得科层制运行模式的弊端显著暴露：一方面，科层制的刚性治理模式不能灵活处理复杂且多样化的公共事务，其自我膨胀的态势极大地降低了行政运行的效率；另一方面，传统科层制的技术治理模式与民主化的思潮相违背，一元化的治理格局在排斥公众参与的同时给美国政府带来严重的财政危机、信任危机和治理危机。最终，以刚性治理和技术治理为特征的科层制所带来的治理失灵问题倒逼美国政府重新考虑新的治理模式以适应国家对公共事务的治理需求。

20 世纪 70 年代中后期，西方发达国家掀起一场促进公共行政变革的新公共管理运动，而这场运动也意味着传统公共行政向新公共管理的转型。新公共管理运动旨在重塑政府、市场和社会的关系，所建构的多中心治理模式为官员和学者所认可。直到 90 年代，"治理"一词被用于否定传统的"管理"时，柔性治理的概念才被提出并在公共治理领域广泛运用。在领导学场域，柔性领导理论认为领导活动是领导者与被领导者在思想与动机上互动的过程。在公共管理场域，柔性治理的基本逻辑在于打破传统官僚制的单一权威治理模式，强调政社良性互动。21世纪，在治理理论成为世界各国追捧对象的时代背景下，学界围绕现代性和后现代性展开思想的交锋，而具有显性后现代倾向的治理概念为世界发达国家的现代治理转型提供了契机。因此，从历史嬗变的逻辑中我们发现柔性治理首先产生于资本主义国家的企业管理中，是第二次世界大战后资本主义国家所奉行的凯恩斯主义带来的结果，后来柔性的概念在新公共管理运动和新公共服务的治理变革下逐步回归到公共事务治理领域。

2. 我国柔性治理的历史渊源

"皇权不下县，县下皆自治"是我国封建时期"双轨政治"的典型特征，由绅权和皇权主导的社会治理格局中，社会有自身的治理规则、治理领域和治理逻辑。新中国成立后的很长一段时间内，我国实行高度集中的计划经济体制，与此同时大力推进现代化国家政权建设，国家权力开始介入到社会领域，社会自治空间严重萎缩。高度集中的计划经济体制存在的必要性主要体现在三个层面：政治上，新中国成立后，我国迫切需要通过刚性治理的模式实现政权巩固和社会稳定；经济上，国家现代化和工业化建设迫切需要从乡村社会汲取原始资本；社会上，社会组织发展和公众的民主培育处于缺位状态。但是，高度集中的计划经济体制的弊端在社会发展过程中逐步暴露，这是因为政府为了对全社会进行严格管理，主要通过政治命令和上级指示等方式贯彻政府意志，遵循的是"命令—服从"的治理逻辑。在公共事务治理领域，社会公众大多处于"失声"状态，成为"沉默的大多数"，究其根源在于当时的社会背景下一切团体或个人不能偏离政府的制度轨迹，只能按照政府设定的方向来运转。强制性抑或刚性的治理模式严重削弱了社会的自治空间，限制了社会组织培育和壮大的现实土壤，带来一系列的社会问题。改革开放后，我国确立社会主义市场经济体制，高度集中的计划经济体制得以消解，虽然政府在一定程度上弱化了对社会的管理，但政府的治理模式仍未得到实质性的改变。政府的刚性治理在很大程度上混淆了公共领域与私人领域的界限，也模糊了私人空间和公共空间的界限，导致党政不分、政企不分和政社不分的混沌状态。同时，政府部门行政运行的低效率和有限性在面对日益复杂的公共治理问题时容易陷入失灵局面。质言之，在新中国成立的很长一段时间内，政府凭借强制性的方式对社会公共事务进行单向度和排他性的治理，不仅增加了政府的财政负担，还面临着严重的信任危机。因此，公共权力部门转换治理范式，探寻新的治理模式成为社会关注的热点课题。

（二）柔性治理的思想渊源

审视国内外公共治理的历史潮流可以发现，柔性治理的概念虽不曾有过，但柔性治理的思想却早已出现。从公元前古希腊历时两百年的民主政治，欧洲中世纪的"人本思想"，以及中国春秋战国时期诸子百家的"安仁思想"到现代社会的"心灵关怀"，纵观人类历史的发展历程，不同国度和不同时期无不闪烁着柔性治理的思想火花。

1. 中国古代的柔性治理思想

华夏文明，源远流长，中国传统文化的强度和韧性使中华民族屹立在世界的东方。我国是一个传统的农业大国，在此基础上形成了以儒家伦理为核心的传统伦理道德体系，这构成了乡村柔性治理的"德性"基础。作为封建时期的主流思想形态，以孔子为代表的儒家学派在诸侯争霸的春秋战国不断宣扬自己的政治主张，所建构的一整套规范君主和国民行为的伦理道德体系蕴含着柔性治理的智慧。儒家学说集大成者的孔子提出"仁"的主张，强调克己、爱人和复礼，这种"亲民"的治理思想对统治者的行为有重要的约束作用。在人性论的发展中，孔子的"性相近，习相远"思想明确地指出治理不仅是对人性的适应过程，更重要的是对人性的塑造。儒家的"人性可塑论"对现代的基层治理有很好的启发，比如应该发挥人的心灵优势，发挥教育、指导的濡化之道，通过"存心养性"树立政府的良好形象。孟子主张"先立乎其大者，则小者不能夺也"。这里的"大者"指的是心灵，旨在说明治理活动寄希望于人们的精神追求。孟子的核心观点是"性善论"，正如他认为恻隐之心、羞恶之心、恭敬之心和是非之心是人所共有的，这是人区别与动物的本质所在。

"德治"是儒家思想体系的核心，孔子从周公的"明德慎罚"中悟出"道之以德，齐之以礼，有耻且格"的道理，大概意思是统治者要通过道德引导、礼仪教化的方式让百姓明白是非曲直，引导人们向善，而不是通过刑法、暴力或者强制的方式进行统治。在儒家看来，道德教化是治理的前提和基础，只有通过"道之以德"的治理方式，才能使人心归服。《礼记·礼器》指出忠信是礼的本质，义理是礼的文采，作为管理者修养的标准，礼是治理的标志，更是一种对管理者道德性的规范。礼的柔性化色彩体现在"乐"上，荀子言："故乐者……足以率一道，足以治万变。"可见，乐是帝王教化民众、移风易俗和君民互动的重要治理手段，这种"紧松结合、刚柔并济"的治理手段深刻体现了德治的感化性。孟子说："人有不为也，而后可以有为"，其意为管理者有所不为，才能有所为，这与荀子的"昔者舜之治天下也，不以事诏而万物成"相辅相成。儒家学派的"行其所无事"思想成为管理者治国理政的重要思想，对于管理者而言，要实现国家的有效治理，就必须学会充分地放权，即不能统包统揽所有的公共事务，而应通过放权和指导的方式，激发社会的参与热情，形成治理的合力，此为"无为"。在儒家学派看来，"和"是治理的最佳手段。最著名的就是孟子的"天时不如地利，地利不如人和"，以及荀子的"中得人和，而百事不废"。以和为贵的治理思想将国家治理看作协调、沟通和互动的过程，揭示了柔性治理的本质。

2. 西方国家的柔性治理思想

西方国家的柔性治理思想起源于欧洲的"文艺复兴"和"启蒙运动"时期。文艺复兴发生在 14～16 世纪，是欧洲历史上一次具有划时代意义的文化运动。文艺复兴的核心思想是"人文主义"，即崇尚人的个性，尊重人的价值。人文主义的本质在于反对教皇的权威，认为教会的专制是造成其挥霍无度或腐败的温床，教皇法院不是维护公共精神和公众利益的"圣所"，而是从事世俗事物的特权机构。简言之，以"人文主义"为哲学术语的文艺复兴实质是强调人的尊严。启蒙运动发生在 17～18 世纪，是一场继文艺复兴之后又一次具有重大变革意义的思想解放运动。启蒙运动产生的背景是西欧资本主义的快速发展，人们在主张"人文关怀"和理性的基础上希望摆脱天主教会的宗教束缚和封建君主的专制统治，作为一场空前浩大的思想解放运动，启蒙运动真实地反映了公众的诉求和意愿。换言之，启蒙运动的主要任务是反封建、反教会，核心思想是"崇拜理性"，启蒙运动的思想家们极力反对特权主义，大力倡导自由、民主和平等的思想。文艺复兴和启蒙运动是人类历史上重要的思想解放运动，对人类社会的发展意义重大。无论是文艺复兴所倡导的"人文主义"还是启蒙运动孕育的"理性崇拜"都包含着柔性治理的意蕴。遗憾的是，自国家产生以后，柔性治理的思想因政治统治的需要而缺乏生长的空间和现实的土壤，直到 20 世纪治理理论产生后才以不可抗拒的力量显示它的价值，成为引领 21 世纪公共治理发展的潮流。探寻古今中外柔性治理的思想对现代的柔性治理实践有着重要意义。

（三）柔性治理的理论渊源

1. 萌芽阶段：梅奥"霍桑实验"的发生

从管理学理论的变迁历程看，20 世纪二三十年代是古典管理理论的形成时期，泰罗式的精细化治理模式被当时的企业所推崇，强调在遵循"成本—收益"的原则下通过科学管理实现企业利润最大化。但是，"机器人"或"经济人"的治理理念引发诸多积弊，梅奥的"霍桑实验"开启了柔性治理的大门，成为反驳古典管理理论的先驱。梅奥通过"霍桑实验"证明了人际关系的重要性，进而证明"经济人"假设的缺陷，并提出"社会人"的新假设。霍桑的人际关系学说涵盖柔性治理的理念，比如他所提出的"情绪"、"非正式组织"、"友谊"和"归属"等新概念体现出以人为本的管理理念。柔性的人际关系学说和刚性的科学管理理论是截然不同的管理模式，前者在批判传统的硬性制度和工作效率的同时建构出感情逻辑的价值标准。简言之，梅奥的"霍桑实验"萌发柔性治理的种子，为柔性治理理论的发展提供了科学的实验论证。

2. 发展阶段：行为科学理论的多元

20 世纪 30~60 年代是行为科学理论及"管理理论丛林"的发展阶段，也为柔性治理理论的发展孕育了良好的环境基础，比较有代表性的是马斯洛的需求层次论、麦克雷戈的 X-Y 理论以及其他学者的影响决定论和品格特质论。马斯洛将人的需求划分为五个梯次：生理、安全、社交、自尊和自我实现，需求层次的划分以人的个性为核心，深刻体现"人本"理念，强调当权者要根据人的需要提供支持条件，通过激发管理对象的动力实现治理。麦克雷戈的 X 理论所表达的核心是当员工受到极大的激励时，对于外部因素引起的不满足感具有强大的忍受力，强调激励的重要性。Y 理论认为人的本性并非厌恶工作，而是不愿意接受别人的控制，应该通过指导和说服等柔性方式使员工与组织的目标达成一致。影响决定论是说管理者要通过树立榜样、建议和劝说的方式来实现管理，其中，榜样能以潜移默化的方式发挥作用；建议是提出某种可供选择的模式供人参考；劝说是建议的进一步强化，通过说理和诱导的办法获得管理对象的认可。戴维斯的品格特质论阐述管理者本身的品质特征、价值系统和生活方式对管理结果的重要性。戴维斯认为管理者要有较高的社会宽容度和社会成熟性，重视下属的价值和尊严。从以上几个典型的行为科学理论中我们可以清楚地看到柔性治理的内涵，非强制、激励、指导、说服和建议是柔性治理过程中治理主体应该遵循的治理方式，也较为全面地体现了柔性治理的本质特性。同时，品格特质论所强调的尊重下属、宽容待人构成柔性治理实践中治理主体应该具备的基本品格。

3. 繁荣阶段：公共治理浪潮的兴起

柔性治理是从柔性管理的概念中引申而来的，涵盖"柔性"和"治理"的双重要素，而柔性管理产生于企业管理，属于工商管理的范畴。在概念界定上，虽然柔性管理和柔性治理有本质的差异，但是二者所孕育的柔性的理念、柔性的思维和柔性的意蕴存在耦合。实际上，柔性治理真正被提及或者被广泛运用发生在 20 世纪的末期治理理论的提出后。20 世纪 80 年代，新公共管理、新公共服务和善治等理论倡导关注人的心灵感受，而不是将人看作"机械的动物"。直到 1989 年世界银行在描述非洲国家的发展状况时第一次提出治理（Governance）的概念后，柔性治理的概念才真正得以界定。20 世纪 90 年代中后期，福利性国家在发展中面临的信任危机、管理危机和财政危机，迫使政府进行重组和再造，政府改革运动的推进也促使"治理"产生新的内涵。随着全球化进程的推进，跨国公司作为一种特殊的经济组织形式在全球范围内扩张，以世界银行为主的代表跨国公司利益的经济组织大肆推广和倡导治理理念，柔性治理理论逐步形成，并被广泛地运用到公共事务治理领域。

第二节 理论基础

一 后现代公共行政话语

公共行政的发展经历了传统公共行政和新公共行政两个阶段，而传统的公共行政主要建立在泰勒的科学管理理论、威尔逊的"政治—行政"两分法和马克斯·韦伯的"科层官僚制"基础之上。传统公共行政的发生背景是工业化时代机器大生产的迅猛发展，这一时代是现代社会的主要标志，强调效率至上。然而，梅奥的"霍桑实验"证明效率至上观念的局限性，随着行为科学学派的产生，传统公共行政理论受到质疑。随着西方国家民权运动的高涨和能源危机的来临，传统公共行政的积弊逐步凸显，随之产生新的行政学派即新公共行政学派。新公共行政学派反对理性，强调道德伦理，为此，传统公共行政陷入政治合法性的危机。在 20 世纪后期，在对传统公共行政及其代替模式批判的基础上，福克斯和米勒从后现代主义理论的视角出发，提出著名的后现代公共行政的"话语理论"。简言之，后现代是在现代概念的基础上发展起来的，在 20 世纪 60 年代，后现代主义作为新兴的文化思潮成为西方理论界研究的热点话题。在新公共管理运动的推动下，后现代公共行政快速兴起，掀起了一股批判传统公共行政的热潮。后现代公共行政话语理论就是在这种背景下发展起来的，其主张公共行政主体的消解和中心主义的弱化，试图探寻公共行政范式的差异性。在后现代公共行政话语理论中，有两个非常重要的概念，一是"公共能量场"，二是"话语正当性"。

（一）公共能量场

后现代公共行政领域兼具批判和建构意义的"公共能量场"体现出时空的广延性，是多学科交叉的复合概念。① 公共能量场中"场"的概念最初起源于物理学中的"场论思想"，"能量"的概念可追溯到德谟克利特的原子论和莱布尼茨激进的单子多元论，而"公共"一词则是引用了德国著名哲学家尤尔根·哈贝马斯的"公共领域"概念。公共能量场意为国家在消解成社会自组织媒介的同时保留了政治功能，是公共治理的理想状态。简言之，"公共能量场"是公众社会话语表达和公共政策制定的场所，是在对传统公共行政中"环式民主模式"、"宪政主义"及"社群主义"解构的基础上建构的能够进行对抗性交流的话语机制，其拓展了人类对公共行政的认知。在福克斯和米勒看来，"公共能量场"表达出具有不同意向性的政策话语在某一重复性的实践语境中为获取意义而相互博弈，具有非精英主义的决策氛围，在打破传统官僚制专断性对话的同时构筑了政社良性互动的基础性平台。可以说，"公共能量场"体现了后现代公共行政民主治理的特征，是通过克服传统科层官僚制权力扩张和官僚自利的弊端建构起的新公共行政模式。

---

① 韩艺：《公共能量场的理论阙失及其补构》，《中南大学学报》（社会科学版）2014 年第 6 期。

（二）话语正当性

在后现代公共行政话语理论中，话语的正当性往往用来探究促进话语民主政体实现的方法。福克斯和米勒认为话语的正当性需要具备四个基本特征：真诚、切合情境的意向性、自主参与和具有实质意义的贡献。在公共行政实践中，理想的话语体系需要同时具备这四个要素，因为从公共政策的制定和执行过程看，公共行政主体和政策作用对象之间的互动过程就是话语交流的过程。换言之，在公共政策的生命周期内，不同的利益相关者的政策话语在政策落地的过程中是处于斗争状态的。但福克斯和米勒同时发现：各个行动主体在话语表达中会存在两种实质性的缺陷：一是虚假的陈述；二是完全忽略政府部门的作用即"无政府主义"。在阐释话语正当性的同时，福克斯和米勒也借鉴了哈贝马斯的交流能力理论，以对话语意义的真实性进行界定，包含话语交流双方的真诚、话语表达内容的准确以及表达方式的合力等。福克斯和米勒反对哈贝马斯"有效诉求话语的实现必须达到一致和谐"的观点。在他们看来，在话语交流中，地位平等是前提，而互动的双方之间又是具有对抗性的，争论和辩驳是话语正当性体现的基本特点。可见，后现代公共行政的社会肯定了政府和公众对抗性交流的重要性，公共行政人员要时常进行自我反省，更要具有明确的批判意识和自治意识。

（三）后现代公共行政话语理论在乡村柔性治理研究中的运用

在后现代公共行政领域，利益表达平台的搭建和对话机制的设计为公共事务治理提供了更多的民意基础。"公共能量场"所表达的核心思想是公共政策产生于头脑风暴和对话协商中，而公共事务有效解决的关键在于"能量场"所建构的民主化环境氛围。20世纪90年代，民主化的制度嵌入虽赋予乡村社会一定的自治空间，但国家行政权力的过度干预是乡村社会自治空间不断萎缩和主体性建构不断弱化的主要原因，也成为乡村治理转型面临的深层次难题。借助福克斯和米勒的"公共能量场"理论，笔者尝试阐述并建构乡村公共能量场的概念体系，认为乡村公共能量场是指在乡村治理场域，通过多元化治理主体的加入，打破乡村公共事务治理中基层政府的话语主导权及农村精英主义的治理模式，在增强自治民主性的同时增进村庄公共利益。具体来说，在乡村公共能量场中，政社对话及公共政策的生成不会受到绝对权威的干扰，传统行政人员的核心职能在于帮助建立村社共同体并维护公共秩序，参与者之间是一种平等性和对抗性的结构化关系。在本书中，笔者将"公共能量场"的概念引入乡村治理场域，认为乡村公共能量场建构是乡村治理转型背景下极具创新性和价值性的学术命题，亦是实现村社善治的基本面向。在具体的应用上，本书主要将公共能量场视为柔性治理环境建构的一种理想状态，并采取制度主义的研究思路，梳理新中国成立后不同时间节点的乡村治理模式，认为乡村柔性治理环境的场域逻辑在于乡村公共能量场的营造。在话语正当性的应用上，本书主要是对乡村柔性治理对象即农户的话语权进行分析，同时对乡村柔性治理落地价值的个体层面也有涉及。总之，以话语理论为根本立足点的后现代公共行政话语理论为乡村柔性治理命题的探讨提供了理论的支持。乡村柔性治理是对乡村刚性治理失灵的一种补救性措施，而后现代公共行政对现代公共行政的批判也刚好说明了这一点。公共能量场和话语正当性提供了一种开放式的对话模式，并与乡村柔性治理中村民参与意识提升相耦合。

二　软权力

软权力理论是 20 世纪 90 年代由美国著名政治学家约瑟夫·奈根据当时的国际社会背景提出的关于权力的一种解释概念。[①] 20 世纪 90 年代初，随着冷战的结束，西方国家逐步认识到在应对全球性问题时应该相互依存，全球性问题不能单纯依赖极少数国家来解决，或者说依靠经济、军事和政治的传统性权力难以在国际政治中发挥作用，需要一种新

---

① 李琳、洪晓楠：《约瑟夫·奈的软实力理论评析》，《大连理工大学学报》（社会科学版）2011 年第 4 期。

的权力资源改变现有的国际失衡状况。在对权力的概念解读上，美国另一位政治学家罗伯特·达尔（Robert Dahl）认为：权力是一种能力，这种能力可以迫使别人做他不想做的事情；而约瑟夫·奈也认为权力是一种能力，但不同的是这种权力指的是实现自己目标的能力，主要强调的是权力运用的手段。在约瑟夫·奈看来，影响他人行为的方式有很多种，比如可以通过威胁，也可以通过激励，在权力的类型划分上，前者主要是指"硬权力"，而后者就是"软权力"。具体来说，软权力与政治意识形态、文化资源和规则等资源要素紧密相关，能够影响并决定他人的行为偏好，是一种软性同化式权力（Soft Co-optive Power）。软性同化式权力的典型特征是非强制性，是通过本能的自愿行为实现目的。因此，国家软权力所表达的基本意思就是如果这个国家在平时的国际交往中储存了大量的软权力资源，那么其在应对国际矛盾冲突问题的时候，无须通过大量的强制性策略去解决争端。

（一）软权力理论与中国基层治理转型

从历史变迁的轨迹看，中国社会的发展历程也是基层治理转型的过程，伴随的是政府和社会关系的调整与治理模式的创新。改革开放以后，在中央的顶层设计理念指导下，以"公共性重构"为逻辑主线，中国基层社会通过制度创新和探索实践进行了社会秩序的重建工作。中国的基层治理转型中蕴含着软权力的理念。

首先，国家对社会的管理方式发生了变化。就乡村而言，国家基层政权组织从农村撤离，收缩至乡镇一级。权力的上移也意味着国家减少了对基层社会的行政干预并赋予农村更多的自治空间，政社体制的分离实际上也是软权力运用的过程，因此，村民自治中的民主化内容是对软权力的彰显。国家对乡村社会管理方式的变化也改变着基层政府和村民的关系，在农业税时代，国家行政权力渗入乡村社会的主要目的是征收农业税和维系秩序。在这一时期，村民和乡镇政府的联系比较紧密，以确保农业税征收的及时性和顺利性。但是，从形式上看，政府主导着乡村社会的治理格局，对乡村社会的管理主要是通过刚性的手段进行。后农业税时代，因为农业税的终结，基层政府收税的职能变为提供公共产品和公共服务，在这个过程中，公权力的强制性得到弱化，需要通过软权力的方式做好公共服务。

其次，基层社会的组织形式发生变化。改革开放意味着市场化和城镇化的快速发展，无论是城市还是农村，大量的普通公众进入市场化浪潮中，社会空间呈现多元的特征，这也逐步改变了社会自治的组织形式。国家权力向社会回归的过程也是软权力运作的过程，换言之，随着公众民主意识的提升，传统的硬权力治理模式难以迎合社会的发展，这为软权力的行使提供了制度空间。村民自治的制度设计被视为20世纪末期国家的一项伟大壮举，基层群众自治组织的主要职能是自主管理，和以往的国家总体性支配相比，自治权力的行使更多地依靠软权力，或者说自治的性质决定了不能单纯依靠强制性的手段。可见，在乡村自治实践中，基层群众自治组织代表人民公社等国家行政组织，在乡村治理中发挥作用，为软权力的行使奠定了良好的组织基础。

最后，乡村治理环境的变革与形塑。市场化、城镇化和全球化浪潮的推波助澜带来乡村治理环境的变革，为村民民主意识的提升形塑了良好的外部环境。特别是，农村教育水平的进步增强了村民的法治观念和政策意识，国家对待村民的态度也发生了变化。国家权力退出乡村社会，村组的制度性权力呈现弱化的趋势，这是因为党政力量对乡村社会的嵌入是实质性的，制度环境的变化倒逼政府改变硬权力的治理方式而通过软权力强化自身的合法性。需要指出的是：随着"软权力"理论的提出，中国政府及社会各界更加认识到软权力的重要性，无论是在国际竞争力方面还是在治理能力提升方面，都将软权力蕴含的感召力和吸引力落到实处。

（二）软权力理论在乡村柔性治理研究中的应用

当前，公众对于国家治理体系的认知多局限于公共权力以及建基于政府公权力上的制度和文化。因此，人们对乡村治理体系的理解也往往局限于政府是绝对的治理主体。在这样的认知和观念里，公众不自觉地将乡村治理寄望于政府的行政权威，或者说以公共权力为核心的制度设计上，也将这种制度设计视为乡村善治实现的关键驱动力。在传统的乡村治理实践中，国家的出场往往带着"最高权威"的光环，其借助公共权力的强制性来进行乡村公共事务的治理，形成了刚性治理的风格。在以公权力的强制性为治理特征的刚性治理中，乡村治理主体和对象之间的互动是失衡的，而且基层政府把自己视为乡村治理的唯一主体，强调权力的集中。在硬权力的治理逻辑中，基层政府的行为控制色彩更加明显，比如征地拆迁中的"强拆令"、农村环境污染整治中的"禁烧令"都是凭借公权力的强制性进行的。软权力理论和柔性治理的概念内涵存在高度的耦合性，因此，笔者将软权力理论运用到乡村柔性治理的研究中。在乡村治理实践中，从政府和社会的二元互动结构看，对于权力的探讨，往往聚焦于基层政府部门。政府治理转型中也要求权力运作方式的改变，基层政府部门作为乡村柔性治理的绝对主体，笔者将软权力运用于柔性治理主体的权力逻辑上。按照约瑟夫·奈的观点，硬权力和软权力为一组权力束，而笔者认为刚好可以将这对概念拿过来分析刚性治理和柔性治理，或者说乡村刚性治理中政府权力运行遵循的是"硬权力"逻辑，而乡村柔性治理中政府权力运行遵循的是"软权力"逻辑。在政社良性互动的框架下，政府是乡村治理的主体，而村民是治理对象，在乡村柔性治理实践中探讨基层政府的行为逻辑，就看基层政府是如何使用权力的，而软权力的建设是促进柔性治理范式有效运用的主要抓手。笔者将对柔性治理主体权力逻辑的分析置于乡村治理转型的宏大背景中，通过"破"和"立"的研究范式阐释农村权力结构由硬权力向软权力转变的过程。软权力理论为柔性治理研究中公权力的行使提供了很好的论证和说明，实际上，这种软性同化式权力为乡村柔性治理中的激励、指导、协调和协商等非强制性权力的运用提供了理论支持。

第三节　柔性治理的分析框架：发生—运作—应用

本书关于乡村柔性治理的研究主要围绕着其来源性问题、运作性问题和应用性问题进行，来源性问题主要阐明乡村柔性治理是怎样产生的，运作性问题主要阐明乡村柔性治理产生后具体是怎么展开的，而应用性问题主要回应在治理实践中乡村柔性治理是怎么落地的。从三者之间的关系看，体现了递进式的演进规律。"发生"即产生，一个新鲜事物是如何产生的，或者说一个新的学术命题到底是怎么发生的，这是研究者需要深入探讨的第一步，研究乡村柔性治理的发生情景有利于详细把握该研究命题的核心脉络。在探讨了乡村柔性治理的发生情景后，需要进一步阐述其是如何运作的，而应用落地是指事物发展的后续影响或阶段终了时的状态。在中国的乡村治理研究场域，学者利用"国家—社会"分析视角进行研究基本可以概括为三个取向："国家中心论"的国家政权建设取向、"社会中心论"的市民社会取向和国家与社会互动的取向。比较发现：政社互动的分析思路是对单向度自上而下的"国家中心论"和自下而上的"社会中心论"的批判与完善，是人文社会科学领域研究框架范式转换的一场革命。具体来说，"国家中心论"或者说国家中心主义强调政府的一元权威，但是容易导致社会缺乏活力，"社会中心论"或社会中心主义虽然强调多元的民主，但是容易导致社会无序。二元对立的分析框架并不符合中国治理的乡村实践，取而代之的是国家与社会互动的范式更能迎合现实需求。因此，在政社互动的分析视角指导下，笔者采取"递进式"的分析思路，根据乡村柔性治理这一研究主题尝试建构"发生—运作—应用"的分析框架并进行系统深入的探讨。

一　发生情景：中心工作制下的刚性治理失灵

从学术研究的经验层面讲，某一学术命题的展开有特定的国际和国内背景、制度和文化背景、现实和历史背景，因此，乡村柔性治理的发生情景就是分析其所在的各种现实背景。"刚"和"柔"在哲学思辨层面是一组辩证统一的概念，柔性治理对应的是刚性治理，两者之间有紧密的逻辑关联，因此，探讨乡村柔性治理的发生情景势必要考虑当前乡村治理中的刚性治理问题。乡村刚性治理是一种基于威权主义的乡村治理范式，与封建时期的"简约治理"不同，刚性治理是新中国成立后伴随着国家政权的现代化建设而实施的。能力、权力和暴力是刚性治理的三种形态，乡村刚性治理的存在是特定历史时期的产物，是巩固新生人民政权和维系基层社会稳定的重要手段，有其合理性和必要性的一面。但是随着社会的发展，特别是城镇化的推进、市场化的深入以及信息化的普及，传统的刚性治理模式弊端逐步凸显，在具体的乡村治理实践中出现了精英俘获、资本掠夺、内源式微和项目孤岛等治理失灵问题。刚性治理失灵为乡村柔性治理的出现提供了一种可能。

从国家和社会互动的视角来审视乡村治理的形态可知，科层压力型体制下，基层政府"唯上"的行为逻辑催生一系列"非正式"的策略性行为。作为乡村治理的核心主体，地方基层政府在中国传统文化和现代文明之间发生冲突时，在农村法治建设严重滞后的情况下，在当前现有的晋升锦标赛机制作用下，所采取的治理模式或者策略能否获取村民的认可以及能否实现村社善治值得思考。当今中国正在经历着工业化社会向后工业化社会的快速转型，国家的政治、经济和文化发生巨大的变化，这也意味着公众的需求更加多样化，那么，过度强调公权力强制性的刚性治理模式能否满足公众多元化需求是基层政府面临的现实挑战。随着新公共治理理论在中国的持续本土化，社会各界尝试探索一种面向未来的能够引领乡村治理潮流的治理模式。在此背景下，乡村柔性治理因其内在的价值性和前瞻性成为弥补刚性治理失灵的有效举措。从社会变迁的角度审视当前的乡村治理模式可知，公共治理成为乡村发展的主流模式选择，这是现代化浪潮推动的结果。

何为现代化？一般认为它是一个"集大成"的严整多层的过程，应具备民主的进步和理性的增强两个主要特征。当今社会处于向现代化转型时期，国家治理要在现代化转型的背景下展开，乡村治理的研究也必须置身于现代化转型的分析框架内，这也是中央提出国家治理体系和治理能力现代化的主要原因。

就乡村治理而言，新中国成立后国家权力的嵌入是不断增强的，政治权力作为主要治理工具在某种程度上带有"力治"的刚性色彩，或者说刚性治理占主导地位。乡村刚性治理是在严格的科层制背景下展开的，乡村公共政策的制定和执行所遵循的是标准化与规范化，而现代化转型背景下的乡村公共政策制定注重分权和弹性即充分地认识到公众参与的重要性，体现"以人为本"的理念（见图2-1）。乡村柔性治理学术命题是在现代化转型的社会背景、制度背景和现实背景下提出的，单一主导、计划管控、强制性是乡村刚性治理的典型特征，由一元到多元、从"计划管控"走向"市场民主"才真正符合基层社会治理的主流趋势，真正体现人类文明的特质，也是乡村柔性治理的本质所在。

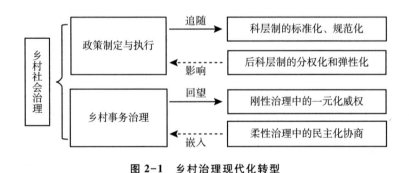

图2-1　乡村治理现代化转型

资料来源：笔者自制。

作为一种具有内在价值性和前瞻性的乡村治理范式，乡村柔性治理有自身的价值优势，其在乡村治理转型背景下是一个动态的调适过程。一般来说，运作机理是指在人类社会的某种有规律的运动中，影响此运动的相关要素的结构和功能，以及这些要素发挥作用的过程。乡村柔性治理的运作机理在很大程度上引导或者约束公共事务决策中相关主体的行为，最终目的是确保柔性治理目标的实现。乡村柔性治理的落地涉及治理主体、治理过程、治理绩效和治理目标等多个要素，因此必须建构一整套有效、灵活和高效的运作机制。研究人员对乡村柔性治理运作机理的探讨仍应置于国家宏观的制度背景和现实背景中。从历史制度的分析思路审视乡村治理模式的变迁可知，中国的乡村治理逻辑大概分为两种，一种是外嵌式治理逻辑，另一种是内生式治理逻辑。当前的村民自治制度设计就是对两种治理逻辑的耦合，在中国特色社会主义的制度理念中建构乡村的柔性治理必须考虑中国的实际情况，因此，乡村柔性治理的运作机理在于政社良性互动中的内生性动力培育。

首先，从国家性质上讲，我国是人民民主专政的社会主义国家，国家在社会治理中发挥重要的动员、引导和调控作用。特别是新中国成立后，国家通过"权力下乡"、"政党下乡"和"制度下乡"的方式促进了乡村社会的稳定，但同时也形塑了乡村治理的结构和制度框架。因此，探讨任何一种乡村治理模式都不能改变原有的政治体制框架，对乡村柔性治理运行机理的阐释必须置身于宏观的制度背景下。针对"三农"问题，国家进行了一系列现代化的制度设计，通过力量整合的方式改变乡村社会的治理环境、治理结构和治理主体，这包括农村的土地制度、人民公社制度、村民自治制度和公共服务制度等。

其次，从历史变迁的视角审视我国的乡村治理历程可以发现，中国向来有自治的传统，特别是在新中国成立之前，我国的乡村社会主要依靠民间的社会力量进行自治，在几千年乡村文化的传承中，内生于乡土社会的礼治秩序成为规范村民行为，维护乡村社会稳定的不可或缺的制度变量，也是重要的乡村治理资源。这就包括在漫长的历史文化更替中形成的内化于心的意识形态，在乡村"熟人社会"中形成的人情关系，基于中国乡村社会的复杂性和异质性而形成的具有地域特色的风俗习惯，我国的乡村特别是南方的广大乡村社会在长期的发展中形成的宗族规范以及各个村庄自身设定的规范村民行为的村规民约。

最后，国家行政主导的制度嵌入和乡村自治的内在认同构成了乡村柔性治理运行的基本面向，换言之，乡村柔性治理的有效运行既不能抛离国家的制度框架又不能抛离乡村内生的自治传统。实际上，从当前乡村柔性治理的实践中窥视乡村柔性治理的内在逻辑可知，不同经济发展水平下的柔性治理实践具有共性的特征，其具体运行的逻辑在于政社互动下的内生性培育。因此，乡村柔性治理作为一项符合现代性和国家未来走向的乡村治理范式，其运行的内在机理应该是国家宏观体制背景下激发乡村的内生力量即理性建构下的软化协同，这包括自觉认同的公众参与、开放透明的表达、文化重塑的联动、不拘一格的引才和满足需求的服务。

二 应用落地：治理现代化境遇下的路径创新

乡村柔性治理的出现是科层制的中心工作制下所形塑的乡村刚性治理失灵的结果，而当前后生产主义乡村功能的出现、农民身份转变和农村软法建设进程的推进为乡村柔性治理的发生提供了现实的土壤。紧接着，笔者又进一步探讨了乡村柔性治理的运作机理，阐释其是通过怎么样的内在逻辑在实践中发挥作用的。因此，在探究其发生情景和运作机理的基础上还需要深入分析乡村柔性治理如何落地的问题。一般来说，一种柔性治理范式的应用落地所呈现的价值主要体现在国家进步、社会发展和人民福祉等方面，但是，在现有的制度背景下，条件的限制和客观实际的影响给柔性治理的应用落地带来了阻碍，这主要表现在该治理模式应用存在的困境上。乡村柔性治理的概念提出的时间较短，在乡村治理转型背景下，虽然目前在治理实践中有些地方已经开始在运用，但是并未全面展开，因此，从理论建构到本土应用就显得十分重要。乡村柔性治理的应用落地是国家治理体系和治理能力现代化的客观要求，也是基层治理路径创新的体现。

首先，乡村柔性治理的应用落地虽然发生在乡村社会场域，但也是在国家现有的指导理念和政策制度背景下产生的，其实施后的价值功用按照"宏观—中观—微观"的层次分析主要体现在四个方面。在中央层面，乡村治理现代化是国家治理现代化的有机构成，乡村柔性治理不仅关乎乡村善治的进度，更关乎国家治理现代化的进程。从地方政府治理层面，柔性治理通过形塑地方政府的行为逻辑，有效规避了政权运行中"私"的存在，促进了基层政权组织的公共性重塑。在乡村层面，作为一种乡村治理模式创新的柔性治理范式对乡村社会的价值主要体现在对乡村公共秩序的维系上，这是乡村发展的主要目标。从微观层面讲，乡村柔性治理的价值体现在作为村庄行为主体的村民个体身上，即通过内在价值的发挥，打破基层政府绝对的"话语权"，赋予村民更多表达诉求的机会和平台，促进村民的话语权建构。

其次，乡村柔性治理的有效落地在现有的制度条件下还遇到一些现实困境。除了治理结构失衡外，治理体系和治理能力是柔性治理的"一体两面"，但是柔性治理能力的欠缺和治理体系的消解是当前柔性治理实践中遇到的主要问题。其中，柔性治理能力主要包括文化价值的形塑能力、心理梳理能力和沟通能力等；党的十九大报告提出要健全"自治、法治、德治"相结合的乡村治理体系，这为柔性治理体系弱化的探讨提供了分析框架。导致乡村柔性治理难以落地的原因既有价值和历史层面的，又有制度和法律层面的。以村域为研究单元，本书选择希望通过柔性治理模式改变村庄治理现状但又失败的案例，进而采取"解剖麻雀"的方式寻找阻滞柔性治理实施的症结。

最后，推动乡村柔性治理的落地化才能真正发挥其在基层治理实践中的价值优势，这也是本书的最终目的。本书基于"结构—体系—能力"的分析框架提出乡村柔性治理具体的实践方向，并通过对实证案例的考究，探索乡村柔性治理应用落地的主要路径。在治理结构层面，在分析县级政府、乡镇政府和乡村社会相互关系的基础上通过职能的重组和关系的调适，本书尝试建立柔性化的乡村治理结构；在治理能力层面，根据柔性治理的内涵结合政社关系互动从能力提升角度提出针对性策略；在治理体系方面，根据"自治＋德性＋软法"的框架建构完备的乡村柔性治理体系。柔性治理模式作为化解乡村刚性治理失灵的一种有效举措，促进其有效落地是本书的主要目的。

本章小结

本章主要对本书相关的几个核心概念进行界定，对书中重点运用的理论进行诠释，最后建构起全书的逻辑分析框架。2019 年 6 月，党中央、国务院印发《关于加强和改进乡村治理的指导意见》，明确提出大力推进乡村治理体系和治理能力现代化。乡村作为国家整体架构的基础，其治理状态不仅关乎数亿农民的福祉，还关系到国家基层社会的稳定。针对乡村发展中遇到的各种问题，政府应通过治理制度的设计、治理模式的创新，建构起现代化的乡村治理体制，推动乡村走向善治的道路。乡村善治是关于乡村治理的理想状态，也是乡村治理理念、治理主体和治理机制等完善的重要方向。中国乡村治理和城市治理之间的根本差异在于，乡村治理是国家行政管理制度和村民自治制度交织的过程。换言之，乡村治理有两大行动主体，一是政府行政机关，二是乡村自治组织，政府和乡村社会的互动形塑了乡村治理的基本形态。政社互动是乡村治理的常态，在长期的实践中形成研究乡村的一种范式。政社互动有良性互动和互动失衡两种结果，而政社良性互动是推进乡村善治的重要手段。

党的十八大以来，以习近平同志为核心的党中央高度重视"三农"工作，通过科学的顶层设计积极探索适合中国乡村发展的治理道路，取得良好的效果。柔性治理概念的提出内在契合了乡村善治的本质，为乡村治理现代化的实现打开了一扇门。在笔者看来，柔性治理是对传统乡村治理中"刚治"的一种弥补，核心是坚持"以人为本"，代表一种符合现代公共治理潮流的治理理念。柔性治理的概念虽然提出的时间不长，但是梳理中国和西方国家的历史后可以发现，柔性治理的精神一直存于国家发展的过程中，这为当前社会对柔性治理的理解提供了帮助。实际上，中国的乡村治理制度随着发展环境的变化而变化，从封建时期到现代社会，中国的乡村治理经历了"简约治理"、"全能治理"、"刚性治理"和"柔性治理"几大阶段。进入 21 世纪，由于国际环境和国内形势的变化，我国的乡村处于深刻的治理转型期。

中国的乡村治理制度的变迁整体上经历了由"总体性支配"到"技术治理"的发展趋势，从政府和乡村社会的关系看，也经历了"大政府—小社会"的行政主导向政府和乡村社会良性互动的趋势发展。在对乡村柔性治理主题的研究中，软权力理论为传统治理向现代民主治理的转变提供了学理支持，软权力的实质是在公共治理的关系格局中，公共权力部门的运作要改变传统依靠强制力的"硬权力"，更加注重非正式制度中自发形成的道德伦理和风俗习惯，通过教育、指导、协商等柔性方式推进社会的良好治理。后现代行政话语是对传统公共行政范式的批判和继承，"公共能量场"和"话语正当性"是后现代公共行政话语理论的核心，其中，"公共能量场"是乡村善治的基本形态，也是乡村柔性治理所建构的外部环境和空间场域。"话语正当性"为乡村柔性治理中农户的话语权重塑提供了理论指导，并为建构政社良性互动的乡村治理结构提供了学理支持。乡村刚性治理是乡村治理实践中过分强调行政主导性，依靠强制力实施的一种乡村治理范式，虽然在一定的程度上可以维系乡村发展的公共秩序，但同时在制度体系不太成熟的情况下也容易导致治理失灵现象的发生。但是从当前乡村治理实践中，也有很多地区探索柔性治理的发展策略并取得很好的效果。作为乡村治理转型中的一种典型的治理现象或者说化解乡村刚性治理的一种途径，柔性治理到底是如何运作的以及通过何种路径创新推进柔性治理范式的落地，需要我们结合现实的案例去探究。因此，在这样的研究思路下，笔者尝试建构"发生—运作—应用"的分析思路，通过嵌入典型案例的形式，深入系统地探讨乡村柔性治理的发生情景，阐释柔性治理运作的内在机理，并在治理能力和治理体系现代化的理念指导下，探索柔性治理的实现路径。

第三章
乡村柔性治理的发生情景：中心
工作制下刚性治理的失灵

第一节　乡村刚性治理：行政权威下的乡村治理范式

一　力治：理解乡村刚性治理的一个角度

改革开放以后，我国农村地区确立了家庭联产承包责任制的经济制度，在此基础上形成以个体利益为特征的乡村"力治"模式，在徐勇教授看来，力治的表现形态主要有三种：暴力的治理、权力的治理和能力的治理。其中，"能力的治理"主要依靠的是在农村市场经济改革中涌现的一大批致富能手，他们抓住改革开放和户籍制度改革的契机，先到经济发达地区通过打工赚取资金和积累经验，然后回到乡村通过民主选举成为村庄的"掌权人"。"暴力的治理"指的是在法治建设落后或者传统的民事纠纷无法解决时，乡镇政府或者村干部通过强制实施等方式对乡村社会进行治理。"权力的治理"阐明了国家现代化政权建设中国家行政权力深入渗透乡村社会，国家强制代替政治动员，村干部成为国家行政权力的代理人。从三者之间的关系看，权力的治理实际上也伴随着暴力，两种模式在具体的运行过程中有一定的共性特征。这种"暴力"的含义可以从两个层面进行解读，一是依靠国家的暴力机器比如军队、武警、监狱和法院等对犯罪分子进行打击；二是乡镇干部在落实国家政策或收取农业税过程中使用的"硬手段"。从乡村治理的实践看，过分依靠公权力的刚性和超越法治的暴力虽可有效地完成国家的政治任务，促进国家的大政方针的落实，但是也容易导致信访等群体性事件的增加和干群关系的紧张。从政社互动的角度审视乡村治理的内在逻辑可以发现：三种治理形态的"力治"模式体现了乡镇基层干部和农民群众关系失衡的特征，建基于"力治"上的刚性治理模式实质上是公共权力行使的异化。那么，这种以强制力为主要特征的力治模式选择是农民群体天生隐忍的表现还是当时的制度背景下社会发展的理性选择？笔者认为三种形态的乡村力治长期存在主要基于以下原因。

（一）农民对基层行政组织的心理依赖

乡村刚性治理中虽然杂糅着"强制力治理"的因素，但是这个时期的乡村社会秩序比较稳定或者说仍然处于国家权力的可控范围内，从农民自身的角度考虑，作为"草根阶层"的农民对基层政府或者村干部的强制行为存在默许甚至认同的表征。一直以来，土地都是农村最基本的生产资料，也形塑了农民对土地资本的过分依赖。人民公社时期，农村土地的所有权和经营权均归集体所有，实行"两权合一"的土地政策，政策实施的弊端逐步暴露。家庭联产承包责任制的推进促使所有权和经营权的分离，这种自主经营的家庭生产模式极大地调动了农民生产的积极性，"两权分离"带来的是劳动生产效率的快速提升。在"交够国家的、留足集体的、剩下的都是自己的"政策鼓舞下农民对于农业剩余的支配权得到体现。简言之，家庭联产承包责任制的推行使得基层政权组织获得农民群体的高度认可，在征收农业税的过程中即使基层政府采取强制的征缴策略，农民群体从情感上也认为这是理所当然的事情，这种认可进一步助长了村委会和乡镇政府刚性治理的行为。我国的市场经济体制改革先在农村进行，在当时的社会条件下，农民对国家的政策不可能形成未来的预期，作为一个理性的经济人只能接受这样的制度安排，维持逐步改善的生活状态。实际上，从改革开放到21世纪初农业税的终结，在国家行政机关动用暴力机器进行乡村治理的过程中，乡村社会仍然处于稳定状态，农民出于生计考虑，所呈现的"隐忍"实际上也是理性计算的结果。

（二）村庄集体行动的制度困境

人民公社体制的解体实际上确立了以私人利益为基础的制度安排。家庭联产承包责任制弱化了农民的组织化基础，使得力量分散的小农在外界力量介入时不能通过组织化的渠道形成相抗拒的合力，从而达到一致的集体行动。从改革开放到2006年全面取消农业税之前，农村社会的公共秩序还处于形成期，虽然这个时期乡村社会的内生性治理力量比如宗族长老和寨老可以依据村规民约等地方性知识化解邻里纠纷，但他们在社会动员和妥善解决乡村公共事务方面略显乏力，在集体行动中不能成为主导性力量。随着户籍制度改革的持续推进，农村常住人口的流动更加频繁，已经打破传统地域的限制，或者说地理意义上的"村社共同体"被解构，村庄在文化上的凝聚功能逐步被弱化，农民更加原子化。传统的乡村社会是一个相对封闭的地理空间，而市场经济体制改革和城镇化浪潮的冲击带来农村人口的空心化，最直接的体现是农村人口特别是青壮年劳动力的流失。农村人口的空心化进一步削弱了乡村社会的组织基础，导致乡村在强大的国家行政权力面前显得更加"单薄"。[1]梳理从人民公社解体到农业税改革这段乡村的发展历程后可以发现：农民群体因缺乏组织化的制度正逐步走向原子化。原子化的农民在生产和发展过程中需要依靠外界力量的主导才能解决乡村公共事务治理中集体行动的困境，也需要以国家的强制力作为保障维护乡村发展的公共秩序。

---

① 邓燕华：《村庄合并、村委会选举与农村集体行动》，《管理世界》2012年第7期。

（三）基层政权组织运作的理性决策

从县和乡的关系来看，两者之间是一种"行政领导和附属"的关系。在压力型体制下，县级政府通过"超额"的输送方式完成上级组织交付的各项行政任务。乡镇政府在权力和资源极少的情况下还要承担向农村地区提供大部分公共产品和公共服务的职能，同时面临上级政府沉重的考核负担，可以说乡镇政府的权力和责任是失衡的。县级政府拥有乡镇政府的人事决定权、事务权及财政权，县和乡之间的分权改革进程缓慢，这就导致乡镇政府将过多的精力放在应付上级政府的组织检查和工作验收上。在严格的科层制体系内，县乡之间是一种严密的"命令—服从"关系，乡镇政府无法拒绝上级不合理的行政命令，只能被动接受。对于乡镇政权组织而言，其将工作重心主要用于应付上级的检查，所以就弱化了对乡村社会治理的职能，也就缺乏与村民进行沟通、协商等良性互动的机会。在乡村公共事务决策中，理性决策模式成为首选，这是刚性治理的显著特征。理性决策模式的依据是传统经济学理论。传统的经济学理论是以"经济人"为假设的，旨在通过减少次要的变量使问题变得精简，理性决策模式是一种追求高效率、低成本的行政决策模式，也是乡镇政府常用的公共政策决策模式。

在乡镇政府人力、物力和财力相对缺乏还要承担繁重的上级考核任务的前提下，刚性治理可以最大限度地降低行政成本，提升行政效率，因而受到基层政府部门的青睐。在乡村公共事务治理中，农民一旦未很好地配合乡村干部的工作，就极大可能伤害乡镇和村干部的核心利益。当前我国的农村法治建设相对落后，经济发展水平还有待提高，村民自觉性的低下和制度化建设的滞后，导致缺乏有效的方式去制约基层干部的行政行为。农村空心化时代的到来加剧了"村社共同体"的瓦解，原子化的小农由于组织化能力的欠缺难以有力量与基层政权组织进行话语博弈。对于乡村的基层干部而言，较为简单有效的治理方式往往依靠国家行政权力的强制性，所采取的最普遍策略就是具有刚性治理色彩的"力治"。

二　乡村刚性治理的具体表征

在科层制结构框架内，下级行政管理机构的官员在公共决策或政策执行中由于理性经济人的特征，往往更多地关注自身的晋升或绩效，会有意地规避损害自身职业发展的行为选择。在科层制体制下，地方政府在面对极其复杂、异质和多样的乡村治理问题时，出于成本和收益的考虑，往往从利己角度选择"一刀切"的刚性治理模式。乡村刚性治理是一种"理性"的治理，是站在行政管理者的立场上，试图通过严格的规章制度建构出一种标准化和程序化的管理方式。在治理实践中，刚性治理将治理对象"物化"，即强调人的理性特质，并不注重治理对象的心理感受。刚性治理在公共治理实践中具有普遍性，就乡村治理而言，当前乡村社会中有国家行政主导的正式制度和乡村内生的非正式制度，而正式制度是刚性治理的核心，比如国家制定的法律法规对任何农民都是必不可少的。乡村刚性治理是指在乡村治理实践中，政府更多地动用体制内的资源对乡村社会进行监督和控制，希望通过行政权力、法律和制度等强制性的行政手段来实现乡村治理的目标。20 世纪 80 年代，虽然我国确立了村民自治制度，通过乡村自治组织来进行乡村治理，但是从乡村自治组织形态的内部构成看，其仍然继承了现有科层行政体制的刚性分层。具体来说，乡村刚性治理的特征有以下几个方面。

（一）行政权力的支配性

当前乡村治理中"行政吸纳自治"现象的出现就是刚性分层的体现，这种刚性分层奠定了乡村刚性治理的结构基础，主要表现在行政控制力上。从结构化理论看，组织的运行效率取决于结构布局，因为结构与行动主体之间活动紧密相关，或者说结构制约着人的行动。在总体性支配的基本格局下，乡村社会的治理要按照政府科层模式来运行，而乡村治理的动力需要得到政府的认可。实际上，对作为生活共同体的村庄而言，治理模式的选择一直在刚性治理和人文治理之间寻找平衡点。从制度经济学理论看，乡村刚性治理不仅受到行政权力机构的影响，还受到乡村发展制度成本、时间成本和执行成本的影响。但是，刚性治理从制度上很好地强化了乡村共同体的整体性和一致性，将异质性的乡村社会尽可能地统筹起来。在国家公共权力的支配下，有效规避了村民个体化的"私心"。刚性治理的特性在于国家对乡村社会拥有绝对的支配权和控制权，能够实现对乡村资源的优化配置，避免资源分散化。在遇到自然灾害等重大的威胁村民生存的事件中，国家可以通过刚性治理的手段在短期内实现资源的整合。从乡村刚性治理的历史变迁中我们可以发现：新中国成立到改革开放这段时间，出于巩固国家政权和社会维稳的需要，这一时期的刚性治理模式属于"政治动员型"，从改革开放到21世纪初农业税终结，这段时间乡村治理的逻辑理路在于经济发展，这个阶段的政府也被学者称为"经济建设型政府"，这一时期的刚性治理模式属于"压力达标型"，其典型特征是"唯指标、唯GDP"。

（二）治理目标的导向性

在乡村治理场域，为确保基层社会公共秩序的稳定和人民群众的生命安全，国家通过"政党下乡"、"权力下乡"和"法律下乡"等方式不断建构一套规范的行为标准和治理程序。刚性治理在乡村社会中的价值作用体现在以下三点。首先，乡村社会是一个组织载体，而刚性治理的实施是为了保证乡村社会公共秩序的稳定。就任何组织而言，都需要通过一系列的规范、纪律和指令等来保证其健康地运作，换言之，乡村刚性治理是乡村社会存在和发展的基本条件。其次，刚性治理贯穿于乡村社会发展的始终。新中国成立之后，国家权力的介入改变了传统乡村社会"简约治理"的基本格局，在相当长的一段时间内处于"总体性支配"的局面或者说"刚性支配"的形态。刚性治理模式的应用为工业化发展中资源的汲取提供了可靠的保证，也促进了新中国成立初期乡村社会的稳定。最后，乡村刚性治理呈现便捷的优势。乡村社会具有复杂性和异质性等特点，内部构成较为复杂，村民有不同的利益诉求，这些因素都无疑增加了乡村治理的难度。在乡村治理实践中，政府通过刚性的命令、严格的指示和明确的政策可以达到提升治理效率的目的。可见，乡村刚性治理因其自身的内在属性在维系乡村社会的公共秩序、维护基层政权稳定等方面发挥了积极的作用，但需要指出的是使用强制力手段的刚性治理必须在宪法和法律的有效监管下运行。

（三）治理手段的强制性

乡村刚性治理的强制性主要体现在基层政府的执法手段和方式上，行政权力是公共行政组织行政执法的基础，强制性和膨胀性是权力的基本属性。在缺乏有效的制度约束条件下，为降低行政执法的成本，基层公职人员往往会采取简单的甚至强制性的方式进行社会治理。在乡村治理过程中，面对农村地区不懂法的农民，一些基层公职人员不是通过宣传和教育的方式提升农村居民的法治意识，而是通过罚款、劳教等"暴力执法"的形式。乡镇政府作为国家行政权力体系的末端组织，在乡村治理中具有"承上启下"的功能，国家的大政方针和政策的落实是通过乡镇政府来实现的。在压力型政治体制下，乡镇政府会通过强力方式完成上级政府交付的各种行政任务。以城镇化过程中的征地拆迁为例，不少地方政府在应对"钉子户"的问题时缺乏疏导和谈判的耐心，为了完成拆迁任务，往往采取强制措施。

（四）治理任务的指标化

新中国成立后的很长一段时间内，我国实行高度集中的计划经济体制，这构筑了当时乡村治理的模式和形态。计划经济时代政府的运作模式是将上级政府的发展目标分解和细化后下达给下级政府。经济发展的状况是可以通过具体的数字或时间节点来进行考核的，因此可以说计划经济时代对于官员的政绩考核是和一定的经济发展指标挂钩的。为了在政绩考核中取得不错的成绩，或者为了获得更多晋升的机会，地方官员一般会把行政任务按照一定的计划指标和任务包干的形式强行摊派给下属机构或组织。对于乡镇政府的官员来说，行政任务或者经济社会发展指标的完成更加需要乡村社会去实现，行政计划指标的层层摊派需要以刚性的治理模式去应对。在对行政组织或行政人员的绩效考核中，各级的人事部门也将行政指标的完成情况、目标的实现程度作为评价和任免干部的标准。在行政任务指标化的高压态势下，地方政府官员很明白如何通过最低的成本完成上级的指标任务，也明白完成或者超额完成指标任务所带来的利益，因为指标本身就体现"刚性"的特征。在乡村治理场域，行政任务通过指标分解的方式施加在农民身上，在强大的国家权力部门面前，作为弱势群体的小农只能按照行政机关的要求在规定的期限内完成下派的行政任务。改革开放以后，我国实行市场经济体制，大力发展农村经济是基层政府面临的一项"政治任务"，在这一时期，行政任务指标外化为具体的"GDP崇拜"，经济体制的改革带来政府政绩考核模式的变化，各级政府形成一种"唯GDP"的绩效考核体系，在压力达标型体制下，各种经济指标排名使得村干部疲于应付。在行政任务指标化的背景下衍生出"数字出官"的现实逻辑，"数字GDP"成为乡镇政府一切中心工作的出发点，导致乡村治理中形式主义和虚假数字现象的发生。在数字指标的驱动下，地方官员将农民的幸福指数等不可量化的事务指标化和定量化，政府公共部门的绩效管理也演变为"指标管理"，将乡村社会的发展置身于高压态势的环境氛围中。在社会治理实践中，各级政府官员总是试图通过"大、快、上"的方式在短期内做出夺目的政绩，进而获取升迁的机会。在急于求成的心理驱动下，乡村的生产发展往往出现"负债经营"现象，导致村级债务问题越来越严重，严重影响了税费改革后乡村公共物品供给能力和基层组织的正常运转。

（五）公众参与的被动性

村民自治的制度实践在 20 世纪 90 年代被视为一项伟大的壮举，体现了还权于社会和还权于公众的特质，乡村社会有了自主发展的弹性空间。村民自治组织作为国家行政体系的代理人使得自治在某种程度上被"形式化"了，而通过组织化的渠道提升公众参与村庄治理的积极性是发挥村民自治制度的有效举措，从而使得乡村社会具有了塑造良好治理生态的自治空间。作为自治主体的村委会，在实际运行过程中受国家行政权力的干预，村委会的行政化倾向导致村民自治功能虚化。在几千年封建制度环境中形塑的对国家权力的过分崇拜，导致乡村刚性治理中公众参与社会治理的被动性。村民参与的被动性体现在三个层面。第一，参与意识的缺乏。在社会的阶层划分中，农民群体处于社会地位的边缘，特别是家庭联产承包责任制的推行进一步弱化了集体行动的组织基础，分散的小农在强大的国家政权面前往往呈现被动的情景。特别是，农业税改革后国家通过项目制和财政转移支付的方式为乡村发展注入资源，一定程度上造成村民对国家行政权力的依附，弱化了其参与社会治理的意识。第二，参与能力的有限。农村地区的教育发展水平相对滞后，由于没有接受更多教育的机会，农民参与能力欠缺，这主要涉及村民的思想政治素质、科学文化素质、话语表达能力等。在自身参与能力缺乏的条件下参与乡村公共事务治理容易导致参与的无序和失效。第三，参与过程的形式化。在农村的空心化背景下，特别是随着农村青壮年大量的外流，妇女、老人成为乡村治理的主力军。农村人口的空心化也导致很多公共事务的治理基本上是村干部说了算，村民的参与更多的是"开开会、举举手"，缺乏实质性的民主协商的过程。

总的来说，乡村刚性治理是建立在集权型治理权力结构和体制之上的，以经济增长和社会稳定作为基层政府首要治理目标和内在驱动力，过度依靠行政强制力来保障社会秩序，体现出"刚"的特征。新中国成立以后，我国现代化国家政权建设的标志是国家权力深度介入乡村社会，管控乡村公共事务的各个领域并主导乡村社会的变迁。简言之，国家权力主导社会变迁进程，乡村社会构成国家权力的秩序基础，这是我国乡村刚性治理模式长期存在的主要原因。在"皇权不下县，县下皆自治"的传统治理模式中，乡村社会是一个独立的自治领域，表现为有自己的治理规则、治理制度和治理逻辑，拥有完整意义上的乡村自治系统。

三 乡村刚性治理的多维成因

乡村刚性治理是随着新中国成立后现代化国家政权建设即行政权力的不断深入开始的。作为一种乡村治理模式，其产生是基于当时特定的社会背景，换言之，特定的历史和现实条件为乡村刚性治理的存在奠定了基础，本书主要从文化、制度和社会三个层面进行探究，具体分析如下。

（一）文化原因：传统政治文化的影响

第一，精英崇拜性文化。"精英治理"是中国一直以来乡村治理的主要范式，农村精英作为一种社会力量在乡村公共事务治理中发挥了重要作用，村民对精英的认可或者尊重能够为其登上政治舞台提供支持。在精英治村的实践中，村民普遍认为精英有能力有途径为村庄发展争取到更多的资源，这种理性的崇拜有可能铸就其对农村精英的心理依赖，在涉及村庄事务中往往缺少话语权。农村精英在乡村社会的发展中扮演着重要的角色，按照类型划分的话，农村精英可以划分为政治精英、文化精英、经济精英和社会精英。这些精英群体是乡村社会的中流砥柱，是农民群体中的佼佼者，不仅拥有一定的社会地位、物质财富还有一定的社会关系。从历史的变迁角度看，农村精英无论在哪个历史阶段都存在，因此，在乡村社会形成了精英崇拜文化。实际上，农村精英的社会地位和身份也决定了其在乡村政治场域的话语权，如果村民违背精英意愿就可能受到惩罚，在精英崇拜文化的影响下，农村各行动主体的地位是不平等的，这也就是费孝通说的"差序格局"。

第二，顺从型公民文化。受几千年封建专制制度的影响，我国的公众在现代化进程中还存在着"无为"的思想观念，在经济欠发达的中西部地区，农村居民仍然有等级尊卑的思想，在村庄政治中就体现为与世无争的顺从型公民，认为村庄的公共事务治理是政府人员的事情，这实际上扼杀了公众参与政治发展的责任感和使命感。从政府和社会的关系来看，乡村刚性治理实际上是一种不对等的结构关系，这与文化传承的路径依赖有关。封建帝制的时间漫长，我们从教材中学习到的中国历史更多的是具有专制色彩的帝制历史，文化的传承过程中也过多地带有公民顺从性的色彩。这种顺从型的文化观念实际上也是影响地方政府治理转型的一个因素，因为在很多经济落后地区，部分政府公职人员在行使职权时还存在"特权"现象，甚至没有认清与普通群众的关系，在行政执法中摆架子、发脾气是常态。政府官员的错误认知助长了顺从型公民文化的蔓延，而老百姓也认为听话是该有的姿态，在自己的利益受到侵害时，便会忍气吞声。

第三，乡土情面文化。乡村刚性治理体现政府和农民之间的失衡关系，这与我国特有的政治文化场域相关联，几千年的传统文化熏陶形塑了社会公众特有的文化心理。"面子"是了解我国乡村社会的一种方式，正如费孝通先生所说的讲情面是乡村社会的习惯性规则。在乡村政治场域，很多村民往往因为碍于面子而不能直接地表达自己的利益诉求，特别是在面对村庄政治中的失范现象时。在乡村政治场域，有效规避过多依靠强制性手段的方式就是赋予村民更多的话语权。在农村法治不健全的情况下，因为熟人社会的原因，村民往往秉持着"不得罪人"

的理念和基层政府打交道，过多地注重自己的面子，不能直接表达自己的不满和利益诉求，乡村政治场域中的失语也会纵容公共部门的刚性治理行为。

（二）制度原因：制度的虚置及程序缺失

第一，制度化参与渠道不畅。美国著名政治学家亨廷顿认为：在不完全的参与制度内，农村精英有能力维系乡村公共秩序的稳定，同时，普通公众在政治意识不断拓展的情景中起到了不可忽略的作用。罗伯特·登哈特认为制度性供给的缺失和虚置往往导致公众参与的无效或者低效。村委会是基层群众自治组织的载体，具有代理身份的村干部掌握着村集体产权和资源的分配权，但是委托—代理理论认为信息不对称会造成代理人不能完全满足委托人的利益诉求。从政治系统论的观点看，政权的运作是一个与外界环境不断发生物质、能量和信息交换的过程，民意和诉求的输入能有效地转化为公共政策，制度化渠道的不畅阻碍了村民利益的表达，最终产生的公共政策不能完全体现民意。在村庄强势民主的制度架构内，公众因为表达渠道不畅和表达能力的不足而难以通过制度化的渠道表达自己的诉求，极易导致群体性事件的爆发，村民的过激反应也加剧了政府治理失灵。

第二，村务信息公开制度虚置。从中央纪委国家监察网站发布的数据看，农村基层小微权力腐败中很大的一个方面是由村集体"三资"信息不公开造成的。当村民要求村务信息公开时，村干部可能会把"村务秘密"当成不公开的挡箭牌。从乡村调查中发现：村干部在是否选择信息公开中带有"策略性"倾向，这主要由被动的申请公开和主动的自发公开之间的边界模糊所致。村庄信息公开制度存在的主要目的是让群众及时了解到国家在"三农"方面制定的政策，了解村集体资源和资产的使用状况，这是满足村民知情权的基本要求，也是村委会权力接受群众监督的重要手段。在村务信息公开机制虚置的情况下，农村基层的小微权力特别是村干部的权力因为没有得到很好的监督而出现"权力寻租"。权力寻租本质上是乡村刚性治理中权力滥用的具体体现。

第三，公众参与反馈制度的缺失。从村民参与村集体公共事务的初衷来看，主要是维护自己的利益不受侵害，但并不是所有的意见都能被基层自治组织所采纳，其对于无视公众诉求的理由也不能给予合理的说明，这就在一定程度上降低了公众参与的热情。公众参与的积极性、能动性和自觉性对于形塑政府和社会的关系起到关键的作用。在良性互动的政社关系内，村民和基层政府是和谐平等的，两者可以通过平等的对话对乡村公共事务中的问题发表各自的看法。但是在失衡的互动关系内，村民由于反馈制度的缺失而不能通过合理的渠道和政府对话，换言之，政府往往把自己放在掌控者的地位，通过自上而下的方式下达行政命令，公众只能被动地接受。

（三）社会原因：民间组织发展滞后性

第一，组织功能单一。在现有的乡村治理体制中，农村的各类社会组织发展面临社会地位低下和组织化程度有限的双重困境，这也是没法通过组织化渠道将分散化的个体村民进行力量整合的主要原因。当前农村社会组织的培育主要是通过内部精英人才输入的方式进行，所制定的村庄公共政策带有"政治折中"的特点，主要表现为输入不足而输出有余。因此，社会组织在与基层党组织或者地方政府的话语博弈中处于劣势地位，难以形成良性的互动，这也造成村集体的决策不能充分地采纳村民的意见。一般来说，刚性治理主要借助公权力的强制性，缺乏有效的沟通和协商，在乡村社会组织功能单一的情况下，社会的运行和秩序的稳定往往借助于国家行政权力，或者说在这种情况下需要借助强制力来实施。

第二，外部制度环境受限。社会组织的发展受到现有准入制度的影响，主要是准入门槛过高，受到行政权力的干预，在农村基层党组织庞大的情况下社会组织的数量就变得很有限。同时，大量的社会组织游离于基层政权的监管体制之外，缺乏法律的保护和合法的身份。行政干预下的农村社会组织缺乏独立性，或者说其是行政部门的代理机构和行政权力的延伸。农村社会组织的发展和培育需要在一个民主、开放和良好的氛围中进行，但是行政的干预导致大量的社会组织发展披上了行政化的外衣，就其长期发展而言是不利的。在缺乏独立性的环境中，社会组织失去了发展壮大的土壤，使其在与行政权力的"博弈"中处于劣势地位，这也是刚性治理长期存在的主要原因。

第三，内部自我发展滞后。经济条件的薄弱和人才资源的缺乏导致农村社会组织缺乏完备的制度体系，尤其是由于村民素质能力的欠缺弱化了组织内部的自律性。从部分地区的农村经济合作社运行情况看，其往往成为受地方企业家或者政治精英控制并为其谋取利益的傀儡，不能承担起乡村治理的责任。在乡村治理实践中，因为经济社会发展的需要，涌现出一大批民间的社会组织群体，它们的出现降低了分散化小农在抗击各种灾害中的脆弱性。但是，我国长期处于社会主义初级阶段，生产力水平的低下和经济基础的薄弱不能为社会组织的发展提供良好的物质基础，使得社会组织内部的发展严重滞后，社会组织发展的滞后也为刚性治理的存在提供了契机。

第二节　策略行动与草根失语：基层治理中的政社互动失衡

乡村社会的复杂性、异质性和多样性决定了代表现代文明的公共政策或制度设计在实施的过程中难以有效落实，是现代文明理念和传统乡土文化博弈的过程。具备公共属性的行政组织或者说科层化组织在科层制内部得以有效运转，但是依靠行政权力嵌入乡村社会时难以有效地应对复杂的社会治理。简言之，现代化国家政权建设中，公权力行为的正当性不仅要目标正确，更要基于对公序良俗的尊重和对法律程序的遵循，不然成效难以保障，也可能误伤"人心"。比如，在全面推进移风易俗的改革实践中，中央政府站在"全面深化改革"的战略高度，科学制定政策，为全国的移风易俗提出明确的指导理念和行动方针。全国各地政府紧扣中央指示，将移风易俗的目标具体分解为保护生态、遏制陋习、节约土地和市容整顿等小目标，在行动上也提出"疏堵结合、源头管理与做好群众思想工作"的要求。但是，有些地区在这项工作中将"做好试点工作，打造移风易俗模板"作为主要目标。到了具体执行的县、乡层面，其目标演变为指标竞赛和"时间赛跑"，以依靠强制执法手段提升高效率为任务。从中央到地方各个层级的行政机构在移风易俗中目标的定位有所差异，特别是在具体执行的乡镇环节，出现了有违中央意旨的目标异化行为。最终导致移风易俗政策执行受阻，导致政府的公信力下降和干群关系的紧张。（见表3-1）。

表3-1　移风易俗中各级政府的目标、要求与后果

政府层级	目标定位	行动要求	后果呈现
中央部门	全面深化改革，推进文明进程	积极地、有步骤地进行，分阶段、分层次地推进	改革执行可能受阻
省级层面	优化生态环境，遏制社会陋习，节约土地资源，市容集中整顿	疏堵结合、源头管理与做好群众思想工作	暂缓或叫停
市级层面	做好试点工作，打造模板	政治动员、领导视察	公信力受损
县乡层面	指标竞赛、"时间赛跑"、效率至上	"零点行动"、一律、100%	干群对立，矛盾激发，合法性丧失

资料来源：笔者自制。

从表3-1可知，在移风易俗改革实践中，各级政府在目标定位、行动要求上存在显著差异，其呈现的后果也有所不同。在整个过程中，县乡政府作为具体的执行层所体现出的是基于"策略主义"的行动逻辑，这种逻辑与中央改革理念和指导要求大相径庭。"策略主义"一词引自

华中科技大学中国乡村治理研究中心研究员欧阳静提出的概念，在其著作《策略主义：桔镇运作的逻辑》中，欧阳教授系统阐释了在社会转型背景下乡镇策略性的生存方式和运行的逻辑。策略主义具备非正式制度的一般特性，是一种灵活和非常规的运行方式。"草根"直译自英文的 grass roots，产生于 19 世纪美国寻金热期间，现代意义上的"草根"是指同主流、精英文化或精英阶层相对应的弱势阶层，笔者用其指移风易俗中利益受损的弱势群体。地方政府的"策略行动"和底层社会的"草根失语"是政社互动失衡的具体体现，也构成了基层治理的深层次难题。

一 政社互动失衡的后果呈现：政府公信力的缺失

移风易俗是适应现代文明的一种制度设计，代表未来社会文化的发展方向。然而，在我国传统主流文化的概念认知里，实际上蕴含着一整套约定俗成的乡村公共秩序。从文化传承和秩序变迁的角度看，现代化的移风易俗实施中理应考虑价值、信仰、教育和传承的文化因子，而不能简单地基于环境建设、土地节约、市容整治及经济发展的考量。我国正处于社会转型期，现代文明和传统文明的冲突不可避免，公共政策的有效落地过程也是考验改革者智慧的过程，同时也是检验现代化国家政权建设中公权力的历史观和文化观的过程。从政社互动的视角来窥视移风易俗，不难发现，地方政府希望通过"一纸禁令"的方式推进国家政策，在缺乏对乡村社会历史文化敬畏的基础上进行的改革势必受到阻挠，威权式的硬治理模式造成干群关系的对立，导致政府公信力的严重缺失。我国正处于社会转型期，现代文明和传统文明的冲突不可避免，公共政策的有效落地过程也是考验改革者智慧的过程，同时也是检验现代化国家政权建设中公权力的历史观和文化观的过程。从政社互动的视角来窥视移风易俗，不难发现，地方政府希望通过"一纸禁令"的方式推进国家政策，而在缺乏对乡村社会历史文化敬畏的基础上进行的改革势必受到阻挠，硬治理模式造成干群关系的对立，导致政府公信力的严重受损。

（一）政府公信力：国家政权合法性的根基

政府公信力是指政府通过自身的信用获取社会公众认可的能力，作为一个综合性的概念，其体现社会组织或个人对政府的行政理念、执法行为及行政绩效的心理认同和价值评价。政府公信力更多地体现为一种主观的认知、情感和期待，其高低反映民众对政府的满意度及支持度。在"放管服"行政体制改革的背景下，政府治理体系和治理能力现代化的建构是建基于政府公信力提升的原则之上的，明确了现代政府的发展方向。在现代化国家政权建设中，以民众意愿为导向制定和执行公共政策是政府获取较高公信力的条件，也是理论界和实践部门倡导建立"服务型政府"的关键所在。从构成来看，政府公信力由行政理念、行政行为和行政绩效组成，其中，行政理念是行政组织及行政领导人的主观偏好和价值取向；行政行为侧重于公务人员在行政执法中的一系列手段和举措；行政绩效主要指行政行为的结果。同时，作为一个综合性的概念和行政伦理的范畴，行政理念、行政行为和行政绩效均受道德的约束并接受价值的检验。具体来说，政府公信力的概念涵盖三个层面的意思。首先，在主体构成上（见图3-1），政府公信力的确定包括施动者的政府和评价者的公众，政府凭借社会公众赋予的行政权力、利用掌控的公共资源、依据一定的规则开展行政活动，公众依据自身的价值偏好和伦理道德对施动者的行为进行评价，双方是一个双向的过程。其次，在内容事项上，政府公信力的确定主要涉及政府部门行政管理活动中的决策、执行、监督、协调等，通过一系列的活动判定其行政行为是否符合公平、民主、廉洁和高效等行政伦理与价值取向。最后，在表现形式上，行政能力是政府公信力的彰显，当前党中央提出的国家治理能力现代化也是为了提升政府公信力，以便于更好地开展工作。

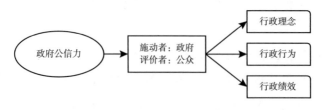

图 3-1　政府公信力结构

资料来源：笔者自制。

（二）公共政策执行与基层政府公信力之间的关系

在科层制的组织架构中，中央政府是公共政策的制定者和推动者，而公共政策的执行需要依靠基层政府才能得以实现。因此，在公共政策系统中，基层政府发挥着关键作用，其也是形塑政府公信力最主要的行动主体。就我国而言，党中央制定的涉及乡村公共事务的政策通过高位推动和层层传递的方式，最终由乡镇政权组织来实施，乡镇政府是国家行政体系的初始层级和直接的执行层级，对公共政策的结果有直接的作用。同时，乡镇政权组织作为连接国家和乡村社会的桥梁，直接面对地方公众，其职能的发挥直接影响政府的公信力和形象。与国家其他行政层级组织相比，乡镇基层政府在执行国家公共政策中其行政行为受到身份、利益和价值三个变量的影响。其中，身份主要体现为乡镇政权组织既是国家行政机关又是执行机关；利益体现为既要兼顾中央利益又要考虑部门利益；价值体现为既要注重整体又要兼顾地方，这加剧了乡镇政府公信力的复杂程度。地方政府作为国家的行政机关需要执行国家意志和公共政策，但同时又出于自身利益的考虑，很难做到公共利益和部门利益的兼顾。

1. 行政价值缺位淡化政府公信力

社会契约论认为政府的公权力是由社会公众让渡手中的私人权力形成的，政府和公众之间是一种委托—代理的关系，这是公共部门权力合法性来源的基础。从权责的关系看，作为国家权力的执行机关，政府必须对公众利益负责，特别是地方的行政领导在制定和执行公共政策时必须坚持公共性的价值取向。然而，在压力达标型体制和晋升锦标赛机制的作用下，一些地方政府官员为了谋取自身的"进步"而往往利用手中人民群众赋予的权力侵害百姓利益。同时，作为公共部门的行政主体，特别是在直面乡村公共事务的时候，地方政府官员理应考虑到乡村社会的复杂性、异质性和多元性，理应兼顾传统乡村文化因子，比如乡村地方性共识和习惯法等。类似于殡葬改革这种移风易俗的事宜，行政主体无论是在制定殡葬改革的制度时还是在具体的执行过程中，都应通过道德价值的引领形成引导、示范与扩散效应。地方公职人员在行政执法中过度追求"经济、效率、效能"的价值，公共利益或者民生诉求被边缘化，价值选择的危机直接降低了公众对地方政府的信任。从个人的职业发展来说，行政人员追求自身利益是正当诉求，但是作为国家公职人员，必须考虑公共价值，行政价值的缺失也必然会造成政府公信力的降低。

2. 行政行为失范挫伤政府公信力

中国社会科学院在 2007 年做了一项有一定规模的民意调查，涉及全国 28 个省（自治区和直辖市），调查的主题是公众对政府的信任度。调查结果显示：公众对中央的信任程度要远远高于地方政府，70% 的调查对象表示不信任基层政府。华中师范大学中国农村研究院的研究表明：村民对中央、县级和乡镇政府的信任程度分别为 70.6%、10.3% 和 6%，预示着后农业税时代资源下乡并没有提升村民对基层政府的信任度。造成这种结果的主要原因是乡镇政府是唯一与乡村社会直接打交道的政府层级，乡镇政府的行政行为比如"罚款""征收""缴获"均触及农民的切身利益。欧阳静在《强治理与弱治理》一书中认为基层政府公信力下降与其治理方式和治理绩效有关，也即乡镇政府并未树立"服务型政府"的治理理念，在具体的行政行为中表现出的粗暴、强制和冷漠不断形塑自身"坏人"的角色。乡镇政府处于与社会公众打交道的前线，作为公共政策的执行者，与农村居民接触的频繁程度远远高于上级政府。在公共政策的推进中，基层公务人员的科学文化素质、思想政治素质和道德能力素质影响行政行为的实施。粗暴行政行为是导致干群矛盾升级的导火索，直接降低民众对政府的信任，在政社互动中二者相互理解、相互信任的基础被打破。

3. 行政沟通低效弱化政府公信力

作为一种特殊的行政管理活动，行政沟通的作用贯穿于社会治理过程的始终，政府部门利用信息传播手段和公共对话平台与民众进行互动交流，增进双方的相互了解并获取民众的信任、支持和合作。行政沟通是提升政府公信力，树立良好行政形象的重要步骤，而主体、媒介和客体构成行政沟通的三要素，政府是主体、民众是客体，符合道德准则的信息传播是媒介（见图3-2）。

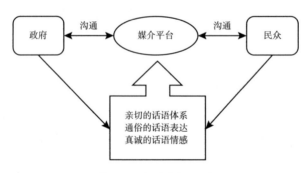

图3-2　行政沟通机制

资料来源：笔者自制。

从图3-2可知，政府和民众之间的互动是一个双向的过程，良好的沟通效果需要亲切的话语体系、通俗的话语表达和真诚的话语情感为依托。地方政府执法人员过分追求高效，实际上缺乏与底层群众的有效沟通，没有通过温暖耐心的方式向村民宣讲国家推行新政策的重要性，也不愿花费太多的时间成本来做一些思想工作，一味地蛮横执法最终会引发群体性事件。行政沟通的低效最终在强势的社会舆论下造成恶劣的社会影响，在一定程度上伤害公众对政府的情感，导致"信任危机"的出现。

4. 行政伦理虚置降低政府公信力

政府机关中组织或个人的行为需要一定的道德规范去约束和指导，这是公共权力部门区别于私人部门的基本特征，这种用于指导行政活动或行政行为的道德规范被称为行政伦理。对公共权力部门而言，公共行政活动的开展需要行政伦理作为内在的软性元素，并渗透于政府公信力的各个元件。换言之，行政伦理通过对政府行政活动的评价、引导和规范的功能能够达到形塑政府公信力的目的。无论是政府的行政理念、行政行为还是行政绩效均涵盖行政伦理的内容，这说明政府公信力和行政伦理具备天然的联系。在影响政府公信力的诸多因素中，行政伦理的不可或缺性体现在其蕴含的民众认同和道德评价标准上，或者说，在现代化国家政权建设中，作为政府活动"软实力"的行政伦理是政府公务人员必须遵守的价值准则。质言之，行政伦理的建设对基层政府领导及执法人员的价值取向能够起到积极的引导作用，进而对整体社会道德价值观念的构建起到潜移默化的功效。

第三节　由"刚治"到"柔治"：乡村治理 范式转换的时代境遇

一　中心工作：理解基层政权组织运作的一个视角

乡镇政府处于国家行政体系的末端，是连接乡村社会和国家政权组织的桥梁，在复杂的乡村治理体系中，乡镇政府往往面临"上面千条线，下面一根针"的治理难题。在层级分明的科层制内部，国家的顶层设计和大政方针需要通过中央的高位推动，逐级传达并层层落实。在具体的治理实践中，县级政府根据市级政府的考核标准，将被委派的行政任务划分为"中心工作"和"非中心工作"。"中心工作"是指基层政府（县级政府或者乡镇政府）紧紧围绕着上级的行政部署，积极开展的各种阶段性和紧迫性的工作。对于上级下派的"中心工作"，基层政府必须不计成本地完成。作为乡镇政府运作的基本逻辑，"中心工作制"是重要的内容，也是理解和观察乡镇政府运行机制的一个独特视角。面对复杂的乡村公共事务，资源有限的乡镇政府遵循"中心工作"的运作逻辑，这是因为"中心工作"能够调动乡镇一切的资源，有利于行政目标的实现。在基层政府的话语体系中，"中心工作"被视为必须完成的任务，比如农业税改前的"农业税征收"以及当前的精准脱贫等。"中心工作"折射出的是强治理的运作逻辑。对于乡镇政府而言，一旦某项行政任务被确定为"中心工作"，就意味着必须动员乡镇的一切人力、物力和财力等资源，运用一切可能的办法和策略去完成。"中心工作"机制的出现很大程度上形塑了乡镇政府权力的组织结构，这是因为"常规工作"在权力构成中更多地表现为行政权力结构，而"中心工作"通过自上而下的行政任务发布打破了乡镇政府原有的组织结构。

在科层化的组织体系内，乡镇政府虽然处于行政体系的末梢，但却要完成各种自上而下的行政任务，有些行政任务是日常性的，比如招商引资、民生建设和教育发展；而有些任务是突发性或者阶段性的，比如脱贫攻坚等。笔者在乡镇调研中发现，"中心工作"的实施一般由乡镇的一把手亲自挂帅，采取的是成立专门的临时工作小组的形式。从"中心工作"实施的组织结构看，"领导小组"和"临时办公室"构成了其组织基础，在乡镇政权组织的内部形成层级性的金字塔式权力结构。可见，"中心工作"是对乡镇政府常规权力结构的重塑，充分体现了党委的政治权力对于基层政府行政权力的吸纳。绿色殡改作为一项国家战略决策，其在具体的执行中需要凭借中央的"高位推动"层层传递，直至乡镇一级。在"推行火葬，改革土葬"运动中，县乡政权组织根据市级组织的安排，将其视为一项在规定时间内完成的"中心工作"（如签订"行政目标管理责任书"）。换言之，"中心工作"构成乡镇政府社会治理的运作逻辑，这是其区别于其他层级政权组织最根本的地方。为何乡镇的领导如此重视"中心工作"的开展情况，为何如此全身心地投入大量的资源完成"中心工作"，究其根本原因在于"中心工作"下的"晋升锦标赛"和行政发包制下的"运动式治理"。

二 中心工作制下的压力型体制与行政发包制

（一）压力型体制：政策变通与目标替代

科层制架构下的行政组织呈现等级的严密化和权力的集中化特征，在现有的结构体系内表现为下级服从上级、地方服从中央。由于中央和地方是一种"命令—服从"的排斥竞争关系，荣敬本提出用"压力型体制"来诠释"中心工作"制下基层政府的治理逻辑更具说服力。[①]"压力型体制"是指在科层制内部，下级政府组织为完成上级政府组织的行政任务，会根据目标实现的难易程度，将目标量化，通过建构具体的、细化的指标体系将任务下派给下级的行政组织或个人。为保证行政目标的实现，上级政府组织会以签订"行政目标管理责任书"的方式约束下级的行为（见图3-3）。行政目标任务的指标化用于实施对下级行政组织或个人的绩效考核，甚至对于个别考核指标采取"一票否决"制。简言之，基层政府的行动是建立在上级政府设置的评价体系中的，在压力考核的约束下勾勒出我国乡镇政府的运行状态。

从"中心工作"的制定到实施一般要经历四个重要的步骤：目

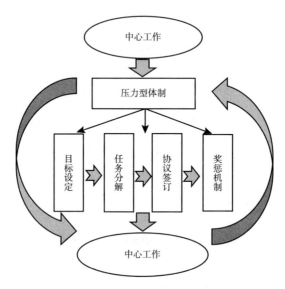

图 3-3　基层政府的压力型机制

资料来源：笔者自制。

标设定—任务分解—协议签订—奖惩机制。从我国乡村治理的制度
安排看，虽然"乡政村治"规定乡镇政府和村委会之间在业务上是
指导和被指导关系，乡镇党委和村党支部之间是领导与被领导关系，
但是在具体的治理实践中，正是由于压力型体制的存在，乡镇政府
将县级政府下派的行政任务强加给村委会来实施。在身份界定上，
村干部既是基层群众组织的代理人，又是国家行政体系的代理人，
而且工资收入由乡镇拨付。农业税费改革之后，村干部实际上已经
成为乡镇的实际"代理人"。压力型体制下的基层政府在推进行政目
标实现中往往会出现"政策变通"和"目标替代"现象，导致政策
执行异化。

1. 政策变通：基层治理的"策略主义"倾向

在高强度和硬命令的压力型体制下，为达到上级的目标或者说为了
能够在规定期限内完成任务获取奖励，负责具体执行的县、乡政府往往
无视省级政府关于移风易俗殡葬改革中保护生态环境、摒弃糟粕文化和

节约土地指标的目标，通过采取强制性的手段确保核心目标的完成，这就导致公共政策执行偏差，出现"目标替代"。景跃进教授认为关乎利益调整的公共政策在执行过程中也是一个政治过程。[①] 所谓的政策变通就是在政策执行过程中，政策执行者没有充分考虑利益相关者的诉求，自行变更政策内容并加以推行的一种政策行为。在一些地方的绿色殡改中出现的政策变通现象主要与执法人员的认知紧密相关，带有"运动式治理"特征的活动往往让基层官员认为这只是一阵风，因而产生敷衍了事的心态，在监督、考核甚至奖惩中都会通过策略性的方式应对。在殡葬改革中，地方政府面临双重的压力，一方面作为公共利益的维护者，必须及时回应和满足百姓的需求；另一方面为了行政有效，必须完成上级的任务目标。从执行实践看，当上级政府的行政发包和公众利益发生实质性的冲突时，基层组织或者个别官员往往选择迎合上级的需求，而间接损害公众利益。

2. 目标替代：指标加码与侥幸心理

在基层治理实践中，压力型体制是在政绩考核的硬性条件下产生的，在分析基层政府的行为逻辑时，压力型体制和"晋升锦标赛"是紧密联系在一起的。晋升锦标赛是一种官员谋取自身晋升的工作机制，在政府绩效管理中上级往往将行政人员取得的成绩作为其晋升的重要指标，强调上级的绩效评估对下级官员晋升的重要作用。考核机制的设计和实施是由上级行政组织来完成的，但是上级政府在制定考核任务的时候如果不考虑各个地方的实际情况，用"一刀切"的指标体系来考核就会造成各地的盲目攀比。"考核"、"评比"和"排名"形塑了乡镇政府治理行为的原生动力。

第一，敷衍性心理。在压力型体制下，为了在规定的时间内完成上级的行政目标，部分行政执法人员在推进公共政策过程中容易出现"数

① 景跃进：《演化中的利益协调机制：挑战与前景》，《江苏行政学院学报》2011 年第 4 期。

字瞒报""文件治理"等敷衍心理。基层减负是当前学术界和政府实践部门的热点话题，基层公务人员工作负担重的根本原因是"形式主义"的泛滥。对于基层的执法人员来说，每天都要面对繁重的工作任务，而在繁杂的工作中还要抽出时间来完成"中心工作"，同时还面临着上级的层层考核，这就进一步助长其"敷衍塞责"的心理，走马观花、蜻蜓点水是敷衍心态的典型表现形式。公共政策执行中的"敷衍性心理"是基层治理实践中的常态，所产生的结果是公共政策的目标难以得到有效的落实。

第二，抵触性心理。作为心理学层面的一个概念，抵触性心理是指一种特有的心理障碍，是人在强烈的刺激作用下才会出现的逆反心理。在乡镇层面，基层公务人员的晋升难度相对较大，在晋升锦标赛的高强度激励下，乡镇政府的主要领导都希望牢牢把握上级下派的"中心工作"，以通过优良的绩效考核结果获取晋升机会。但是，乡村公共事务治理的复杂性决定了国家的公共政策很难像科层制框架下的运行模式一样，通过权责对等原则去实现。

第三，跟风式心理。晋升锦标赛体现了基层官员为晋升而行动的一种积极行为。乡村社会的异质性体现在各地的风土人情、历史文化和村规民约的差异上，因此，公共政策的落地化必须考虑当地的现实情况。在压力型体制下，地方政府官员为获取晋升的机会和资格，在未进行充分的政治动员、思想宣传、情感交流和调查研究的情况下，实施强制性的措施严重伤害了百姓的情感。

（二）行政发包制：矛盾转嫁与理性决策

1. 行政发包制的起源：生产领域的"包干"

人民公社时期，我国农村地区以合作社为单位，形成"三级所有，队为基础"的生产发展模式，但是这种集体经营制度容易产生"磨洋工"的问题，严重降低农村集体经济的发展效率，也时常被大众所诟病。20世纪80年代初期，安徽省凤阳县小岗村的18位村民分田到户的行为开创了家庭联产承包责任制的先河，"大包干"频繁地进入人们的视野。"大包干"是一种分田到户的家庭经营制度，是在不改变农村土地集体所有权的前提下通过农户承包的方式进行农业生产，其优点在于极大地调动和解放了农村生产力，促进粮食产量的大幅度提升。这种分田到户的包干制度最先发生在农业生产领域，被称为生产领域的"包干"。包干的特点在于上级组织将相关的权力、责任和利益下放给下级组织，下级组织利用自身的人力、物力和财力等资本进行农业生产，在这个过程中其生产行为具备独立性即不受上级组织的干扰。"大包干"也是一种自主经营、自负盈亏的农业生产模式，主要表现为生产时间、内容与方式上的自主性和对农业生产风险的独自承担性。由于上级组织和下级组织之间是一种发包和承包的关系，在生产效益的分配上，双方按照事先的合同规定进行利益分配。家庭联产承包责任制推行之后，就产生了农业税，当时的口号是"交够国家的，留足集体的，剩下都是自己的"。农业生产领域的"大包干"模式是改革开放浪潮的先声，为当时国家各行各业的改革提供了借鉴。从延伸路径看，农业生产领域的"发包"被广泛地运用到"工商领域"，直至扩展到政治体制改革的行政领域，形成具有中国特色的"行政发包制"。

2. 行政发包制的运行机理：权力下放与矛盾转移

行政领域的包干制具备农业生产领域"大包干"的基本特点，即下级行政组织按照一定的规定和协议承担上级组织的任务、权力和责任等事项，上级组织不得干预事项的进行，下级在自主性的前提下安排事项推进的时间、方式和方法。两者的区别主要在收益的分配上，农业生产比如粮食生产可以通过量化的方式呈现，根据粮食的价格和数量按照之前协议的比例进行分配，但行政领域更多为公共事务，不具备量化和分配的功能，而只能通过奖惩的方式来激励或约束下级行政组织的行为。值得注意的是，行政发包的使用有一定的针对性和局限性，在基层治理实践中并不适合所有的行政事务。从已有的研究来看，行政发包主要用在基层信访治理、"钉子户"治理及土地征收等事务中。从行政发包制的运行逻辑看，在基层治理的实践中，乡镇政府作为下级行政组织承担县级行政组织发包的行政任务，县乡两级政府构成"发包—承包"的关系，在同级的行政组织中，行政发包体现在领导和下属之间。乡镇政府始终处于矛盾的最前线，从这个层面看，县级政府或更高一级政府有"矛盾转嫁"和"风险规避"的嫌疑，这也构成了行政发包制的运行特点。同时，也正是由于下级行政组织自主权的存在，基层政权组织在运行过程中出现"谋利性"或者"赢利性"行为，带来的直接后果是基层政府公共性和合法性的缺失，也即杨善华教授所说的"赢利型基层政权"（见图 3-4）。

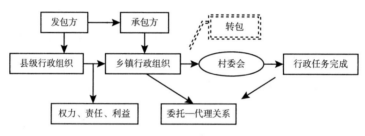

图 3-4　行政发包制的运行机制

资料来源：笔者自制。

在乡村治理层面，由于农村公共事务的解决必须通过村级组织，村委会往往成为乡镇政府行政转包的对象。在一些地方推行绿色殡改的过程中，基层政府将上级下发的指标任务作为一项"中心工作"或者"政治任务"，通过行政发包的方式赋予乡镇政府一些权力、责任、利益（获得升迁的机会）。在这个过程中，县级政府就成了发包方而乡镇政府成了承包方，在具体的执行过程中，特别是遇到棘手的问题，比如"钉子户"对抗"中心任务"时，需要乡镇政府出面调解，调解失败时就演化为强制粗糙的工作方式。在包干制的作用机制下，乡镇政府为了在规定时间内甚至为提前完成本地区的指标任务，往往会软硬兼施。但由于各大乡镇的经济发展水平、领导人能力、执法队伍的素质及乡村社会的内部环境差异，不同的地区会采取不同的方式。对于经济条件好的乡镇，一般会通过补偿政策来推进工作，对于经济条件差的乡镇，一般采取亲人帮劝、情感感化等方式。行政发包制的激励方式一般并不依靠物质性奖励，而主要将政绩考核的结果作为下级行政组织年终考核和相关领导晋升的依据。

3. 行政包干制的自主性：利益分离及需求异位

"中心工作"制度下，行政发包强调的是上下级之间的"分权"，通过权力下放获得权力的下级行政组织具有一定的自主性。行政发包制自主性的优势在于可以保证下级行政组织工作开展的灵活性和主动性，在应对复杂多样的乡村治理难题时，可以充分地发挥组织自身的资源优势，创造性地运用各种治理策略完成治理任务。简言之，行政发包的自主性是治理过程的自主性，但这种自主性往往为乡镇政权组织谋取自身利益创造条件。20 世纪 90 年代，随着分税制改革的推进，基层政权组织追求自身利益的动机被激发出来，乡镇政权组织利用手中的公权力从事谋利型经营活动，其目的是追逐本组织的利益，这种行为被学者称为"谋利型政权建设"或"公司化的逐利倾向"。行政发包制的自主性带来的利益分离和需求位移是乡镇政府领导者理性决策的结果。笔者尝试借助亚当·斯密的"理性决策模式"来解释乡镇政府的运行逻辑，作为一个经济学的概念，理性决策模式的思想渊源来自边沁的功利主义，功利主义认为人是理性经济的动物，人的行为受利益影响。经过多年的发展，功利主义思想为 20 世纪 30 年代公共选择理论的产生奠定了基础，经过决策理论家的发展被广泛运用。由于分税制改革，乡镇政府的财政大权被县级政府掌控，为了维持机构的日常运行，乡镇政府不得不通过非常规的方式获得资金支持。因此，在追求公共利益的同时，乡镇政府也在追求自身利益最大化。在乡村公共事务治理中，理性决策模式更是一种追求效率抑或"急功近利"的治理模式，"成本—收益"的考量成为行政执法中关注的重点。显然，作为移风易俗活动的殡葬改革，其推行过程也是现代文明和传统文化博弈冲突的过程，如果过分追求高效，可能适得其反。现代化进程中的社会公众，其价值观念、事务认知及情感表达更加理性化，如果政府的官员能够在推进绿色殡葬建设之前进行充分的政治动员、宣传交流和情感沟通，必然会大幅度降低行政执法的阻力。但是，在"零点行动""三无目标"等硬性任务的要求下，在没有充分和群众互动的情况下，乡镇政府凭借手中公众赋予的公权力，采取刚性的强制模式必然会导致政府公信力的下降和行政任务的搁浅。

4. 行政包干中的转包：行政主导与农民失语

从图3-4可知，乡镇政府作为县级政府行政任务的承包方，在落实行政任务中存在"转包"的问题，即转包给村委会，转包是包干中的常见现象。从委托—代理的角度看，村委会既是国家行政体系的代理人又是基层群众组织的代理人，双重的代理身份要求村委会既要对国家负责，又要对选举产生它的村民负责。21世纪初，在全面取消农业税后，村民、村委会和乡镇政府之间的关系发生了微妙的变化，其中很值得关注的一点是村干部的收入来自乡镇政府拨款，村支书的人事变动也间接受乡镇党委的干预，项目制的推进需要借助村干部来推行。换言之，农业税改革后，乡镇政府和村干部之间存在密切的关系，而村委会和村民之间的关系逐步弱化。在一些地方开展绿色殡改运动中，当发生干群冲突事件时，村委会几乎处于沉默状态。自治制度和自治权的不对称是制约村民自治实践的主要障碍，在推动农村现代化进程的因素中，国家行政权力是占据核心地位的，这在一定程度上压缩了村民自治的弹性空间。村民自治的行政化倾向遵循的是刚性治理的运行逻辑，草根阶层在农村政治场域，仍存在保守和僵化的"与世无争"的政治情感，难以在村社共同体利益受损时担当起公众利益表达的主体性力量。

三　乡村柔性治理的出场：与时代环境的适时耦合

当前乡村治理面临的问题是行政主导的一元化与社会结构的多元化存在分歧、矛盾乃至冲突所带来的治理秩序失范。自治、德治和法治的"三治融合"涵盖了乡村治理体系的核心内容，而乡村治理转型的过程就是改变传统的自治、法治和德治各自为政的分离状态，通过系统整合实现融合治理的过程。审视一些地方绿色殡改中的问题后可以发现：地方政府的强制执法行为已经超越了"有限政府"的权力边界，缺乏法治的规范，同时不尊重地方习俗，"一刀切"的治理方式缺乏德治孕育的情感基础。对公权力的信任是社会信任体系的重要组成部分，法治和德治的缺失是导致公权力信任危机的主要原因，提升基层政府官员的法治信仰和道德自觉是实现"三治融合"功能的重要途径。因此，在乡村治理中，政府公权力的使用一定要在法治的轨道上进行，同时需要充分发挥法律规范和道德教化的作用。罗豪才教授认为"国家—控制"范式正面临危机，建议将软法理论运用于国内公共领域，这是公共行政范式向公共治理范式转换的有效路径。[①] 传统的乡村治理是公共行政范式的直接体现，过度强调工具理性，采取政府权力部门单向度的治理模式，价值理性往往被边缘化。绿色殡改中地方政府的行为体现效率至上、政府本位、政绩驱动导向的逻辑，引发社会秩序的失范，造成恶劣的社会影响。乡村治理转型不仅要强调效率，更要体现出人文关怀和精神价值，并贯穿于公共政策的制定、执行、评估、监督、控制和反馈等各个环节，这是现代公共治理范式的内在要求。柔性治理模式反对将更多的政治资源和社会成本投入到效率优先、结果导向的工具理性方面，而是注重治理的价值和目的。随着乡村治理转型的推进，现阶段的乡村治理应该从以工具理性为主导的阶段转化为强调价值理性和工具理性内在耦合的阶段，即在刚性结构框架下有机嵌入基层

---

① 罗豪才：《公共治理的崛起呼唤软法之治》，《政府法制》2009 年第 5 期。

柔性治理。基于此，我们应从农业功能的重塑、农村环境的变迁和农民的身份转变阐述乡村治理模式由"刚治"到"柔治"转换的逻辑，从而论证刚性治理失灵为乡村柔性治理发生提供可能这一命题。

（一）农业功能的重塑：后生产主义乡村的到来

1. 后生产主义乡村的基本特征

后现代主义的概念是在"现代性"的基础上提出来的，其存在的合理性在于对现代性中"基础"和"中心"两个核心内容的批判与解构。有学者根据后现代主义的话语语境提出"后生产主义"的概念，刘祖云等学者认为后生产主义乡村是农业政策和制度变迁的结果，即农业不再是粮食生产的代名词，而是包含强调粮食的生产质量、注重农业生态环境建设和加强农业生态服务等。[①] 后生产主义理论认为传统的农业生产功能逐步被现代的生态、生活功能所替代，从生产方式上看，"生产主义"是高投入以获取高产量的农业生产模式，而后生产主义旨在维护生态环境，是一种环境友好型的农业生产方式，从"生产主义"到"后生产主义"，这是一种生产模式的创新或者替代，两者的区别如表3-2所示。

表3-2 生产主义乡村和后生产主义乡村的差异化比较

	生产主义乡村	后生产主义乡村
价值观念	农业在乡村社会中处于核心地位	农业在乡村社会中处于边缘地位
	农业发展的主要目的是粮食生产	农业发展的主要目的是提高粮食质量
	农村就是指"农业"	农村与农业逐步分离
	农民是农村的"守护者"	农民是农村的"威胁者"
政策输出	鼓励扩大农业生产	鼓励环境友好型农业发展
	加强农业财政支持	减少政府的财政支持
	强调政府的规划与指导	减少政府的规划和干预
	限定农产品价格	摆脱农产品价格保护

资料来源：笔者自制。

---

① 刘祖云、刘传俊：《后生产主义乡村：乡村振兴的一个理论视角》，《中国农村观察》2018年第5期。

粮食生产是我国传统农业的主要功能，从结构—功能主义视角来看，结构的变化会引发功能的变迁，农业生产主义向后生产主义功能的转变是由我国地理空间格局的演变导致的。城乡的二元发展结构长期存在形成地域鲜明、差异显著的城市空间结构和乡村空间结构。从两者的关系看，城乡空间结构的变化呈此消彼长、紧密联系的特征，从 21 世纪初到当前社会的发展情况看，城乡间的空间结构有两个基本的趋势：一是城市的空间结构不断扩展和乡村空间结构的缩减；二是城乡间空间结构的变化由东部向西部地区延伸。具体来说，随着城镇化进程的持续推进，城市建设用地面积持续扩展，在严守 18 亿亩耕地红线的前提下，农村的用地面积不断缩减，通过"增减挂钩"的方式城市的用地面积不断增加。新农村建设过程中出现的"合村并组""赶人上楼"的做法实际上就是为了压缩农村宅基地的用地面积，为城市建设用地指标腾出空间。因此，从地域空间面积变动的情况看，城市的用地面积在不断增加，农村的土地面积在不断减少，呈现"城市挤压农村"的现象。另外，城乡地区空间面积的变化与经济发展水平紧密相关，从我国整体的经济发展状况看，呈现"东—中—西"的阶梯形差异格局，经济发展水平越高的地区，城市的用地面积增加的规模相较而言越大，由此可见，城镇化和市场化是影响城乡空间格局演变的显著变量。

重新审视当前我国乡村的现状，我们发现其呈现以下几个方面的特征和发展趋势。第一，人口的单向度流动。在当前社会发展背景下，高速发展的城镇化必然带来农村人口的加速空心化，农村人口到城镇务工的数量持续增加，而剩下的都是一些老弱病残群体，这些群体构成了农村发展和农业生产的主体力量。用贺雪峰教授的话说，当前我国农村是"半耕半工"的家庭生计模式，从人口流动的整体情况看，是农村人口单向度地向城镇转移。第二，乡村高素质人口的流失。人力资源的数量和质量是乡村发展的核心资源，优质的人才是农村发展重要的力量。从人口流动的结果看，从农村流出去的都是有文化、有素质的青壮年，这些人才的流失严重地影响农村的发展，不仅导致乡村人口结构的严重失衡，还导致乡村空间和人才的高度空心化。第三，人口空心化带来的乡村治理难题。传统的农业生产需要大量的劳动力，而农村劳动力的严重流失导致农地的荒芜化，严重的抛荒现象实际上是对土地资源的浪费。同时，农村的空心化也带来"留守儿童"和"留守老人"问题，这些群体的出现也在引发政府和社会的深思：当前的乡村治理到底该采取什么样的模式？第四，乡村人口的流失带来农村产业结构的调整，农业作为第一产业曾经一直是农村产业发展的中心，但是城镇化和农村人口空心化的发生降低和削弱了第一产业的主导地位，而随着"逆城市化"的到来，农村的第二和第三产业逐步兴旺发达起来，成为未来乡村产业发展的新方向。

2. "三生空间"：后生产主义乡村功能的重塑

无论是城乡地理空间格局的变化还是农村人口的单向度流动，均说明在城镇化和市场化的背景下，传统的以农业生产为主导的乡村社会受社会发展环境的影响，其生产性功能逐步弱化。涵盖产业、生态、乡风、治理和生活的乡村振兴战略实际上为后生产主义乡村功能的重塑提供了依据（见图3-5）。

产业兴旺作为乡村振兴的关键内容，除了第一产业外，更强调农村三大产业的融合发展，此目标主要体现了乡村的生产发展功能；生活富裕涉及农户的可持续生计问题，是农民对美好生活追求的最直接表达，体现了乡村的生活保障功能；生态宜居更加侧重农村生态环境的保护，体现了乡村的生态保育功能；乡风文明要求在乡村生活和生态功能的基础上营造出良好和谐的环境氛围，是物质文明和生态文明的统一体。治理有效是产业兴旺、生活富裕、生态宜居和乡风文明的基础，既强调要发挥政府在乡村发展中的主导作用，又注重乡村内生性治理力量的培育，是夯实乡村生产发展功能、生态保育功能和生活保障功能的制度载体。具体来说，后生产主义乡村的生态和生活功能的产生有其自身的历

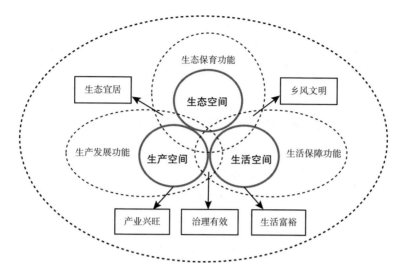

图3-5　后生产主义乡村功能与乡村振兴战略目标连接体系

资料来源：笔者自制。

史渊源和现实环境。就乡村的生态功能来说，"两山理论"的产生为其提供了理论基础，实际上，"绿水青山就是金山银山"这一论断充分地表达了乡村的生态功能。历史的经验告诉我们，无论是西方国家的乡村复兴抑或中国当前的乡村振兴，维护良好的生态环境都是乡村建设的重要内容。农村的环境改善不仅能促进中国"新回乡运动"的实现，还能够为乡村的发展带来一系列的人力、物力和财力资源。当前乡村生态功能的发挥从宏观的层面看主要有两大裨益：一是促进农村生态环境和传统农耕文化的融合与发展；二是有效地减缓城市经济发展对资源环境的冲击，提升环境可承载力，促进城市可持续发展。

首先，从人和自然的关系看，人类的生存活动与自然环境息息相关。农业的生产发展主要是从自然界中获取资源，而农村环境的破坏也必将制约农业的发展。从可持续发展的角度看，农民和生态环境是天然的"命运共同体"。其次，就乡村的生活功能而言，乡村不仅是进行农业生产的地方，更是民众消遣娱乐和休养生息的场所。就留守在农村从事农业生产的群体来说，日出而作、日落而息，能在平淡有序的生活环境中体验生命的乐趣，相对于城市而言，这种慢节奏的生活更舒适。最后，对于在城市务工的群体来说，这里也是表达乡愁、回归乡土的场所，尤其是乡村环保和慢节奏的生活理念对于长期奔波于大城市生活的游子来说是一剂"调味品"。我国的城镇化已经达到较高的水平，"逆城市化"现象在乡村振兴战略提出后更加凸显，兼具"乡土性"和"人情味"的乡村社会更能赢得城市居民的青睐，"田园牧歌"和"把酒话桑麻"的农家风情也是城市居民回归乡村的精神内核。简言之，后生产主义乡村的功能已经由传统的农业生产扩展到生态保育和生活保障层面，乡村社会功能的变迁不断形塑着乡村社会的治理形态。

3. 柔治的选择：功能重塑对乡村治理变革的影响

从生产主义乡村到后生产主义乡村，乡村功能的实现由以粮食生产为核心向生态保育和生活保障的转变。乡村功能变化会产生新的治理问题，只有创新原有的乡村治理模式才能为问题的解决提供可能，乡村的生态功能和生活功能要求必须建立起"自治、德治、法治"相结合的乡村治理体系。其生产、生态和生活功能的有效发挥，理应以社会主义核心价值观为指导，同时要不断地契合乡村社会的优秀文化、历史传统和地方性共识。乡村功能的丰富也要求更加注重乡村社会内部的治理资源，中国的乡村在其发展演变过程中累积或储存了大量的治理资源，创新乡村治理模式可在现有的国家法律规范框架内充分地挖掘德治和自治的民间传统。

首先，后生产主义乡村多元主体的出现。生产主义乡村更多地体现出一元政治精英统合的刚性治理范式，后生产主义乡村的出现诱发更多行动主体参与乡村治理，比如除了村级组织中的村"两委"外，还有各种形式的农业经济合作组织、新型的农业经营主体、新乡贤等。其中，在农村经济社会分化过程中出现的致富"能人"和"新乡贤"成为当前乡村治理模式中的重要力量。实际上，新乡贤治理就是乡村柔性治理的重要体现，因为这些非体制精英的出现弱化了基层政权组织的政治精英话语的主导权。同时，随着"逆城市化"的到来，更多的城市居民到乡村居住，逐步成为乡村治理中的一种力量。因此，治理主体的多样化是后生产主义乡村的主要特征，主体多元导致治理权力的扁平化，也必将促进乡村柔性治理模式的运用。其次，在城镇化的驱动下，农村的空心化现象越来越严重，特别是老年群体成为农业生产的主力军，也因此有学者提出"老年农业"的概念。在农村青壮年大批次到城市务工的情况下，留守老人和留守儿童的生活问题成为社会关注的焦点，乡村社会生活功能的发挥就是通过基层政府或社会更加细致入微的温情式关怀，柔性化地帮助处于乡村社会边缘的老弱病残群体能更好地享受生活的乐趣，这在本质上体现了柔性治理的内涵。最后，从后生产主义乡村功能变迁角度审视基层政府的行为逻辑后可以发现：随着乡村的生态和生活功能占据主导地位，基层政府的功能也由传统的刚性管理向柔性的服务转变。当前乡村社会的城镇化过程也是农村居民市民化的过程，在这个过程中，农民群体的民主意识、主体意识和能动意识不断凸显，他们不再是被动的治理对象，能够在一定程度上作为治理的主体活跃在乡村的政治舞台上。这就要求基层政府部门必须通过制度化的创新为乡村社会营造良好的生态环境，为乡村居民提供更加优质的公共产品和公共服务。

总体而言，生产主义的乡村社会因为功能单一，更多的是采取简单的管理模式。而后生产主义乡村社会的功能逐步完善，不仅涉及乡村治理主体的多元化，更涉及一些边缘弱势群体的关怀问题，迫使基层政府创新治理模式，通过更加柔性化的治理策略促进村社善治。可见乡村功能的变迁引发了社会治理模式的变革，这就为乡村由"刚治"到"柔治"的转变提供了成长的环境基础。

（二）农民身份的转型：生计模式削弱刚治权威

1. 农民身份的类型：历史变迁下的不同形态

"农民"这个词首先是作为一种职业而存在的，主要指从事农业生产的劳动者,其次才被视为一种身份,指的是具有农业户口的社会群体。当前,学界对农民身份概念界定较为共识性的观点认为:农民生活在农村,以土地为生产资料,长期进行农、林、牧和渔业的生产,而这些具备农民身份的群体是乡村社会发展的推动者和实际的构成主体。同时学者们发现,具有农民身份的社会群体有自己的社交网络和活动空间,并在特定的社会环境中形成了一定的生活方式和文化心理。农民的身份是特定历史条件下的产物,但也随着社会的分化发生变动,即依据户籍而定的农民随着社会的发展呈现现代化的显著特征。从整个乡村社会变迁的轨迹看,农村的身份正经历着由传统向现代的转型,农民作为我国社会阶层中占比最高的群体,其最终的方向是实现自身的现代化。从历史演进的角度看,人类文明经历了农业文明、工业文明和现代文明的转变,在农业化的进程中,农民群体实现了由农民向工人的身份转变,主要表现是部分群体从土地中解放出来,由乡村走向城市,成为产业工人。还有一大部分群体继续从事农业生产活动,但是生产的方式发生变化,表现为从传统依靠人畜力转向依靠农业生产机械和先进科技。在现代社会,农民群体逐步转化为"会管理、懂经营"的新型农民,基本完成由传统向现代的转型。在我国的乡村社会场域,农民身份的变迁经历了革命形塑、政治动员、家户经营、市场分工和信息互动几个阶段,新中国成立后,随着社会发展环境的变迁,我国农民身份的变化情况具体如下所述。

第一,新中国成立初期的革命小农。在中国共产党取得革命政权之前,我国的乡村社会是一个相对分离的社会,为此,国家进行现代化政权建设,其典型特征是国家的行政权力直接触及农民群体,通过"改造"的方式实现离散化乡村社会的重组。所谓革命小农主要指经过无产阶级政党的革命洗礼,其思想认知、行动逻辑和组织方式均能迎合政权建设实际需求的农民。实际上,在民国时期国民党政权已经进行过"国家政权建设",但是地方行政组织与社会公众利益的严重分离,最终导致基层人才的流失和治理能力的弱化。新中国成立初期，国家通过革命的方式形塑农民的目的是汲取工业发展所需要的资源。但是革命形塑的农民只是当时社会特定阶段下国家政治认同中一致性建构的产物，具有阶段性的特征。从实际效果看，农民身份的革命化不仅有利于新中国成立后乡村社会的改造，还在一定程度上促进了国家集体化战略的实现。

第二，集体化时期的社员小农。国家的集体化战略即实现高度集中的计划经济体制，是在国家现代化政权建设中通过革命形塑农民的基础上发生的。这一时期，农民的身份变成了"社员"，社员是人民公社的主体构成，农民社员身份的出现也是我国乡村历史上的首创。在这一阶段，农民身份的本质总结起来就是私有产权被终结、自由迁徙被禁止、家庭经营被解构、横向联系被切断。具体来说，农民的私有财产归公社所有，主要指土地等生产资料，通过严格的城乡二元体制隔断农村与城市之间的联系，农民进城需要经过层层的审批；在"三级所有、队为基础"的结构化组织体系内，传统的以家户为生产单元的生计模式被打破。可见，这一时期的农民仍然是国家行政权力改造的对象，在"一大二公"的体制下，农民自由不仅受到限制，还因集体化的作业方式导致农业生产效率的低下。

第三，单向输出的流动小农。在传统的农业生产实践中，以家庭为单位一直是我国农业生产的主要方式。人民公社体制解体后，我国实行家庭联产承包责任制，农民实现自主经营，而这种迎合改革开放和社会主义市场经济发展要求的农业生产模式极大地激发了农民的生产热情，更重要的是解放了农村生产力，同时伴随着农村户籍制度改革的推进，农民的活动更加自由。可见，改革开放后家庭联产承包责任制的推行不仅促进了隔断近20年的家户小农传统的回归还进一步助推了流动小农的生成。国家在身份户籍政策中也给予农民极大的保障，通过平台的搭建和制度的完善促进农村劳动力向城镇的流动。流动小农在我国的经济发展中呈现阶段性的特征，严格的城乡二元体制也逐步放松，农民进城促进生产要素的自由流动，为一直以来靠天吃饭的农民群体提供获取知识、技术和社会资本的途径，也逐步改变了传统农民的形态。

第四，后税费时代的市场小农。城镇化的进程和后农业税时代的到来从时间进程上是基本同步的。如果说家庭联产承包责任制解放了农村生产力，那么城镇化带来的则是农民群体身份的继续异化。流动小农在后农业税时代不仅变成独立的经济个体，而且增加了能动性，逐步成为具有市场化特征的社会群体。在经济核算的基础上做出理性的判断是市场小农的典型特征，市场小农有自由选择行业的权利，也有自主选择户籍的自由。对于居住在城郊的农民而言，因为城市扩张的需求，他们已经演变为具有城市居民身份特征的农民。从生产资料的占有情况来看，他们已经失去了土地，对于居住在偏远山村的农民而言，土地带来的收益已经不能满足其生存的需要，这部分群体有更加强烈的外出务工的动力。而留守乡村的农民群体则大多变为专业小农，成为新兴的农业经营主体。简言之，市场小农的出现是社会生产力发展到一定社会阶段的产物，顺应了历史发展的潮流。

第五，互联网时代的信息小农。截至 2017 年底，中国的网民规模达 7.72 亿人，其中，手机已经成为最主要的移动上网设备，而微信公众号以 63.4% 的市场份额成为社交媒体领域的领头羊。作为一种全新的交互结构和发展方式，互联网技术在一定程度上冲击了不同社会主体的行为模式并颠覆着旧有的社会秩序和治理格局。在乡村治理场域，网络技术的覆盖式嵌入迫使农民逐步外化为"数字自我"，而信息资源的传播在突破时空限制的同时也倒逼基层政府借助电子政务的新媒体工具为农民提供数字化服务。互联网背景下的农民在横向联系或者社会流动上都在逐步强化，他们能够及时地了解社会发展的形势和国家政策，从而在乡村治理中能够作为重要力量与村委会或者基层政府博弈。

2. 小农的终结：农户生计模式多样化

从农民身份的演变趋势看，我国的农民经历了新中国成立初期的革命小农、集体化时代的社员小农、单向输出的流动小农、后税费时代的市场小农和互联网时代的信息小农的过程，这也是传统农民向现代农民身份转变的过程。有学者认为小农的终结不仅体现在生产方式上也体现在人的境况上，而笔者认为这也涉及治理形态的终结。具体来说，在新中国成立之前，我国农民的身份特征决定了乡村治理模式更多地采用简约治理的方式，主要是依靠乡村社会的士绅。新中国成立后，国家政权建设的需要使得农民成为一种被政党权力部门不断形塑的对象，传统的小农披上了"革命化"色彩的外衣。特别是国家集体化战略实施中的"人民公社"时期，国家权力对农民的形塑或改造已经达到顶峰，无论是具有被改造特征的革命小农还是社员小农，都体现了国家政治话语中的"强政治性"和农民个体的"弱政治性"。可见，国家行政权力的嵌入不断地解构乡村简约治理的结构形态。随着农村产权制度改革的推进和城镇化浪潮的冲击，农民的身份已经发生很大的变化，逐步向流动小农和市场小农转变，传统被形塑的在社会政治生活中作为能动性政治力量的农民被工业化和市场化解构，其不再作为传统被改造或者被政权操纵的对象，而是具有主体意识和自觉意识的现代化农民。从城乡人口的演变格局看，农村人口所占总人口的比重、农村就业人口和农业就业所占的份额都在明显减少（见图3-6）。

　　进入21世纪，随着改革开放的纵向延伸，国家在顶层设计上也放宽了农民市场准入的门槛，从传统小农到市场小农，农民身份的变化带来生计模式的多样化。农民不再单纯地追求物质生存资料，更希望通过多样的渠道提升生活的质量。移动互联网使建基于工业文明之上的传统社会被新媒体技术所解构，互联网技术的下沉和嵌入在改变乡村治理结构的同时也赋予作为底层弱势群体的农民更多的话语权、知情权和参与权，即技术有赋权的功能。随着互联网技术在乡村社会的普及，网络虚拟世界和乡村现实社会构成彼此嵌入的镜鉴关系，实现农民的话语权回归和电子政务的迅速发展。互联网时代为农民创新创业提供了机遇，他

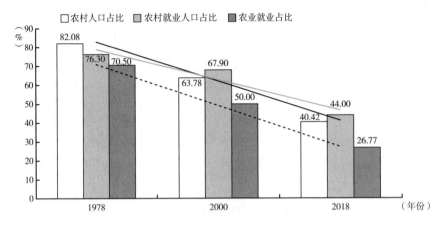

图 3-6　1978~2018 年城乡人口布局变化趋势

资料来源：《中国农村统计年鉴（2019）》。

们可通过技术渠道将农产品销售到全国各地，互联网成为农民创收的主要渠道。

3. 治理格局的重组：柔性治理的存在合理性

农民身份的变迁带来生计模式的多样化，也直接导致乡村治理格局的重组。生计模式多样最直接的体现是农民对土地的依附程度不断降低，甚至完全从土地中解脱出来。没有了土地的束缚，农民对乡村公共事务的态度也会发生根本性改变，这对传统的刚性治理带来很大的冲击。从另一个层面讲，生计模式的多样化也不断地强化了农民的民主和法治意识，而这些因素的出现实际上也在不断地弱化基层政府的行政权威，乡镇政府或者具有"代理人"身份的村委会难以依靠传统的行政权力去命令村民。相反，在村庄的公共事务治理中更多的是通过"动之以情、晓之以理"等柔性的方式促进公共问题的解决。从治理的方式上看，农民"服软不服硬"的现象更加说明身份变化带来的生计模式多样化已经成为形塑乡村治理模式的重要驱动力。从现代性建构的角度看，农民天然具有强大的自主性和独立性，特别是在公共性问题的解决上，表现得更加主动。具体来说，生计模式的多样化带来柔性治理格局的重组主要体现在以下三个方面。

第一，治理目标的多元化提升了刚治成本。生计模式的多样化是农民身份变化带来的最直接结果，从乡村公共事务治理的外部环境看，生计模式和治理目标是紧密关联的，生计模式的多样化意味着治理目标的复杂化，这无疑增加了传统刚性治理的成本。实践证明复杂的多重治理目标往往存在着相互交织的关系，这必然引发行政效率和程序之间的矛盾。第二，治理结构的扁平化降低了柔治成本。在传统的乡村场域，从家庭成员的角色定位和职能分工看，家庭的生计过程主要由男性来主导，或者说男性是家庭行动的决策者。随着市场化和信息化的到来，女性逐步从从属地位上升到同男性同等的地位，拥有同样的家庭决策权。因此，在村庄民主选举中，聪明的村干部候选人在面对女性群体时，承诺采取柔性化的治理模式可为自己获取大量的选票，间接降低了选举的成本。第三，治理方式的理性选择。随着农村法治进程的推进，互联网用户的增多，以及村民自治制度的完善，村民的权利意识逐渐增强，传统的依靠行政权力推进公共事务治理的刚性治理模式难以为继。在此情景下，柔性治理是基层政府或者村委会针对乡村治理环境做出的理性选择。刚性的治理方式容易导致农民的不配合，但是行政任务的完成又需要农民的支持，从这个层面讲，基层干部更加依赖农民，政府和村民的依附关系发生倒置，理性选择的结果只能以"柔治"替代"刚治"。

（三）农村法治环境的变迁：公共治理推动软法建构

1. 软法：柔性治理模式的法治基础

软法是西方学者提出的概念，最早应用于国际法领域，后来逐步在国内法领域得到推广和应用。国际法的制定是建立在多个国家和地区广泛参与的前提下的，并且能够获得国际社会的高度认可，在调解国家和地区矛盾纠纷中发挥重要作用。国际关系的特殊性决定了国际法必须用协议或者惯例的方式约束主权国家或国际社会成员的行为，这种约束力是以自愿、合作和协商而非国家强制力保证实施为前提的。国内法的制定和实施借鉴了国际法中软法的思想与内容，国内法中的软法是指与由国家制定并由国家强制力保证实施的"硬法"相对应的社会规范。软法具备以下几个特征。

第一，软法是一种成文的行为规则。软法的形式虽然多样但必须以成文的形式出现，比如建议、意见、礼仪和宣告等。从规则的类型划分看，既可以是裁判规则也可以是行为规则，软法是具有规范特质的行为规则，通常是借助希望、建议或鼓励的方式规范相关主体的行为，而不是严格法中"必须做某事，否则会受到强权惩戒"的规则。第二，软法的制定主体呈现多元化。软法和硬法的最大区别在于软法的制定主体既可以是正式的国家机关，也可以是非官方的社会组织，比如村委会、行业协会、环保志愿组织等。第三，软法的约束力以自愿为前提。软法是参与式民主协商的结果，或者是在广泛的征集民意的基础上由某个主体制定，因此，取得共识是软法制定的前提，这也决定其约束力是以自愿为前提的。一般来说，软法主要依靠社会成员的诚信、舆论和道德保证实施的。第四，软法的争议不依靠法院裁决。与国家立法机关制定的法律和行政机关制定的法规相比，软法的争议不是由法律来裁决的，主要是依托当地的民间组织或者仲裁机构来处理。第五，软法处于严格法的体制之下。从软法和严格法的关系看，前者受后者的支持，但不允许违反后者。具体来说，软法的实施不能够违反以宪法为基础的强制法秩序，软法的实施要坚持"法"的优先原则。

软法的兴起与广泛运用和全球公共治理浪潮紧密相关。就世界范围看，20世纪80年代，随着新公共管理运动和新公共服务运动的兴起，传统的以国家为主导的政府管控模式式微，凯恩斯主义的弊端越发突显，而随之引发的财政危机、管理危机和信任危机加速了以管理主体多元化为特征的公共管理的兴起。但是，公共管理的单向度思维并不能适应社会的发展需求，在内外因素的推动下，公共治理模式受到理论界和实务部门的追捧。公共治理即合作治理、协商治理和民主治理，强调分散、开放和多元，公共治理模式更多地运用非强制性的柔性化手段促进社会和谐，与此同时，"软规则"、"软权力"和"软约束"成为理论界推崇的话题，软法就是在这样的社会背景下产生并发展起来的。[①] 可见，软法是公共治理模式发展的产物，软法的内涵和外延耦合了柔性治理的理念、思维和精神，成为柔性治理的法治基础。

2. 从硬法主导到软法兴起：乡村治理转型的内在驱动

从乡村治理模式的演进历程看，我国的乡村社会正处于由计划经济体制向市场经济体制的转型时期。在新中国成立后的很长一段时间内，我国的乡村社会更多地采取刚性的治理模式，硬法在乡村治理实践中占据主导地位。硬法的主导与当时国家的国情相适应，对于维系社会稳定、控制人口数量、打击违法犯罪等有积极的作用，但是硬法主导下的刚性治理也带来干群关系紧张、群体性事件频发、群众上访多发等政社互动失衡问题。乡村治理转型的过程也是由硬法主导向软法兴起转换的过程，这主要取决于以下几个方面。

首先，硬法的立法成本高，难以满足发展需求。法律的供需失衡问题长期存在，成为制约我国社会发展的制度性障碍，也是乡村治理中难以克服的结构性难题。改革开放以后，我国加快立法步伐，但是与社会主义市场经济体制相匹配的法律体系并不完善。当前的乡村社会正处于经济体制和社会的极速转型期，也是矛盾的频发期，国家硬法的供给严重不足。同时，我国的立法机关现行的运作机制也导致立法的滞后性，立法成本过高使法律在解决社会问题中的优势被淡化，这就为软法的快速崛起提供了契机，乡村软法体系的不断健全使其在调节社会关系方面的优势更加明显。其次，硬法的限制条件多，难以实现公平正义。追求公平正义是法律存在的基本原则，但是硬法的制定往往要兼顾全体国民的利益，在少数服从多数的规则下，少数人的利益往往得不到保障。硬

---

① 罗豪才、周强：《软法研究的多维思考》，《中国法学》2013 年第 5 期。

法的一个显著特点是保证法律规范的稳定性，那就意味着在某些情况下不得不放下法律所追求的公平正义。硬法的制定往往出于国家宏观层面，但是对异质性较强的乡村社会很难完全适应。软法所应对的范围较小，能够尽可能满足所有社会成员的利益，所受的制约条件也比较少，能够充分发挥广大成员的力量，相对于硬法，更能适合我国乡村社会的异质性发展情况。最后，硬法的适应范围窄，难以促进社会的快速发展。村民自治的制度设计表明乡村社会不愿意国家权力机关的过多干预，但是乡村社会公共秩序的稳定又离不开硬法的约束，因为一旦允许乡村完全自治，整个社会将陷入混乱之中。国家硬法是国家共同体所遵守的法律，国家硬法的僵硬在一定程度上制约了村民自治的制度优势。乡村社会成员共同制定的软法能有效地弥补国家硬法的缺陷，在实现秩序稳定的同时又能满足村民对自由和自治的渴望。

第一，软法有效推进社会权力回归。民主法治是乡村治理转型的重要目标，乡村治理实践中软法的兴起实际上就是要减少国家对乡村社会的过度干预。中国的乡村社会自古就缺乏自治的传统，在几千年的封建专制历程中政府的权力过于强大，遵循的是体现统治阶级意志的刚性治理。新中国成立后，国家在很长一段时间内实行计划经济体制，"政社合一"的人民公社体制是农村政治场域的具体形态，高度集权的管控体制压缩了村民自治的空间，而改革开放后软法的兴起要求国家权力向社会回归，村民自治的实现和公共社会的兴起更离不开软法的实践。简言之，软法的兴起降低了国家权力在乡村社会的管控力，具有内生性治理元素的软法机制有效地促进了政社分离，激发了乡村善治的内生动力。

第二，软法有效规避小微权力腐败。权力产生腐败，只要有权力的身影，就有权力寻租的可能。一般来说，用法律制约权力是保证权力按照正常轨道运行的一大利器，从硬软两法的实施效果看，硬法的刚性特征虽然看似更有效，但因公众参与的滞后而并不能形成对权力的全方位监督。软法是由社会共同体参与制定并保证实施的，对权力的监管更有效，特别是针对当前农村基层小微权力腐败滋生的情况，村民的广泛监督效力要明显高于政府和立法部门的监督。当前关于乡村治理中的相关法律多是由政府部门直接制定的，硬法的权力色彩较为浓厚，同时地方保护主义和部门保护主义特征更加突出。软法是由村民共同体自己制定的，更符合民间自治的规则，从结果看，也更能有效地保护村民的合法权益。

第三，软法有效促进社会公平正义。乡村治理中软法的运用对于构建公平正义的农村社会环境有着重要作用。乡村软法的本质是小规模的村社共同体根据自身的需要在不违背国家宪法和法律的前提下结合自身的具体情况制定适合本共同体需要的软法规范，乡村软法的灵活性有效地规避了国家硬法的普适性弊端。硬法为了保持自身的稳定性往往容忍一定的不合理性，软法能够根据外界环境的变化做出适当的调适，更有利于促进乡村社会的公平正义。硬法的运行逻辑往往是依靠国家行政权力的强制性实施的。行政权力的强行介入往往对村民人格尊严造成侵害，实际上也是对公平正义的侵犯。不同的是，软法由村民共同体成员协商制定，不需要强制力的权力介入，这就能较好地实施乡村振兴战略，促进乡村社会的公平正义。

3. 软法环境的孕育结果：乡村柔性治理范式的重塑

软法在中国有很悠久的历史，当前的乡村社会中仍然有丰富的软法资源。后农业税时代，乡村治理环境的变化促使相关主体对软法的重视程度越来越高，而当前乡村治理实践中对软法的呼声也越来越高。这是因为自 2006 年全面取消农业税之后，国家一系列的惠农政策比如所实施的涉及村民生产生活的社保制度、九年义务教育制度、农业补贴制度和村民自治制度，虽然在农民增收、农业发展和农村兴旺中起到一定的作用，但是并未从根本上实现村社善治。实际上，人民公社体制解体后，原有的村社共同体进一步瓦解，家庭联产承包责任制加速了农民原子化的回归历程。同时，国家权力进一步从乡村社会收缩，乡村社会是一个相对独立的自治单元。国家权力的退缩和村民原子化的回归形塑了乡村的治理环境，客观上为乡村软法的实施提供了良好的发展环境，改革开放40多年的过程也是农村软法环境的形塑过程。当前，村民自治中出现的很多问题都是软法实施后才得到很好的解决，在此实践过程中，各个治理主体逐步发现软法在乡村治理中要比硬法更有优势。软法环境的建构首先得益于软法思维的形成，在此基础上可以挖掘乡村固有的资源和力量。乡村治理中软法运用的历史传统和当前乡村治理难题化解对软法的需求逐步营造出稳定的软法环境，为乡村柔性治理的有效落地提供了坚实的基础。制定法是刚性治理的法律基础，但是，当前随着村民自治不断成熟，软法所倡导的柔性治理理念和价值更加符合乡村社会的人情冷暖，乡村柔性治理的实施是人们对软法重视的体现，充分透视了乡土中国的法治实践。

首先，软法环境推进柔性治理体系的形成。在新中国成立后的乡村治理实践中，硬法长期占主导地位，也形塑了乡村刚性治理范式。软法环境的不断建构推进了乡村柔性治理体系的形成，最终促进乡村治理体系与治理能力现代化的实现。在漫长的封建时期，基层治理遵循的是"国家本位"的思想，当前处于后工业时代的中国乡村社会处于历史的转型期，用法治的思维来解决社会治理中出现的一系列问题已经成为普遍的共识，但是作为法治体系的"一体两面"，硬法已经无法满足现实的需求，乡村柔性治理中软法的广泛应用极大地弥补了硬法资源的缺陷，不仅解决了社会治理资源短缺的问题还降低了治理成本。软法强调乡村社会非正式制度的应用，注重内源式发展，这和柔性治理体系中弱化行政组织的强制性手段，坚持以人为本的发展理念相耦合。

其次，软法环境提升柔性治理主体的素质。乡村刚性治理是科层制框架下以硬法为法治基础的治理模式，具有单向度的特性，主要依托国家的管控作用维系社会的稳定，而以权力为支撑的管控模式，往往会引发权力腐败问题，也易导致法治实践中公私权力的对立和冲突。软法环境的形塑促使村民在乡村治理中的广泛参与，提升村民对权力监督的积极性。随着乡村柔性治理的持续推进，村民和基层政府的关系更加紧密，情感联系也逐步密切，政府和乡村社会之间彼此的信任感不断增强。在软法治理的乡村公共空间内，各治理主体的思想政治素质和业务能力素质得到不断提升，有力地推动了农民社会的建构。软法环境为乡村治理中村民的主体性培育提供了良好的平台，在这样的环境氛围中，村民改变了以往仅作为治理对象的身份存在，更加关注乡村社会的公共事务，并通过学习和培训的方式掌握乡村治理的技能，进而提升自身作为乡村治理主体的素质能力。

最后，软法环境助推民间社会组织的发展。农村软法环境的形塑为民间社会组织的发展壮大提供了很好的氛围，农民各种社会组织包括各种经济合作组织、志愿组织和相关的协会等在乡村治理中的优势越来越明显。软法环境也为各类农村社会组织的发展提供了坚实的平台。各类非正式组织的兴起可以将分散化的小农集中起来，有效地化解集体行动的困境，通过开展公共事务活动促进乡村治理中的多元参与。以往农村法治建设进程中主要依靠国家权力机关制定的硬法，往往忽略软法的功效，软法环境形塑的柔性治理意味着农村法治化的发展不再单纯地依靠国家的强制力，而是积极地探寻基于乡村内生性的柔性治理资源。

本章小结

本章主要阐明乡村柔性治理是如何发生的，或者说明在现有的制度架构和乡村治理实践中，是什么因素为柔性治理的出场提供了一种可能。在哲学辩证法层面，"刚"和"柔"是一组对立统一的概念，所谓刚性治理是在社会自治力量发展不成熟的情况下，乡村的发展更多地依靠国家的行政权威，公权力具有强制性和支配性的特征，在公共治理实践中，缺乏有效的制约容易导致权力行使主体行为带有强制性色彩。不可否认，在新中国成立初期，为了国家政权的稳定和政治统治的需要，具有"刚治"特征的行政管控模式在维系社会秩序、惩治社会暴乱、形塑政府权威方面意义重大。但是，随着社会公众民主意识的觉醒和法治能力的提升，如仍然强调行政权威，就会导致政府在和社会互动中形成绝对"话语权"的一元化治理格局。从世界各国的发展进程中看，其大多经历了一个由传统的公共行政向后现代公共行政演进的过程。中国有长达几千年的封建专制的历史，新中国成立初期，为了国家政权的稳定和社会的正常运行，"刚治"的存在具有合理性，换言之，乡村刚性治理是特定国情背景下的产物。但是，村民自治制度推行之后，随着乡村民主化的不断发展，过分依赖行政权威的"刚治"弊端逐步凸显，其治理的理念和方式与乡村治理现代化相冲突，即乡村的刚性治理会导致治理失灵问题的发生。

本章节采取个案研究的方法，以绿色殡改为研究个案，采取"解剖麻雀"的研究方法，分析各级政府和弱势群众在绿色殡改运动中的行为，在此基础上阐释地方政府"策略行动"和基层群众"草根失语"的内在逻辑。乡村治理的现代化过程也是文明进步的过程，新旧文明的交替深深地考验着我国政府的治理能力。党中央推进"绿色殡改"的初衷是摒弃旧的土葬习俗，倡导建立一种生态、文明和现代化的殡葬习俗。在具体的实践中，个别政府部门为追求殡改的高效率，在没有与当地的村民进行协商沟通的情况下，采取粗糙的执法手段，最终引起干群冲突。在整个过程中，作为治理对象的村民在强大的公权力面前显得微不足道，不能很好地通过法治的手段维护自己的合法权益。乡土性是中国乡村社会的典型特征，在长期的发展中，乡村社会自发地形成一套自身的价值体系和习俗习惯。这就要求在治理实践中，乡村公共政策的制定必须考虑到乡土文化、乡土非正式制度、乡土习俗等因素。在没有做好与群众的沟通工作时，过度地通过强权推进公共政策的执行，会导致政策执行异化，从而影响政府的公信力。本书认为"中心工作"制下的压力型体制和行政发包制是当前乡村治理中的一种制度设计，虽然可以保证行政效率的提升和行政目标的有效实现，但是在基层治理体系不太健全或者治理能力较为薄弱的前提下，这种体制往往会引发乡村治理的刚性治理失灵。这是因为，在"中心工作"制下，个别地方政府官员为追求"政绩"，缺乏与村民的有效沟通。晋升锦标赛是压力型体制带来的一种结果，客观上为刚性治理失灵创造了条件。

那么，针对当前乡村刚性治理失灵的现象，是否有一种更好的治理方式进行化解和应对，这是本章案例研究之后所重点探讨的内容。当前，我国的乡村社会正发生巨变，笔者试图从农业功能的重塑（即后生产主义乡村的到来），农民身份的变化（即生计模式多样化）和农村法治环境的变化（即农村软法的建构）三个方面对乡村治理转型中的制度环境变迁进行阐释。从农业的功能上看，我国基本上已经进入后生产主义乡村时代，与传统农业生产不同，后生产主义乡村所表达的核心观点是农业在乡村社会中处于边缘化地位，强调的是农业和农村的分离。在后生产主义乡村中，政府和村民的关系发生了微妙的变化，农民由传统的行政依赖转为强调独立自主。从农民的身份上看，随着农村发展环境的变化，从新中国成立至今，农民的身份发生了几次转变。具体来说，新中国成立初期，受革命战争的洗礼，农民具有"革命性"的特征，被学界称为"革命小农"；在人民公社时期，政社合一的乡村治理体制导致这一时期的农民成为集体化的社员；改革开放后，随着家庭联产承包责任制的推行和城乡户籍制度的松动，国家允许农民向城镇流动，这一时期的农民被称为"流动小农"；取消农业税后，农民成为完全意义上的"市场小农"；随着互联网在农村的普及，农民学会上网，并通过互联网平台进行农产品的销售，此时他们被称为"信息小农"。农民身份的变化，意味着其可以依靠更多的手段进行生存，生计模式更加多样化。这就导致乡村治理格局的重塑，应通过柔性化治理方式满足农民的生存需求。从农村发展的法治环境看，本书认为其经历了一个由

"硬法"向"软法"转型的过程，法治环境形塑了农村发展的外部环境，软法的兴起为柔性治理提供了法理支持。总之，后生产主义乡村的到来、农民身份的转型和农村软法环境的形塑为乡村柔性治理的出场提供了良好的时代环境，成为化解刚性治理失灵的有效途径。

第四章
乡村柔性治理的运作机理：
政社良性互动下的内生性培育

依据"解构—建构"的分析思路，笔者认为乡村柔性治理的发生和学术出场是乡村刚性治理失灵的一种结果，这阐明了乡村柔性治理的来源性问题。但是，作为面向未来的乡村治理范式，柔性治理是如何展开的或者说是如何运作的，这就涉及对运作机理探讨的问题。所谓运作机理是指影响某种活动的各个要素的结构、功能和相互关系，以及各个要素发挥作用的过程和运作方式。乡村柔性治理的各个要素相互关联并相互作用，其功能和价值的有效发挥取决于完备健全的运作机制，故此，本书依据"发生—运作"的逻辑递进思维，探究其运作机理。需要注意的是，探究某个事物的运作机理之前，需要对其所在的制度环境进行剖析。从两者之间的交互关系看，制度属于社会体系的宏观层面，强调的是社会的外部环境和结构分层，机理属于社会的微观层面，强调社会的运行。因此，在系统阐述乡村柔性治理的运作机理之前，需要对柔性治理所处的外部制度环境进行分析。从类型划分的角度看，可以将社会治理制度分为正式制度和非正式制度：所谓的正式制度是指权威部门制定的较为正式且成文的规定，其特点是具有明确的合法性且由专门的组织来实施；非正式制度是指在社会交往中自发形成的不成文的约定俗成的规范，比如社会治理中的伦理道德和风俗习惯等。乡村治理制度由公共权力部门制定的正式制度和乡村社会内生的非正式制度两部分构成，共同形塑了乡村治理的制度环境。因此，本章基于新制度主义的分析思路，从乡村治理的正式制度和非正式制度入手，在比较分析两者相互关系及相互作用的基础上，结合现实案例，进而阐释乡村柔性治理的运作机理。

第一节　发端于结构性张力的柔性治理：
基于制度主义的分析理路

20 世纪 80 年代，新制度主义引起国内外学者的高度关注，并被作为一种分析理路运用到乡村治理领域。新制度学派认为制度不仅包括国家统治者制定的一系列政策、法律和规章等正式制度，还包括人们在日常生活中自发形成的具有约束力的非正式制度。从正式制度和非正式制度的区别看，前者往往由公共权力部门制定，以强制性权力作为实施的基础；而后者一般由民间自发形成，更多依靠伦理道德和习惯规范得以实施。就乡村社会而言，传统的乡村社会的公共秩序的维系是建基于一整套内生型的"非正式制度"之上的。然而，新中国成立之后，为了推进现代化国家政权建设，国家政权通过理性建构的方式，借助"行政制度"、"意识形态"、"政治权力"和"项目资源"嵌入的方式实现国家现代化。乡村治理模式取决于现有的制度安排，而乡村治理效果的优劣取决于制度结构的完善程度。那么，制度和治理的关系到底是什么样的？实际上，党的十九届四中全会已明确指出，国家治理的活动都是依照中国特色社会主义制度展开的，国家治理能力和治理体系的运作也是在现有的国家制度中进行的。因此，从两者的关系看，制度形成了治理的基本依据。在乡村治理领域，乡村治理模式的选择是乡村治理制度的实践，两者相辅相成。具体来说，乡村治理制度起到根本性和长期性作用，乡村治理现代化的实现需要一定的制度做保障。当前，国家公共部门制定的正式制度和乡村社会的非正式制度构成了乡村治理的制度基础。换言之，要了解乡村柔性治理的运作机理，需要对现有的乡村治理制度进行解析。一般认为，国家制定的正式制度对于乡村社会而言体现为外嵌式治理模式，而乡村社会内生的非正式制度对于乡村社会而言体现为内生式治理模式。

一　外嵌式治理：国家行政主导下的制度嵌入

无论是社会主义革命，抑或改革开放后的经济体制改革，还是新时期的社会治理转型，"三农"问题始终是国家推进现代化的前沿问题。特别是建立人民民主专政的社会主义国家后，为了巩固新生的人民政权和积累工业化发展所需的资源，国家将农村视为制度变迁的起点，通过制度嵌入和资源下乡的方式对农村进行全面的渗透，这种形塑也深刻影响着城镇化和工业化。围绕"三农"问题，国家进行一系列现代化的制度设计，通过行政渗透或力量整合来影响乡村社会的治理环境、治理结构和治理主体，具体来说对乡村社会影响比较深刻的主要有以下几种制度类型。

（一）农村土地制度

土地问题是关乎国计民生的根本性问题，新中国成立后，我国的土地制度经历了地主私有向农民私有，再向集体所有的变迁历程。从制度变迁的轨迹看实现了私有私用→私有共用→公有共用的过渡性转变。具体来说，1949～1956年，经过轰轰烈烈的土地改革运动，中国共产党领导的中央人民政府把由封建地主占有的土地通过法律确权的形式分派给农民。1957年初至1978年末，这一阶段通过农业合作化运动使得土地的所有权性质发生改变，土地由农民所有转为农民高级合作社和人民公社所有；1978～1992年，改革开放以后，随着家庭联产承包责任制的推行，农村土地所有权归村集体所有，而土地使用权实现形式逐步多样化。进入21世纪，随着城镇化和农村市场化浪潮的持续推进，在农民进城务工和农村建设性用地需求增加的双重影响下，原有集体化的土地制度面临考验，进而国家出台了关于农村土地"经营权流转"和农村"三权分置"制度。我国的农村土地制度改革经过 70 年的探索，虽然有波折但还是取得了丰硕成果。不难发现，我国土地制度的变迁是基于自上而下、自外而内的实施路径展开的，土地制度演进的背后是国家强有力的权力支撑，通过行政命令或法律法规大力推进，带有明显的行政化色彩，但最终赋予农民更多的权利并极大地促进农业生产力的提升。

（二）人民公社制度

人民公社制度存在于 1958~1984 年，作为我国计划经济体制的产物，既具备生产组织的形态，又是国家政权的重要组成部分。人民公社的制度设计对于新中国成立后我国经济的快速发展及生产条件的改善做出了巨大贡献，同时对我国乡村社会的形塑也是根本性的，当前学者多是从批判或者质疑的角度探讨人民公社制度的历史合理性。北京大学关海庭教授在其著作中认为，人民公社制度在我国历史上第一次将政治管理的轨道铺到每一个村庄村民的门口，将组织的控制能力推向极端。[①] 作为高度集中的计划经济体制下的乡村治理制度，人民公社的主要弊端在于生产分配及日常管理中缺乏足够的激励机制，导致农民生产积极性低下，因而被学者称为"没有增长的发展"。人民公社通过"三级所有、队为基础"的组织形态提升了农业生产效率，但从实践结果看，并没有帮助我国农村摆脱自然或半自然的落后面貌。可见，"政社合一"的人民公社制度的嵌入既没有达到提高农村生产力的目的，也未造就高效率的基层组织。从乡村治理制度的历史变迁中我们发现人民公社的持续时间最长，对于后期乡村社会制度的形塑意义深远，虽然遭受很多质疑和批判，但对历史的贡献是不可替代的。正是人民公社制度存在缺陷才使中国人民在社会发展探索中选择了家庭联产承包责任制，进而开启了乡村社会发展的新征程。

---

① 关海庭主编《中国近现代政治发展史》，北京大学出版社，2005。

（三）农村户籍制度

农村的户籍制度形成于新中国成立后的计划经济时期。作为一项国家基本的行政制度，其深刻地影响着农村社会的发展。1958 年 1 月，随着《中华人民共和国户口登记条例》的出台，我国农村地区开始实行严格的户籍管理制度。这一时期的农村户籍管理制度是和农村土地制度联系在一起的，是市场经济不发达的产物。计划经济时期，通过以家庭为本位的严格户籍管理制度将农民束缚在土地上，为此形成了"农"与"非农"的二元对立格局。在基层治理模式上，农村和城市有明显的区别。就农村而言，呈现国家管控的治理模式，这虽然对当时的农村经济发展和社会安定有很大的作用，但其历史的局限性也不断凸显，户籍管理制度阻滞了城乡之间人力资源的自由流动，农民的职业选择受到严格的限制，导致农村劳动力的过剩。随着市场化的推进，国家在改革开放后出台相关政策，旨在通过农村户籍制度的改革促进人力市场的自由流动，在增加村民收入，促进乡村发展层面起到很大的作用。从新中国成立到现在，我国农村的户籍制度根据社会发展的环境一直在发生变化，但都基本是国家行政权力主导户籍制度变革。从农村户籍制度导致的"二元对立"到现在的"城乡融合"，国家主导的户籍制度改革一直在持续推进。

（四）村民自治制度

"村民自治"的提法最早来源于 1982 年宪法中"村民委员会是基层群众自治性组织"。作为一项村民自己管理自己事务的基本政治制度，村民自治为乡村民主化的实现提供了法律支持。人民公社制度的解体意味着农村权力体系出现"真空"，与其他制度的产生机制不同的是，村民自治的制度安排最先来源于村民的生产实践，这项由广西宜州合寨村自发形成的制度最终经过自下而上的政策扩散进入宪法体系，获得合法性。1988 年，《中华人民共和国村民委员会组织法（试行）》的颁布，使村民自治在全国范围内得到推广，而其所确立的"四个民主"在很大程度上弥补了人民公社制度带来的民主缺失问题，最终影响到乡村社会的组织关系、政治形态和权力布局。村民自治的制度设计极大地拓展了乡村社会自治的空间，能够真正调动并激发乡村社会内部的原生性力量，促进社会治理主体的多元化。然而，有学者认为村民自治的制度安排是为了迎合家庭联产承包责任制而建立的，在中国当前的政治体制内很难充分发挥效果。从村民自治实践的情况看，作为乡村绝对主体的村民，其选择的空间十分有限，究其根源是村民自治制度的展开受到国家行政权力的过度干预，进而引发"行政吸纳自治"或"村委会的行政化倾向"现象的发生。

（五）公共服务制度

公共服务制度是我国农村地区全面取消农业税后广泛实施的制度，是与公共财政制度紧密相连的制度安排。21世纪初期为解决长期掣肘我国现代化进程的"三农"困局，国家在逐步推进农业税费改革的基础上，为实现新农村建设的目标，将农村的公共服务纳入国家公共财政体系。农村公共服务的均等化就是将更多的资金、人力、政策投入到农村地区，通过资源要素的跨地区跨行业流动来夯实农村发展的物质基础，比如完善农业基础设施、改善农村生态环境和提高农民收入等。全面取消农业税后，乡镇政权组织的主要职能之一就是将国家提供的公共产品下放到农村。农村公共服务制度的推行极大地提高了乡村公共资源整体配置效率，成为农村改变贫困面貌的"助力车"。农村基本公共服务供给是乡镇政府的一项基本职能，对于资源基础薄弱的乡村地区来说，这项制度能够为农村发展、农业兴旺和农民富裕提供基础性生产资料。从公共服务制度的运行看，虽然存在供给主体单一、供给渠道不畅、供给质量不高等问题，但是其对乡村振兴的贡献是其他制度无法替代的。新的时代背景下，国家通过顶层设计和政策优化等方式不断完善乡村的公共服务制度，特别是涉及农村教育、医疗、养老和环境等领域的公共服务内容。

二　内生式治理：乡村自治秩序中的内在认同

中国的乡村社会向来有自治的基础和传统，"皇权不下县，县下皆自治"就是封建时期乡村简约治理的典型特征，在由士绅主导的治理格局中，乡村社会是一个相对独立的、完整意义上的自治空间。国家权力渗透是国家政权建设实践的结果，但是从乡村治理的结果看，国家并没有实现行政权力对乡村社会的有效整合，村民自治的制度安排也就是在这样的实践背景下展开的。实际上，在几千年乡村文化的传承过程中，内生于乡土社会的礼治秩序成为规范村民行为，构成乡村社会秩序不可或缺的制度变量，也是重要的乡村治理资源。内生式治理是完全意义上的乡村自治，不受行政力量的干预，其主要包含以下几个方面。

（一）内化于心的意识形态

新制度经济学派认为作为非正式制度的核心元素，意识形态是一种群体意识，这种意识是团队中的成员对外界环境及团队内部本身的共识和价值信仰。文化是意识形态的根源，我国乡村社会村民意识形态的形成是国家意识形态渗透和乡村传统文化共同形塑的结果。审视我国乡村社会的文化变迁历程后可以发现，当前村民的意识形态是几千年封建专制文化、计划经济体制文化和改革开放后中西方混合文化共同作用的结果。就村民个体而言，其意识形态的形塑和变化主要受到当地习俗、行为规范和宗教文化的影响。从乡村治理的实践看，内化于心的意识形态对行为个体的约束性更为直接，比如有些农村地区"重男轻女"的思想比较严重，有些父母希望在自己身体好的时候为子女安家，有些地方的村民希望在自己年轻的时候多赚点钱养老等。同时，个体的意识形态一旦形成就具有稳定性，因为一个人的人生观、世界观和价值观一旦形成就很难改变。所以，在农村社会，当国家通过"政党下乡"、"权力下乡"、"政权下乡"和"法律下乡"的方式对乡村社会进行整合的时候，就会受到乡村意识形态的抵制，进而影响到乡村的现代化建设进程。但是，良好的乡村意识形态能够降低社会的运行成本，减少乡村治理中村民决策的程序，成功的意识形态能够促进社会秩序的稳定，相较于正式制度，其更容易促进村民集体行动的达成。

（二）熟人社会的人情关系

费孝通先生认为由地缘、亲缘或血缘主导的农村社会是一个重人情的熟人社会，熟人社会中个体的行为逻辑受到"人情"、"面子"和"关系"的影响。人情规则渗透在乡村社会的各个方面，成为乡民在互动交往中可以相互转化的资源和共同遵守的规范，也被人们称为"处世之道"。何为熟人社会中的人情关系，一般认为是乡村居民在农业生产活动中，基于特定的现实需求，以人情或面子为纽带自然形成的社会关系。乡村社会中的人情关系具有稳定性的特点，即使经历过现代化浪潮的冲击，当前我国社会维系公共秩序正常运行的依然是常态性的人情关系。同时，村民之间的互助行为更多地依靠人情资源，而非以利益为出发点。在乡村公共生活中，人情关系作为一种非正式的制度设计，其价值功用主要体现在"互惠"上，这就要求人们在交往中注重面子。但是，熟人社会中的人情关系从某个层面讲是与现代的民主和法律价值相违背的东西，当二者发生冲突时，行为主体往往顾及情面而无视法律。可见，建基于血缘、亲缘和地缘之上的人情关系在乡村治理中是不可忽视的力量，如果运用恰当可降低公共政策执行的成本，如果不能合理利用反而会造成封闭、垄断的圈子社会，进一步弱化正式制度在乡村社会中的积极作用。

（三）自发形成的风俗习惯

我国乡村社会的复杂性和异质性决定了其在发展中形成了具有地域特色的行为模式，即通常所说的风俗习惯。有学者将风俗习惯界定为规范成员行为的"标准行为"，包含思想观念和行为习惯两个层面的意思，而且这种"标准行为"的产生取决于在某种特殊的地理环境、生产方式和社会文化下所积淀的经验。从涉及领域和范围看，乡村社会自发形成的风俗习惯表现在衣食住行、婚丧礼仪的各个方面，特别是在我国的一些少数民族地区，风俗习惯对村民行为的形塑更为直接。可见，作为一种习得性的标准行为，风俗习惯无须意识形态的话语宣扬，乡村社会中的行动主体在生产实践中潜移默化的行为模式能够促使"批判性地监督"自身的行为。从国家对乡村社会的整合和渗透情况看，虽然国家的制度化嵌入在一定程度上弱化了风俗习惯对乡村社会实践面貌的影响，但是根植于共同经验的行为心理很难被国家制度替代。乡村善治的实现更要重视风俗习惯，如何正确地引导村民养成正确的行为习惯，是基层治理中多元治理主体势必要考虑的问题。

（四）认同依附的宗族规范

在我国传统的乡村社会结构中，宗族是乡村治理的一股特殊的力量，或者说是以地缘为依托的血缘关系共同体。在我国历史上长期占统治地位的儒家思想固化了乡村宗族中的人情伦理，强化了个人对宗族的强烈认同和情感依附，成为村庄信任、农民合作和村社共同体建构的基本依据。在乡村社会的宗族组织内部，成员有着共同的行为规范和亲情伦理，其原因在于有维系成员间关系的共同祖先和普遍认可的宗族规则。在我国历史上，受"文化大革命"的洗礼和人民公社制度的存在，宗族力量在农村社会一定程度上被弱化，在乡村治理或公共秩序维系中的功能降低。当前，农村社会的"泛家庭化"结构特征逐步明显，使得宗族的力量在乡村治理中被进一步重视。在农村生产实践中，宗族的存在为集体行动提供了组织基础，可提升内部合作的积极性，降低农业生产的交易成本。在乡村振兴背景下，宗族作为一种特殊的治理力量在乡村资源配置中产生重大影响，宗族成员的凝聚力和认同感对于当前城镇化浪潮下村社共同体的重构意义重大。但同时我们可以发现，宗族观念在强化组织内部情感认同的过程中，弱化了团体对外部社会的信任，这种明显的排外色彩与当前的市场经济中民主、开放和包容的理念是相冲突的。

（五）秩序维系的村规民约

村规民约由"村规"和"民约"两部分构成，指在特定的乡村场域，依据本地的生活习惯、经济条件和乡土风情由本村村民代表经过民主协商制定的供本村人遵守的约定，是一种自我管理和自我约束的民间机制。在表现形式上，村规民约多以文字为记录载体；在合法性来源上，相对于其他的乡村社会规范，村规民约有国家法律做支持。笔者认为村规民约是由村庄自治组织制定并实施的，因此将其归类于非正式制度的范畴。在国家理性建构中，正式制度的落地化需要有一个过渡环节，而村规民约是衔接国家正式制度和非正式制度的有效媒介，能够汲取正式制度中的有效成分，同时与乡土文化结合，进而形成乡村治理的合力。作为国家正式制度的有效补充，村规民约的价值是显而易见的。但同时我们发现，由于中国地域辽阔，乡村社会的异质性较强，各个地区制定的村规民约带有鲜明的地域特征和个性化色彩，有些地方的村规民约与现代的法治理念是相违背的。因此，政府应加强引导，挖掘地方性共识中的合理成分，以提升村规民约在乡村治理实践中的有效性。

三　结构性张力：行政主导与自治秩序的对立

（一）融合、冲突与转化：乡村治理制度的三个基本面向

国家理性建构的正式制度和代表乡村礼治秩序的非正式制度构成完整的乡村治理制度体系。从乡村治理制度产生的根源上讲，非正式制度多是乡村社会在长期的交往互动中自然形成的，是不加以选择和考量的习惯与风俗；正式制度往往代表国家或统治阶级的意志，是理性建构的结果。在乡村治理场域，两种制度的结合往往会产生三种结果：融合、冲突和转化。

首先，当国家理性建构的正式制度与非正式制度中的价值观念、利益偏好和思想认同一致时，两种制度就有了相互支撑的基础，为相互融合提供了可能。制度的融合主要体现在两个方面：第一，制度伦理的契

合性，即两种制度蕴含的伦理和约束具有同构性，这使得乡村治理的运行有了双向认同的机制基础；第二，个体行为的意志性，即村庄中的行动个体在乡村治理实践中其行为既符合国家要求又符合乡村规范。乡村正式制度和非正式制度的融合是乡村治理所期待的结果，这样不仅可以降低制度运行的成本，还能够有效地减少乡村社会交往中的不确定性。其次，哈耶克的秩序建构理论只是一种对理想化状态的假设，国家在进行正式制度的理性建构时很难将两种制度完美融合，即正式制度的规定不能兼容乡村非正式制度中的价值、思想和理念。制度的冲突体现在三个方面：第一，国家制定的正式制度的"单一性"和乡村社会的"复杂性"特点存在冲突，导致国家所理性建构的制度不能够适合中国所有的乡村社会；第二，国家制度建设的历史短暂且带有明显的西方制度"移植性"特点，不一定适合中国乡村的实际情况；第三，制度的选择与利益结构相关，利益是驱使人民选择哪种制度的关键变量，因此两者的冲突是利益博弈的结果。最后，制度变迁中的相互转化。乡村治理制度随着外部环境的变化而发生改变，制度的转化反映其变迁的轨迹，乡村治理制度的转化表现为两个层面：一是国家建构的正式制度向乡土内生的非正式制度的转化；二是正式制度异化为非正式制度。从乡村治理制度的变迁轨迹看，乡村治理主体的多元化和演化路径中的依赖效应是推动两种制度相互转化的主要原因。

（二）结构性失衡：正式制度对非正式制度的挤压效应

融合、冲突和转化是乡村治理中两种制度发生作用的三个面向，而融合体现了制度的合法性问题。何为制度的合法性，一般指制度的某种特性不仅来源于理性建构的正式的法律、规章和行政命令，而且更重要的是来源于某种特有的价值体系，这种自发产生的价值体系能够获得社会成员的普遍认可和共同遵守。国家理性建构和乡村内生治理的融合就体现了乡村治理制度的合法性问题。但是，在实际乡村治理中我们发现：国家规模化的制度嵌入和项目下乡虽然在一定程度上实现了对乡村社会的整合，但是乡村社会的"乡土性"、"重宗族"、"赖土地"和依靠乡绅治理的路径依赖导致国家理性建构并不能完全形塑乡村社会，现代化的制度嵌入与乡村社会未能有效整合的原因是乡村"非正式"制度的影响，而正是这种内生性资源的缺失，导致国家制度建构的"内卷化"，从而出现"行政吸纳自治"的现象。当前我国实行的村民自治制度最终目的是实现村民的自我管理，但是在"乡政—村治"体制下，国家出于对乡村社会稳定和社会管理的需要，国家权力不断向乡村社会渗透，村民自治的发展活力在弱化，可以说正式制度的强制性特点压缩了非正式制度的实施空间，出现所谓的制度"挤压效应"。在乡政村治的治理格局中，乡政作为一种自上而下的管理模式，更多地体现国家正式制度的嵌入，这和充分体现民主性的自治之间存在较为微妙的关系。在经济水平落后的中西部地区，村民自治更多地被披上"行政化色彩"的外衣，很多乡村仍然是行政主控型的。对农村基层群众自治组织村委会来说，其和乡镇政府的关系是"指导—协助"型，但是在村民自治的实践中，往往存在"乡政"对"村治"的侵蚀，这就是正式制度挤压非正式制度的直接体现。可见，在当前村民自治中，国家的行政权力在乡村公共事务治理中占据相当大的部分，传统的维系乡村公共秩序的内生性力量处于边缘化的地位，而正式制度和非正式制度的冲突导致乡村治理的结构性失衡，引发一系列的社会矛盾，也直接导致政社互动的失衡。

（三）政社互动下的内源性发展：柔性治理运作的制度基础

从乡村治理的历史变迁可发现，乡村社会向来有自治的传统，在国家行政权力介入乡村社会之前，面对着复杂的国内外形势，乡村公共秩序能够保证稳定的根源在于其内部内源性力量的维系。乡村刚性治理造成的现实后果之一就是弱化了乡村内部力量在乡村中的功能发挥，笔者尝试运用内源式发展理论来解释乡村刚性治理中内源式微问题。20世纪60年代中后期，区域经济发展水平的差异化和城镇化的快速推进导致世界上发展中国家的乡村社会陷入农民极度贫苦和经济严重落后的困境。

在这样的社会背景下，西方的经济学家尝试在反思传统的经济发展模式或者说传统工业增长极的基础上提出一种不同于以往经济发展的模式来化解发展中国家乡村社会出现的各种社会问题，这就是著名的自下而上逻辑的内源式发展理论。内源式发展理论强调内生发展的重要性，逐步从经济学领域延伸到社会学、管理学和政治学等领域，其所建构的核心思想是认为发展是社会进步的最重要形式，因此应树立人的发展思维，探索一种面向本土化的发展旨趣。内源式发展理论是在 20 世纪的末期才被广泛运用到乡村治理研究场域的，该理论强调要充分挖掘本土的资源优势，重视乡村社会内部力量的参与，重视"多元主义"的发展模式。

乡村治理研究者普遍认为乡村善治的实现不应该依靠单一的政府治理主体，因为作为代理人的政府其行为逻辑往往不能完全表达民意诉求，单纯依靠政府的行政力量发展乡村，乡村内部主体往往会产生惰性。因此要充分开发乡村社会内部的地方性知识，培育村民的主体能动性，避免政府权力过大造成的"与民争利"。从构成要素上看，农村的制度体系由国家的正式制度和民间的非正式制度两部分构成，乡村治理制度的确定来源于国家和社会共同形塑的公共权威。从社会治理结构看，乡村治理体系包含国家对乡村社会的治理和乡村社会自治两个层面，从治理形态上看即"外嵌式治理"和"内生式治理"。因此，在乡村治理转型的背景下，抛开国家行政主导谈乡村内生自治或重视内生秩序而弱化外部嵌入都是不全面的，作为一种建构意义上的面向未来的乡村治理范式，国家自上而下的正式制度和乡村社会内生的非正式制度构成乡村治理的制度背景，而具有微观意义的乡村柔性治理运行机制的建构也是在这样的制度背景下展开的。"以人为本"是乡村柔性治理的核心，人本理念表明乡村社会的发展要注重发挥村民的主观能动性，弱化行政组织的过度干预，减少乡村治理中的"刚性"色彩。在乡村治理实践中，如果过度强调正式制度的执行而不重视非正式制度的积极作用，往往会导致刚性治理失灵的发生。因此，在乡村柔性治理运行机理的探讨中需要将国家行政的要素和乡村内生的要素有机结合起来，在政府和社会良性互动的基础上重视乡村社会内部的治理资源、治理力量和治理元素的整合。

第二节　乡村柔性治理的运作实践：差异化发展路径下的村庄叙事

为深入了解乡村柔性治理的运作机理，本书需要通过田野调查来作为主题论证的基础，而研究案例的选择首先要解释选点的问题。从基层政府和乡村社会的关系看，村庄的发展遵循两条路径，一种是自上而下的"被规划"，另外一种是自下而上的"主动式"。两者的差异在于"被规划"的乡村发展路径是指根据当地发展的实际需要，将村庄纳入当地政府的发展规划中，在发展实践中，这需要地方政府主动联系群众，征求村民意见和诉求，这种路径在经济发达的东部地区比较常见。而"主动式"的乡村发展路径是指村庄没有被纳入地方政府的统一规划中，仍是传统意义上的自我发展类型，在发展中遇到问题需要主动地争取基层政府的支持。选点的依据有三个方面：首先，所选村庄能够真实地反映乡村柔性治理实施的"实然"状态；其次，调查地点能够反映出某一类型村庄的基本结构、社会形态和发展状况，具有一定的代表性；最后，所选择的村庄能够体现乡村柔性治理的运行机制和实践逻辑。基于此，本部分将单个独立的行政村作为研究单元，通过实地问卷调查和结构化访谈等方式对所选的两个村庄进行解读。

一　自上而下的"被规划"：苏南 QL 村旅游度假区的生存术

（一）苏南 QL 村的基本概况

YX 镇所辖的 QL 村地处苏南经济发达地区，距离省会城市南京有95公里。全村耕地面积 3000 多亩，林地 3500 多亩，水面 1000 多亩，是全国有机茶叶的主要生产基地之一。目前，QL 村下辖 11 个自然村，

7 个村民小组，总户数 786 户，总人口 2567 人，2018 年村集体稳定经营性收入 385 万元，村民人均收入 23510 元。从生态环境看，山清水秀的自然风光使得 QL 村有"世外桃源"的美称，独特怡人的自然风光为中国第一个"国际慢城"的打造奠定了深厚基础。2012 年，该村获得"全国生态文化村"的称号，如今由于地处"国际慢城"的核心区域，其已经将自己打造成集观光休闲、娱乐度假、生态农业于一体的农业综合旅游观光景区，是省会城市居民休闲娱乐的重要场所。

2008 年之前，QL 村优质的自然资源并没有得到足够的重视，随着"国际慢城"建设进程的持续推进，为提升该村居民的生活水平，YX 镇政府积极引进实力雄厚的 M 公司来该村进行投资开发。在镇政府的引导和协调下，决定以"三置换"为基本原则推动农村土地的经营权流转，也就是把农民的宅基地、承包地和其他的建设用地进行评估作价，最终与 M 公司签订土地流转合同书。当地农民按照一定的补偿标准在获取土地流转和宅基地置换的补偿费用后也在地方政府的支持下建立起土地置换后的涵盖教育、就业、医疗和生活方面的保障制度。可见，M 公司的介入盘活了 QL 村集体的资金，并结合本村独特的旅游资源先后打造了五星级度假酒店、国际化养生养老社区和现代化村民安置点等多种业态产业。现如今，绝大多数村民都搬进了由开发公司统一新建的农村社区，住上了白砖灰瓦的两层小楼。在搬迁后的就业方面，公司允许每家每户推荐一人在公司上班，解决了相当一部分群体的就业问题。在农村基础设施建设方面，村里修建了水泥路，并规划了一大片空间满足村民的赶集需求，在村庄的主干道上安置路灯。在村集体、M 公司和镇政府的协同治理下，QL 度假村每年接待游客数量 100 万人次，不仅增加了当地村民的收入，还极大地提升了村民的幸福感和获得感。

（二）利益博弈与矛盾爆发：旅游度假村开发建设中的"制度困局"

1. 补偿、安置与土地：三大主要问题呈现

作为苏南地区经济高度发达的村庄，QL 村在参与"国际慢城"

建设，打造乡村旅游度假村的漫漫征程中同样也遇到一些制度性的难题，引发了村民、企业和当地政府之间的矛盾，造成不良的社会影响。

第一，补偿不足的问题。2009 年前后，村民陆续与 M 公司签订土地流转合同，将自己全部的承包地、垦荒地和宅基地，按一定的补偿标准流转给 M 公司。在具体的实施中，对于农户承包的耕地、果园和林地 M 公司主要是给予现金直接补偿，对于农户住房，主要是通过置换的方式由公司集资建设，然后根据家庭人口和需要的户型进行抽签，但是装修费由村民自己承担。所有的交易都是通过签订协议书的形式进行的，在实地调查中，村干部表示按照人口数量进行补偿的话，平均每人能够获得 4 万元的补偿金，基本能满足装修的需求。但现实的问题是：村民觉得所获补偿也只是满足了装修的需求，入住后手里的闲钱所剩无几，随着物价上涨，几年后更觉得当初公司给予的补偿款少了，不能够支撑一家人未来的生活。

第二，安置保障的问题。安置保障工作开展的好坏直接决定村庄的公共秩序，甚至关乎百姓的生存问题。对于搬迁的农户而言，因为失去了土地他们被迫成为失地的农民，如何生存是接下来需要重点考虑的问题。虽然与 M 公司签订的协议里面规定每家可以有一人去公司上班，但是其他的家庭劳动力如何安置的问题并没有解决。笔者在该村调研时发现，村庄还有很多剩余的劳动力没有得到妥善的安置。村民不满的原因是当地政府和入驻企业没有充分考虑到村中劳动力的就业安置问题，也有部分村民反映，在 M 公司上班获得的工资太少，倒逼他们辞职以另谋出路。

第三，土地变更的问题。村庄土地的使用要获得村民代表大会的认可，未经村民同意的土地使用不仅违反村民自治条例还违反国家土地法。随着村庄开发进程的加快，村民发现 M 公司在村庄的湖边建立了养老服务中心，而实际上湖边的这片荒地是村庄的自留地，并没有进行流转。另外，村民惊讶地发现原先已经进行流转的土地也并没有按照之前的约定开发成现代农业产业园，给村民的感觉是公司一直在忙着房地产开发，不像是在进行农业发展。针对土地没有按照契约内容进行利用的问题引起广大村民的抵触情绪。在没有得到合理的回复情况下，村庄的积极分子就组织村民进行上访，并对于乡镇政府给予的书面答复表示不予接受，造成矛盾激化。

2. 矛盾点汲取：利益主体的意见分歧

在所有的访谈中，政府、公司和村民达成的共识是开发度假旅游村以改善当地环境，促进经济发展，提高村民的生活水平，三方皆认为旅游开发是好事，不能倒退，应该前进。然而，越级上访频发、干群关系紧张等问题依然没有解决。首先，项目实施前沟通机制的缺失。农民是村庄发展的绝对力量，有权对村庄的公共事务发表自己的见解。在土地流转的前期有权利知道被流转的土地到底是用来发展现代农业还是建立养老服务中心和创业产业园。开发公司故意营造快速发展现代农业的紧张气氛，错误地诱导村民签订土地流转协议书，为后来矛盾的发生埋下了隐患。其次，项目实施中的行政吸纳。村委会是基层群众自治组织的代理人，乡镇政府招商引资的初衷应该是为村民谋取福利，但是在项目的实施中发生了村干部"代民做主"的行为。在未经村民同意的情况下将农村耕地或者建设用地转为国有土地，土地性质的改变为公司谋取利益提供了条件。最后，项目实施中农民话语权的消解。在 QL 村旅游度假村的建设过程中，村庄的规划设计都变成了外包公司的"一言堂"，在具体项目的实施中缺乏民主协商或者说村民参与的环节，老百姓被当成了外人，处于集体失声状态。在笔者的实地调研中，事件中的利益相关者也各自表达了自己的看法。

第一，抱怨的村民。旅游度假村的开发确实改善了农村居民的生活环境和居住条件，但农民抱怨当初给的补偿费太低，从土地流转中获取的利益也很有限。公司效益的剧增和村民的现实生活形成强烈的反差，搬迁的村民普遍认为旅游度假村为当地政府和企业获取巨大利益，而自己并没有享受到旅游开发带来的红利，认为资本下乡实际上是在剥夺村民利益。

第二，无奈的公司。M 公司的入驻确实给 QL 村带了翻天覆地的变化，特别是"省级旅游度假示范村"的荣誉称号为该村带来了更多的项目资源和经济收入。然而，该公司的负责人无奈地表示："人在屋檐下，不得不低头，有些村民天天到公司闹着要补偿金，弃合同协议而不顾，不给钱就阻滞施工。"面对不够理性的村民，公司显得很无奈，在乡镇信访"一票否决"的制度设计下，乡镇政府只能把这种纠纷推给企业。

第三，两难的镇政府。既要求发展又要求稳定是乡镇政府遇到的主要问题，在巨大的招商引资压力下，还要用足够长的时间来化解村民和企业的矛盾，YX 镇政府不堪重负。面对信访的村民，乡镇政府的工作人员显得很无奈，他们认为和村民讲道理是一件很难的事情，不看法律，无视契约，还一个劲地说我们违法卖地，动不动就要告我们。

第四，无错的县自然资源局。在对 YX 镇的上级主管部门县自然资源局相关领导进行访谈时了解到，在处理农村的土地纠纷问题时，该县从来都是按照制度办事。在问到公司入驻是否侵占村民利益或者地方政府是否存在卖地现象时，自然资源局的领导反复强调所有的程序都是公开的，并向我们展示了"一书四方案"和"两公告两听证"等制度文件。同时该自然资源局也提到针对村民追要的补偿款问题已经安排乡镇去解决，只是乡镇还没有确定好具体的补偿金额。

（三）柔性共治：QL 村旅游度假开发矛盾化解的行动路径

在旅游度假项目的开发建设中衍生的土地流转问题、就业安置问题及补偿款差价问题等是 QL 村乡村治理中的难题，特别是在这个过程中，交织着基层政府、投资企业和村集体三方的现实利益。需要注意的是，旅游度假村的打造是当地政府主导的工程项目，是出于打造国内著名"国际慢城"的需要，在整个项目建设中，政府既是"运动员"又是"裁判员"。面对项目实施中出现的各种矛盾和分歧，乡镇政府作为乡村治理中的权力主导者，应转变传统的直接行政干预的治理理念，成为规则的制定者和协调者，成为问题解决的服务者。首先，应成立谈判小组。在农村基层党组织的指导下，QL 村成立了以村"两委"为主，其他经济组织为辅的民意代表小组，通过组织化的渠道形成村庄合力与 M 公司进行谈判，发挥村集体的力量优势维护村民合法利益。其次，避免"一刀切"策略。不同的村民有不同的利益诉求，为了满足绝大多数村民的现实需求，明确规定不能采取"一刀切"方式，而是尽可能地兼顾绝大多数村民的现实利益，并且村民可以根据自己的需求寻求利益同盟者。最终，以利益需求为中间变量，形成多个分散的中心网络，在此基础上形成一个具有普遍共识的解决方案。最后，针对村民对政策、法制把握能力较弱的情况，当地政府积极帮助 QL 村寻求律师和中介咨询机构的援助，第三方团队通过更加专业、细致的服务，为老百姓讲解法律和政策，让村民明白矛盾纠纷中应该如何通过法治化的渠道维护自身权益，最终获得与其他相关各方公平谈判的机会（见图 4-1）。

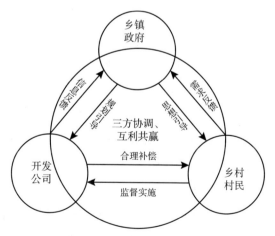

图 4-1 QL 村旅游度假村项目实施中矛盾化解的"三方共治"策略

资料来源：笔者自制。

161

第一，基层政府：积极主动的"人性化"关怀。市场经济和城镇化的快速发展不断形塑基层社会治理的环境，现代化治理理念中政府的职能角色发生重大变化，即在社会经济发展中既不能充当"运动员"也不能充当"裁判员"，而应成为"掌舵者"，其本职工作在于协调指导，在于秩序维系。在调研中，YX镇的党委书记感叹道："现在形势变了，基层工作不好做，现在的老百姓懂法律，熟政策，很会讲道理，只有通过更加人性化的关怀，才能避免很多矛盾。"可见，社会环境的变化倒逼基层政府治理模式的创新，而实践证明柔性化的治理策略才是化解当前大多数矛盾的"良药"。实际上，在引进M公司后，地方政府所做的工作就是积极为公司服务并做好企业与村民的协调工作。YX镇的一个负责工程监管的负责人说：度假村旅游开发中涉及很多小项目，这些项目是否开发以及怎么开发，不是由当地的政府部门说了算，而是由村民代表、第三方团体、企业和新闻媒体等组成的协商小组进行充分的论证和沟通后决定的。在"三方共治"的策略中，乡镇政府也时刻考虑统筹工作和包办工作的差异性，其认为不能因为担心企业入驻后引发的市场失灵问题就直接一手包办，而是根据实际发展的需要，采取更加灵活的处理事务的机制。

第二，开发公司：持续不断的"温暖式"服务。从泰勒的理性经济人角度考虑，逐利性是企业的本质属性，通过群众上访、阻碍工程进展等一系列的矛盾纠纷，M公司也认识到建构村企命运共同体的重要性，认为单纯地追求盈利不是公司的战略目标和行动指南，为了保证公司可持续发展，在发展理念中应融入企业社会责任的内容。为此，在后期的建设中，M公司在处理和政府的关系上就表现得特别主动，打破传统的"厚着脸皮"向政府要项目要工程的做法，而是在乡镇政府的服务指导下，积极迎合QL村的发展需要和公司的战略规划，寻求村庄利益和公司利益的平衡点。在整个矛盾事件中，村民和公司的利益分歧问题最大，也是最为根本性的，而矛盾的化解要求双方必须建立新型的村企关系。实际上，无论是从社会责任还是从后期的发展看，村庄和企业的命运紧紧地联系在一起，公司要获得回报必须提高投资的质量，最重要的是要树立服务至上的理念，这种"温暖式"的服务包括持续不断地向 QL 村提供优质的公共物品和公共服务，比如修了村庄的几条水泥路，整治了村居生活环境，免费投资了体育设施等。同时，针对与村民的一系列矛盾，M 公司的领导层从社会责任的角度，通过发挥体制外的制度优势，改变传统的刚性态度，运用温暖式的服务赢得了村民信赖。

第三，农村居民：自主自觉的"参与式"互动。在利益博弈的格局中，村民从来都是弱势群体，因为从资源的拥有情况看，基层政府有强大的权力、企业拥有资金，而农民只有村集体赋予的土地。在缺乏强有力的权力支撑和足够的资金支持情况下，村民的普遍共识是："我的地我做主，我理应在自己的土地上享受经济发展带来的红利。"在自己的合法权益受到威胁时，往往采取上访、破坏工程设施等方式表达利益诉求。在当地政府积极主动的"人性化"关怀和 M 公司的持续不断的"温暖式"服务下，当地村民通过更加科学理性的组织化渠道参与到矛盾的解决中，以积极主动的"参与式"互动寻求矛盾的最优解。具体来说，村民通过改变以往被动者的身份，借助村民代表大会和经济合作组织等渠道积极地表达自己的利益诉求，主动地去学习相关的法律和国家的政策，了解到自己在矛盾旋涡中的处境和优势。实际上，乡村善治的实现离不开公众的积极参与，这种参与不是形式主义的、被动的或者无效的，村民要在参与的过程中不断形塑主人翁身份认同，也要在参与中培育主体性。

二　自下而上的"主动式"：皖东南 LG 村的土地经营权流转

（一）皖东南 LG 村的基本概况

T 镇的 LG 村地处皖东南，毗邻高邮湖，与江苏接壤，是千年古镇、鱼米之乡。截至 2019 年，LG 村耕地面积为 400 亩，辖 3 个村民小组，共有村民 100 余户。从地理区位条件看，该村属圩区低洼田块，南低北高，东低西高，由于长期受水灾侵蚀，农民粮食种植方式为一麦一稻。作为经济欠发达地区，LG 村的芡实加工产业已有上百年的历史，特别是自 2007 年 10 月起，该村先后自发成立了 7 家农民专业合作组织，注册商标 3 个。为了促进芡实经济的标准化和产业化，LG 村在镇政府的指导下完善芡实产业体系，形成了生产、加工、销售和服务一整条链条，充分发挥芡实产业发展对当地经济的带动作用。根据本地的地理环境种植经济作物，实现增收是本地村民的自发行为，政府只是根据村民的意愿提供技术上或者政策上的支持。

（二）集体行动的困境：土地经营权流转中的利益纠纷

乡村振兴背景下，该村的党支部积极响应镇党委的号召，欲通过稻田种植地用途变更和土地流转的方式开辟新的芡实种植基地，实现芡实种植的规模化经营。考虑到该村地理区位条件差，耕地抛荒现象严重，低产低效的现实原因，该村党支部决定将原本的水稻田改为芡实种植基地，并将圩田流转到合作社，为此征求村民意见。但是村委会在与村民交流中遇到几个问题。第一，土地流转价格谈不拢。耕地的经营权流转涉及村庄的大部分村民，部分村民想要提高土地流转的价格，但是合作社认为要价过高，两相僵持，互不相让。第二，LG 村的芡实产业是当地经济发展的主打产业，土地经营权流转不仅关乎农户的利益，同时也关系到 T 镇政府官员的政绩，镇政府的相关负责人多次催促村委会尽快落实流转工作，上级的刚性命令增加了村委会的工作压力。第三，村党支部的成员均为合作社成员，村民对村委会缺乏足够的信任，大部分村民对土地流转之后土地用途变更表示担忧，认为如果流转后改变土地的农业用途，会伤害自身的切实利益。因此，在乡镇政府的持续高压态势下，作为基层群众自治组织的村委会陷入"两难境地"，特别是土地流转中涉及的信任问题、补偿问题和收益分配问题已严重影响到村庄的公共秩序，也导致基层上访的出现和小规模群体性事件的爆发。为此，水稻田变更圩田中涉及的土地经营权流转问题已经成为 LG 村公共事务治理中迫切需要解决的一大难题。

（三）协商共赢：村庄集体行动困境的柔性化解决策略

针对村庄发展中遇到的棘手问题，LG 村在村党支部的指导下，以由党员代表和群众代表投票选出的协商委员会为组织载体，试图通过开民主协商会的形式，以最小的治理成本化解土地经营权流转中集体行动的困境。具体的协商流程是：由协商委员会主体成员将芡实合作社代表与村民代表召集在村委会办公室进行协商，共计开会数量为 3 次，每次会议的参与人数为 13 人。除了正式的会议之外，协商委员会成员在协商过程当中对圩田所涉及的 106 户农户一一进行上门走访，充分听取村民意见，传达协商内容和进展。自 2018 年 10 月 30 日签订为期十年的合同后，双方均能按照合同的要求履行自己的义务，没有出现违约的现象。作为村庄治理的典型案例，在化解土地纠纷等村庄事务中，LG 村采取的是一种柔性化的治理策略，通过民主协商实现互惠共赢是这种治理策略的主要特征，具体来说，柔性化的乡村治理路径体现在以下几个方面。

第一，多元化主体参与。在乡村治理场域，公共事务问题的发生往往涉及多个利益主体，对于以芡实产业为主导产业的 LG 村，涉及的芡实种植问题就直接关乎整个村的利益。协商委员会作为一个矛盾协调组织，不同于一般的正式组织，其具有临时性特征，组织的存在不具备法律效力，完全是由各大利益主体自发形成的民间组织。从组织成员的构成看，协商委员会由主体成员和利益相关方代表合计 13 人组成，具体来说分为六个群体：村委会、合作社、种植大户、村小组组长、居民代表及"庄里公家人"的市人大代表。协商委员会的参与者基本能涵盖土地流转纠纷事件中的各个利益群体，且主体的构成没有政府部门的参与，市人大代表此次以村庄精英的身份参与，并不代表政府，只是在协商中给予指导和调解（见表 4-1）。

表 4-1　LG 村协商委员会的主体构成

	主体成员		利益相关方代表	
人数	7 人		6 人	
参与人员	党总支书记 村委会主任	王××	三湖芡实 合作社经理	满××
	党总支 副书记	陈××	天龙芡实 合作社经理	王××
	文书	钱××	芡实 种植大户	梅××
	计生专干	董×	同心组组长	董××
	市人大代表	陈××	王庄组组长	王××
	居民代表	叶××	花圩组组长	叶××
	村委会 副主任	叶×	—	—

资料来源：笔者自制。

第二，温暖式引导纾解。对于不愿意流转土地的村民，村集体没有采取强制的措施，而是借助协商委员会采取"引导纾解"的"算经济账"策略，让村民认识到将土地承包给合作社不仅不会使自己的利益受损，还能够将劳动力从土地中解放出来，寻找其他工作增加收入，也可以在合作社工作。值得注意的是，当村民与集体经济组织产生利益矛盾、村民对村委会不信任时，协商委员会会保持中立的态度，从村民的切实利益出发来考虑问题的解决方案，这获得了村民的认同和理解。最终，"算经济账"不仅帮助村民理清了思路，又点明其流转土地后获得的利益；同时，让芡实合作社做出保证、先担毁约风险，解决村民的后顾之忧，双管齐下的策略彻底打消了村民顾虑，化解了双方矛盾，推动了土地流转发展进程。可见，村级党组织和协商委员会主体成员只有发挥好引领作用，采取温暖式引导纾解的柔性策略，才能保证利益相关方之间进行有效的沟通和交流，和平解决矛盾。

第三，平等式对话沟通。乡村柔性治理的核心是充分地维护作为弱势群体的村民的利益，组织化载体的出现为分散的小农户参与对话提供了有效渠道。考虑到对未来土地用途变更的疑虑难破除，为了尽最大努力保护村民的权益，协商委员会提出双方在签订合同时需注明村民有权监督土地的经营状况，并要求合作社按照合约履行义务；合作社不得改变土地农业用途，不打乱水系，不改变目前田块的现状，不得影响村民复耕，并同意将这些条款写进合同中，双方就这一问题达成了一致。针对村民担忧无法收到租金、土地被破坏等顾虑，协商委员会考虑 LG 村的芡实种植目前受到国家政策的扶持，于是说服合作社做出让步。协商委员会提出合作社需在每年种植芡实之前，一次性缴纳一年的租金；另外每亩地缴纳 300 元的保证金，等到合同期满复垦完工后，村民再将复垦保证金归还给合作社，否则村民就可以用保证金进行复垦。协商委员会此举既给村民吃了定心丸，也维护了合作社的合法权益，因而合作社和村民均赞同这一做法，双方达成一致。

第四，公平式利益博弈。在关于土地流转差价弥补的利益博弈中，合作社提出土地的承包期限为 10 年，据此，村民组长认为未来土地价值会更高，村民有理由提高现在的土地流转价格以保障自己的权益。村民对土地流转的心理价位是 1000 元/（亩·年），但是合作社表示要价过高，难以接受，合作社的依据是 T 市农业委员会给出的 640 元/（亩·年）的指导意见，为此，双方各执一词，僵持不下。协商委员会从中协调，既想为村民争取利益，又不想破坏合作社的利益。于是提出参考附近村庄的大户承包价格，并考虑到当年粮食的保护价为 1.26 元/斤，提出土地流转价格为 800 元/（亩·年），土地承包到期后租金按稻谷价格涨跌比例再做相应调整。一方面协商委员会向合作社强调芡实产业前景好，收益高，村民要求提高土地流转的价格并非无理取闹，合作社应该承担起一部分社会责任，将自身的发展红利外溢，惠及更多的村民，合作社也能获得好名声。另一方面协商委员会向村民强调，只有合作社发展好了，芡实产业发展好了，村庄才能兴旺起来。而作为村中的一分子，不应该盲目提高土地流转的价格，不能光图自己的利益，也需要顾及集体的利益和村庄的整体发展。

第五，法治化制度保障。LG 村以协商委员会为组织载体，通过柔性化治理策略有效地化解了土地流转纠纷中存在的问题，是基层治理创新中一次有意义的探索实践。《中华人民共和国村民委员会组织法》规定，村民会议是村民自治的最高决策机构，作为一种非正式组织，协商委员会具备村民议事机构的性质，但只是村民进行民主协商的平台，不具有决策权，也没有法定的运行制度和议事程序。所以在实际运行时，首先，要坚持党的领导，在此次矛盾纠纷解决过程中，LG 村党支部提出了议题，并对协商过程进行了监督，保证了协商事项路线、方向的正确性。其次，要赋予协商委员会以正式的议事权力，保证民主协商的合法性。最后，协商程序和议事规则必须在法律的框架下进行，在遵循法律规范的前提下，以法律为保障、遵循法治原则，进而增强协商委员会的合法性，才能保证民主协商机制的长久运行。

从地理位置和经济发展水平看，LG 村是我国中部经济欠发达地区乡村社会的典型，以产业发展为主导促进乡村振兴是未来一段时间的主旋律，而土地纠纷问题是欠发达农村地区比较常见又突出的社会问题。以 LG 村为例，通过设立协商委员会，在具体的矛盾化解中，基于"协商、民主、公平和引导"的柔性化治理技术，最终促进村民、合作社和村委会的"三赢"局面。柔性化民主协商重新建立起村民对村级组织的信任，协商委员会作为村级事务治理的自治组织，通过濡化人心的情感输出在提升自身公信力的同时也提升了村民自治能力的水平。长期以来，我国主要以村民会议和村民代表大会的形式开展村民自治，参与主体多为党员和村民代表，广大村民在涉及村庄公共利益和个人利益的事务上参与率低、积极性不高，有时甚至会引发村民之间、村民与村庄之间的矛盾。协商委员会的引入迎合了我国基层民主政治深化发展、加强农村治理的需要，为村民表达意见、广泛直接地参与村级事务治理开辟了新的途径。

三　治理要素耦合：差异化治理实践中柔性因子的提取

上述两个案例表明：在村庄的发展实践中，无论是自上而下"被规划"还是自下而上"主动式"，都存在基层政府和当地村民两大行动主体，两者之间的良性互动促进矛盾事件的解决。苏南 QL 村旅游度假区的开发建设是当地政府的一个规划项目，M 公司也是在地方政府的招商引资政策下入驻 QL 村的，在针对开发实施中的就业安置问题、补偿款不足问题和土地属性变更问题，地方政府没有采取"一言堂"的解决办法，而是主动充当 M 公司和村民的利益调节者，采取的是柔性化的矛盾解决策略。皖东南 LG 村作为中部地区的经济欠发达村庄，进行土地流转，发展农业经济是村民的一种自发行为。但是，在化解土地经营权流转中的利益纠纷时，村民们主动寻求乡镇政府的帮助，通过民主协商、双向沟通的方式促进问题的解决。可见，在乡村柔性治理运作实践中，两大行动主体的行为逻辑与传统的刚性治理模式有很大的不同，这种不同体现在以下几个方面。

（一）治理理念的人本性

两个案例体现了在乡村公共问题的解决中，当地政府坚持以人为本的理念，时刻把村民的利益放在更加重要的位置。可见，乡村柔性治理是重视社会有效性而非行政有效性的治理模式，社会有效性的核心在于维护村民的现实利益，尊重村民的情感诉求。基层政府是为维护公共利益和实现公共目标而存在的，其治理行为选择必须以"人本关怀"为前提，这是政府合法性的基础。在上述案例的乡村柔性治理实践中，当地政府改变以往高高在上的姿态，通过角色转变促进合作治理的实现。人本主义的治理理念对权力的行使提出要求，即将粗暴的强制权力转变为依靠乡村内生性元素，诸如村规民约、地方性习惯法等依靠道德和文化软约束的柔性权威。刚性治理是建立在行政部门"一言堂"的话语权基础之上的，其和柔性治理最根本的区别在于后者是以人为本的治理，实际上，从我国行政体制改革初始，国家就将"以人为本"的服务型政府建设作为"放管服"改革的目标。但是，受历史传统、文化习惯及政治体制等多种因素的制约，在行政体制改革实践中，以人为本的理念并未得到有效的贯彻。简言之，乡村柔性治理的人本理念立足于个人，尊重个人基本权利，是符合乡村治理现代化需要的模式选择。

（二）治理手段的亲和性

从乡村治理体系的构成看，其涵盖基层政府对乡村的治理和乡村内部自己治理两个层面。QL 村的旅游度假村建设是政府主导的项目，体现政府对乡村的治理逻辑，而 LG 村的土地流转是村民自主的行为。无论是哪种治理方式，治理的对象都是农村居民，农民在社会结构分层上属于弱势群体。在治理手段上，基层政府作为主要的治理主体要完全改变传统依靠科层权威，自上而下的压迫式治理方式，更多地根据治理对象的心理需求采取规劝、协调和指导的柔性方式。进入 21 世纪，我国大力推进城镇化建设，在旧城改造和农村土地征用过程中，暴力强拆的治理方式普遍存在，有学者依据基层政府的治理行为，将这一时期称为"暴力强制拆迁时代"。当前我国城镇化进程处于后期阶段，但是暴力执法的行为依旧存在，关于因暴力执法引发的群体性事件依旧存在。在乡村治理中，特别是涉及农地征用、房屋拆迁、项目入驻等问题时，因为利益的冲突容易导致干群关系的对立。作为人民授权的公共部门，基层政府应该以法律为底线，在尊重农民选择权的基础上采取柔性治理的手段，促进乡村治理目标的实现。

（三）治理过程的文明性

"文明"是指使人类脱离野蛮状态的所有社会行为和自然行为构成的集合，文明是行为的概念性表达。党中央将社会主义核心价值观作为社会主义核心价值体系的内核，其中，"文明"是社会主义核心价值观的重要内容，作为一种价值理念指导乡村治理实践。有发展就有问题，而问题解决与否是衡量当前乡村治理水平的重要指标，两个案例中所采取的乡村柔性治理是一种能够推动乡村社会文明进程的治理模式，因此乡村柔性治理具有文明性，这种文明性直接反映在治理过程中。在乡村治理实践中，文明体现在对小农生存权和发展权的尊重，特别是对农民用益物权的尊重，与传统刚性治理"与民争利"截然不同。在乡村公共事务治理中，柔性治理强调治理主体在与治理对象互动中，其话语表达要有亲和力和说服力。在乡村公共政策执行过程中，政府人员能够包容更多的民意诉求，倾听百姓心声成为重要的治理环节。可见，乡村柔性治理过程实质上是精英意志的弱化和普通民意的彰显。治理过程的文明性是基于人文价值关怀的理念，蕴含尊重和关怀，而非表面化的虚幻假象。在乡村柔性治理的过程中，政府公权力真正用来表达民意，维护公共利益，而不是个别人或者强势人物的特权。

（四）治理心理的驱动性

村民既是乡村治理的对象，又是乡村治理的主体。弱化刚性治理的关键就是减少行政组织的干预，这就要求乡村的发展要激发村民的自觉性、能动性和积极性。换言之，建构"自治、德治和法治"相结合的三治融合体系要求充分发挥自治章程、村规民约、居民公约在城乡社区治理中的积极作用，弘扬公序良俗。案例中，两个村的村民都发挥了积极能动的作用，在乡镇组织层面体现政社互动的柔和性，在村级组织层面就是要充分挖掘乡村内部的软性治理资源，比如宗法观念、村规民约等。因为在一个熟人社会或者半熟人社会中，单纯依靠法律很难实现村社善治。自治和德治为乡村柔性治理的运用提供了政策或学理支持。乡村柔性治理主要依赖治理对象的心理活动而不是上级权威，通过柔性治理机制激发乡村公民的主动性、创造性和内在潜力。政府在乡村治理中是个"掌舵者"而非"划桨者"，政府和群众角色的转变促进政府治理目标转化为村民的自觉行动。换言之，以人为本的柔性治理范式在形塑政府职能的同时更有效地促进公民自主意识的提升，通过逐步建构的内在驱动机制促进乡村公共事务的有效治理。

（五）治理主体的多元性

乡村柔性治理的典型特征之一是治理主体的去中心化，而且各个主体在乡村公共事务的治理中都能发挥自己的力量。从上述案例中可以看到，无论是旅游度假村的建设，还是土地经营权的流转，多元主体的积极参与都奠定了良好的民主协商基础。在传统的乡村治理格局中，乡镇政府和村委会是两个主要的治理主体。从乡村治理实践看，治理主体的单一性会增加"行政吸纳自治"的可能性，而社会的民间组织、新乡贤、"庄里公家人"和新闻媒体的介入可以有效地破解治理主体弱化的难题。乡村柔性治理就是以农村基层党建为切入点，将群治作为主要手段，最终建立起自治、法治和德治相融合的乡村治理体系。乡村柔性治理最终呈现村委会、社会组织、地方政府、志愿团体、新乡贤和村民等多元主体协商治理的良好氛围。在柔性治理过程中，作为传统主导部门的乡镇政府改变以往行政权威的话语体系，转变为乡村共治的协调者，通过机制的设计和制度的安排让更多的主体参与到乡村治理中，真正建构出共建、共享和共治的格局。而其他社会力量的加入拉近了村民和基层政府的关系，"多元参与"代替"二元对立"的发生改变了乡村社会的治理结构，是推进乡村善治的有力保障。

（六）治理权力的分散性

委托—代理理论认为，权力本身的扩张性和自利性容易引发掌权者的幽暗意识，双方函数效用的差异和信息的不对称导致代理人的行为往往不能完全体现出委托人的利益诉求，在监管机制缺失的前提下，委托人可能利用公众授权谋取组织或者自身效用最大化。乡村刚性治理过分地强调公权力在公共事务解决中的重要性，重视公权力强制性功能的发挥，这在很大程度上弱化了公众的主体性。乡村柔性治理实践中，地方政府在权力的使用中有意地弱化了公共权力的强制性，通过分权或者赋权的形式激发其他治理主体的内在积极性。实际上，分权与集权是对立的概念，过分的集权就容易导致权力的滥用，集权的治理具有"刚性"的色彩。分权强调权力的平衡，是对行政部门公共权力的一种有效约束，所体现的是柔性的治理逻辑。在第二个案例中，参与矛盾化解的群体很多，充分体现了分权在乡村柔性治理中的重要性。一般来说，国家对行政权力的规制方式有三种，分别是法律制约权力、道德制约权力和权力制约权力，三种方式都是分权的具体表现。在柔性治理的实践中，分权意味着对政府公共权力的制约，政府和社会的关系是一种平等的协商关系。总之，柔性治理中治理权力的分散性对于政府组织而言，能够根据乡村公共事务的复杂性采取更加灵活的方式处理矛盾纠纷，可有效地规避政府部门个别领导者专权行为的发生。对于乡村社会而言，柔性治理很大程度上能激发村庄自治的活力，激发乡村社会组织的责任心和积极性，这对乡村善治进程中村民主体性和自觉性的培育意义重大。

（七）治理行为的有效性

在基层治理实践中，治理行为的有效性遵循"自上而下"和"自下而上"两条研究路径，前者指国家的政策和意志得到高效落实，后者指国家政策促进社会善治。研究发现：两条研究路径实际上反映出不同的治理逻辑，一是自上而下的有效性即行政有效性，反映的是科层制内部行政组织的运行逻辑，强调行政效率的提升和行政目标的实现；二是自下而上的有效性即社会有效性，反映的是国家政策或政府行为促进社会的有效治理，即民众福祉的提升。从马克思主义国家观来看，在社会主义国家体制内，国家是最广大人民群众利益的代表。因此，作为公共利益的代表者和实施者，政府部门所制定的政策和制度应该服务于广大人民群众。马克思主义国家观表明政府和社会之间存在着"委托—代理"的关系，政府的合法性基础在于社会秩序构建和公平正义维护。在乡村柔性治理实践中，无论是公权力的行使还是其他主体的广泛参与都体现了行政有效性和社会有效性的统一。对于政府权力部门而言，柔性化的治理方式极大地提升了行政效率，实现了行政有效性，同时也极大地满足了广大村民的利益诉求，提升了社会有效性。可见，柔性治理行为带来了行政有效性和社会有效性的统一，实现了政府和社会的合作共赢。

第三节　乡村柔性治理的运作机理透视：
内源发展下的软化协同

乡村柔性治理的展开或运作离不开现有的制度环境，正式制度和非正式制度构成乡村柔性治理的制度基础。在乡村治理实践中，两种类型的制度是在交互中发生作用的，正式制度对非正式制度的挤压强化了行政权威，也为乡村刚性治理的实现提供了可能。现有的政治体制改革在遵循分权化的理念下，通过改善政府和社会的关系，为乡村善治的实现打开了一扇窗。基于内源式发展的乡村柔性治理注重村民在乡村公共事务中的重要作用，注重乡村内生性元素的力量，强调通过内生式治理弱化公共权力部门的刚性色彩，建立政府和乡村社会良性互动的格局。因此，乡村柔性治理的有效运作在于以基层政府和乡村社会良性互动为基础发挥乡村的内生性力量，在于通过内源式发展实现乡村社会的有效治理。结合不同发展路径下乡村柔性治理的发展实践，本书认为乡村柔性治理的有效运作体现在以下几个方面。

一　主体能动：自觉认同的参与

在两个案例中，普通公众积极参与是柔性治理有效实施的关键因素，其和当地政府共同寻求利益平衡点深刻体现柔性治理的价值内涵。实际上，新中国成立后的很长一段时间内，由于现代化国家政权建设，乡村治理更多的是依靠自上而下的行政权威，在政社互动的二元格局中，作为弱势群体的村民基本上处于被动的边缘化地位，没有合适的渠道和平台参与到乡村公共事务治理中，或者说公众参与的形式大于实质。村庄事务治理中的公众的有效参与必须建立在公众自觉认同的基础上。公众参与的动力来源是形塑自觉认同的基础，同时也是公众参与机制发挥作用的基本前提，本书尝试从原生性动力、内源性动力和外发性动力三个层面来为自觉认同的形塑提供学理支持，并从思想基础、经济基础和政治基础三个维度为参与机制的建构提供了支撑。

（一）原生、内源与外发：公众参与的三重动力

1. 村社共同体的情感认同：原生性动力

村社作为一个"共同体"，其文化、习俗及环境均在公众相互交往中形塑，这是德国社会学家滕尼斯关于"共同体"的概念阐释。在长久的历史文化积淀中，农村公众形成对村社特有的情感。在社区自治的理论建构中，费孝通先生提出"社区服务制"的概念①，他认为动员更多的社会力量参与社区生活自理是社区服务制的首要任务，社区生活自理的目的就是建构一个守望相助、和睦相处、安居乐业的生活共同体。农村公众在外界力量不介入的情况下，会通过上访、有组织抗争和日常反抗等多种形式维护村庄秩序的良性运行。正如我国学者庄雅仲所说："社区认同感的形成和社区意义的重构是通过生活空间的文化特质和集体记忆实现的。"②

2. 行动中自我价值认同：内源性动力

行动，尤其是持续的行动，它的逻辑起点来自每次行动后的价值感。行动者不仅在行动过程中有参与的存在感，在行动结束后还能获得现实意义，如帮到他人、引起重视、解决问题等，这些对行动者的"奖赏"直接刺激行动者继续采取同样的策略。同样地，在乡村治理中，自我价值认同的存在，提升了村庄权力重新分配的公众期待，一旦拆除参

---

① 费孝通：《江村经济》，戴可景译，北京大学出版社，2017。
② 庄雅仲：《五饼二鱼：社区运动与都市生活》，《社会学研究》2005 年第 2 期。

与的围栏或为公平参与提供合理的规则，通过参与来均衡农村的阶层差异、分享更多权力的行动者将会更多，真正的公众参与大潮也会随之到来。特别是农村的退休党员干部，他们是典型的"熟人社会"中的"大熟人"，是"礼俗社会"中的"知礼者"，又是行政体制的"内部人"，具有丰富的人脉资源、较高的威信和最为广泛的影响力。

3. 政治教育下的国家认同：外发性动力

城镇化背景下，大量农村青壮年外出务工经商，人口空心化现象严重。从当前农村政治生态重构的核心主体来说，中老年群体占绝大部分，他们多数是新中国成立以来的第一代人，由于经历过"文化大革命"和社会主义建设，特殊的历史烙印对他们参与农村政治生态有重要影响。长期的爱国主义和集体主义教育使得他们对国家有高度的政治认同，这种认同更多地体现为一种责任，一种对村社政治生态良性运行的渴望。农村的精英，如乡村老教师、退休国家干部和农村老党员在长期的政治社会化运动中形成高度的奉献精神和政治觉悟，使他们成为参与乡村治理的基础性力量。

（二）思想、经济与政治：公众参与的三维基础

1. 思想基础：群众路线理论

具有本土特质的群众路线理论是指导中国革命和建设的工具，是我国执政党主流意识形态的产物，内在地契合了我国政治发展、经济进步和文化繁荣的特点，在农村公共事务治理中具备强大的解释潜力。首先，公众参与要符合群众路线理论中"党的领导"这一隐匿的基本前提。农村基层党组织的领导是公众参与的逻辑起点，没有党的领导，就会导致公众参与的无序，群众的根本利益就难以实现。其次，体现"人民主体地位"的马克思主义历史观为公众参与奠定了理论基础。公众参与体现了民主集中制的决策准则，是群众路线在农村基层政治实践中的具体应用。最后，"从群众中来，到群众中去"是群众路线理论的核心观点，这本身就体现党和公众间的双向互动的"逆向参与模式"。公众

参与是农村基层党组织工作方法上的创新，是实现乡村善治中体现党的领导的策略性选择。

2. 经济基础：农村经济的发展

亨廷顿指出，高水平的政治参与总是与更高水平的经济发展相伴随，经济和社会越发达的社会越倾向于赋予公众政治参与的更高价值。[①] 农村社会经济的发展程度决定公众参与的内容、条件和级别。改革开放后，随着农村市场经济体制的确立和完善，公众生活更加富裕，农村社会的利益结构也更加分化，基本上已经形成多元化的利益分配格局。资源分配不均导致利益差距客观存在，一定程度上加剧了利益主体间的矛盾，利益的驱使促进公众民主意识的觉醒。同时，自主性、竞争性和平等性是社会主义市场经济的固有特征，在中国几十年的市场经济实践中，逐步培育出公众更加广泛的平等理念和契约精神。在此背景下，各公众个体或团体能够更加理性、自觉并有序地参与到乡村治理中。

3. 政治基础：现代化治理体制建构

公众参与实质上是国家和社会之间关系的调整，是应对基层治理行政化的有效策略，也是"还权于社"的现实反映。公众参与虽具备理论和经济基础，但更重要的是还需要制度的保障。国家的制度顶层设计为公众参与提供系统的文本阐释，党的十八届三中全会指出"形成共同参与格局，发挥社区中多元治理主体的参与热情和积极作用是建立健全村民监督机制，促进群众参与公共事业和公共事务的基础"。同时，公众参与有明确的宪法依据，宪法中明确规定"中华人民共和国的一切权力属于人民"。1998 年《中华人民共和国村民委员会组织法》规定，村民有"民主选举、民主监督、民主管理和民主决策"的权利。这表明：公众参与是农村民主政治的重要标志，也是农村基层民主得以实现的制

---

① 〔美〕塞缪尔·亨廷顿、〔美〕琼·纳尔逊：《难以抉择——发展中国家的政治参与》，汪晓寿、吴志华等译，华夏出版社，1989，第 174 页。

度载体。公众参与是宪法、法律赋予的人民主权原则的必然延伸，为乡村振兴和农村基层社会治理奠定了政治基础。

（三）公众参与模式的机制建构：基于主体的能动者视角

1. 公众参与的主体构成

外嵌式治理和内生式治理构成了完整的乡村治理体系，因此，乡村柔性治理的主体包含两种，一是独立于村庄共同体的外部力量，比如基层政府、新闻媒体和企业等，二是村庄的内生性力量，如新型农业经营主体、宗族势力、新乡贤、"庄里公家人"等，乡村柔性治理功能的实现需要发挥这两种类型治理主体的力量，其主体的具体构成如图 4-2 所示。

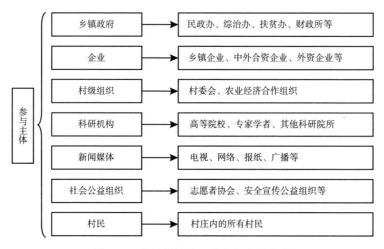

图 4-2 乡村柔性治理的参与主体构成

资料来源：笔者自制。

2. 公众参与的程序设置

我们目前正处于传统治理体系向现代治理体系转变的过渡期，现代治理的手段、主体、侧重点及机制是对传统政府集权的国家治理模式的挑战，反映出治理模式的进步。公众参与模式作为现代治理的重要手段，是乡村治理的基本导向。乡村柔性治理中涉及各级政府、企业、媒体、村民、第三方团体等多个主体，且各个主体在治理实践中扮演不同的角色，应通过利益链条和互动机制将各个主体编织到乡村社会网络中共同参与乡村公共事务的决策。在公众参与的网络化模式中，各个主体之间的合作是乡村柔性治理这一目标实现的前提，各个成员在明确自身角色定位的基础上，以村庄善治的规则和程序为行动的指南。多元主体的参与是实现乡村善治的有效途径，而乡村善治的实现与乡村柔性治理的理念深度耦合，村庄公共事务决策中共设置4种程序即决策、执行、监管和评估。在每一个参与程序中，利益相关者都可以根据价值选择和职能定位进行参与（见图4-3）。

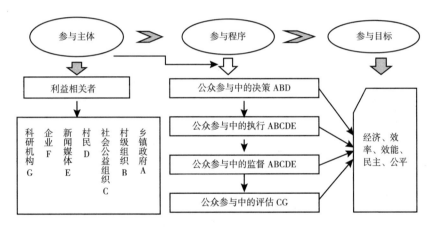

图4-3　乡村柔性治理中公众参与的程序设计

资料来源：笔者自制。

3. 参与主体的职能定位和责任等级划分

在乡村柔性治理中，各个参与主体分别扮演着不同的角色，明确参与主体的责任是实现乡村善治的关键。乡镇政府主要担负指导责任、监督责任和协调责任，企业要承担主体责任，媒体、村民和科研机构要承担社会责任。乡村柔性治理中，乡镇政府要减少对乡村公共事务的直接行政干预，通过科学的指导和协调促进村庄公共事务的决策向科学化、民主化迈进。在农村一二三产业融合发展的背景下，企业作为村集体资本运作的中坚力量需要更多地承担主体责任，在获得经济收益的同时需要加强对农村公共产品和公共服务的供给，通过人性化的关怀和温暖式的服务建立村民同企业之间的紧密联系。媒体、村民和科研机构要承担社会责任，新闻媒体要通过正能量的宣传增强农户的自主性和能动性，通过网络化的渠道监督各个参与主体的行为，建构良性的乡村社会秩序；科研机构为乡村振兴提供科学的对策以及技术的支持；社会公益组织是民间自发兴起的以公益为目的的社会团体，主要职能是进行国家惠农政策和知识的讲解，增强农户的知识获得感（见表4-2）。

表4-2　乡村柔性治理中参与者主体的职能分工

治理主体	资源条件	治理动力	主要职责
乡镇政府	法定权威，财政拨款，政策税收，治安	宪法、法律的权威	提供公共产品和公共服务
企业	资金和技术	形象、声誉及利润	提供资金支持
新闻媒体	乡村发展的信息	知名度、社会效应	监督、宣传、公布信息
村民	资金、人力	生命和财产安全	选举、监督、决策等
科研机构	乡村治理的理念、方法	承接课题、理论与实践相结合	参与论证招标，为乡村治理提供技术、理念
社会公益组织	人力、物力、财力	社会公益	参与帮扶，国家法律政策的讲解
村级组织	法定权威、组织能力	村庄信任	成为连接政府和村民的桥梁

资料来源：笔者自制。

在现代治理条件下，必须明确界定社会各个主体之间的权利义务关系，社会责任的承担应该是分层次的。按照该理论的观点，乡村柔性治理中，各个主体承担的责任分为五个等级（见表4-3），乡镇政府为首级，其次为村级组织，再次为企业及公益组织，最后依次为新闻媒体和村民个人。

表 4-3　乡村柔性治理主体承担责任等级分类

责任等级划分	第一等级	第二等级	第三等级	第四等级	第五等级
治理主体	乡镇政府	村级组织	企业及公益组织	新闻媒体	村民个人
责任界定	行政责任	主体责任	社会责任	监督责任	个体责任

　　资料来源：笔者自制。

二　话语畅通：开放透明的表达

　　在乡村柔性治理实践中，普通的公众作为乡村公共事务治理中的主体之一，理应有自己的利益表达资格和权利。村民自治是乡村柔性治理的制度基础，而村民的基本权利必须受到政府和社会的足够重视。这就要求地方政府在乡村公共政策的制定中，更多地考虑村民的现实利益，并将村民的意见纳入公共政策制定的框架内。在村民参与意识觉醒和民主化水平不断提高的背景下，柔性治理的本质内涵要求基层政府通过制度化渠道确保村民参与的积极性和话语表达的畅通性。普通公众畅通的利益表达不仅可以增强村民对政府组织的信赖感，也有助于地方政府了解和把握村民的利益诉求，真正地有助于做到"以人为本"。从当前乡村治理实践看，各个参与主体由于力量的悬殊导致在乡村政治舞台上话语权的失衡，主要根源是乡村社会的弱势群体的话语表达没有得到制度的支持。中国的乡村社会规模庞大，弱势群体的分布范围比较广泛，但是在村民决策中他们的声音往往被边缘化，或者说因为自身力量的弱小不能够使其声音被决策者听到。乡村柔性治理对政府提出新的要求，即通过制度化的设计和公共性平台的搭建让普通的村民特别是弱势群体能够进行充分的话语表达，最终消除弱势群体在乡村社会各个力量主体中的话语表达不充分和不平衡问题。在乡村柔性治理场域，村民的话语表达有以下几个特点。

　　第一，村民的话语表达非简单意义上的均等化。在乡村社会，村庄的异质性和复杂性决定了村民的利益存在差异，而相互之间的利益矛盾也客观存在，这就要求话语表达要找出矛盾的根源，最大限度地降低冲突。第二，村民公共开明的话语表达受到法律的保护。我国的法律法规规定，公众的合法权益受法律保护，因此，村民合理地表达自己的利益诉求也理应受到法律保护，这也是乡村柔性治理实践中社会公平正义的一种体现。第三，柔性治理中的调解功能依赖开放透明的表达方式。在乡村善治的推进过程中，需要有一套有效的公众利益表达机制，机制存在的目的是保障社会弱势群体的利益，将对普通社会群体的损害降到最低。第四，畅通的话语表达可以缓和社会矛盾。乡村柔性治理是缓和社会矛盾、化解干群冲突、处理突发性事件的有效方式，而畅通的话语表达能让村民在遇到矛盾纠纷时采取理性的方式，最终促进矛盾的化解。第五，乡村柔性治理中政府是各个行为主体合作共治的协调者，作为一种制度性建设，畅通的话语表达能够真正发挥政府的责任主体作用。

（一）利益表达：现代化进程的客观要求

现代化是一个漫长的过程，其实现的速度也与历史文化紧密相关，在农村法治推进过程中之所以会出现"权大于法"和"法不责众"等现象，是"敬官畏官"的官本位思想在作祟。在经济条件差、交通闭塞和地理区位偏远的农村地区，官本位的思想仍然深深地印在当地的基层干部和广大的村民心里。这是因为从基层干部的权力来源看，其主要来源于上级政府部门，因此基层干部往往遵循"下级服从上级"的观念，而对于普通的农民群众则没有敬畏之心，特别是农业税全面取消后，乡镇干部和村民的联系变得不再紧密。另外，虽然进入21世纪，但是中国公民的民主自觉和主人翁意识仍有待提升，特别是公民意识的欠缺使农民往往把自己和干部的关系界定为"群众"和"父母官"的顺从关系，甚至在某种场合或意识观念里把自身看作"低等人"。这种观念虽然在现代文明的冲击下越来越少，但在部分地区依然存在，而这些客观情况也直接导致村民和官员之间地位的不对等。

一是村民不能通过正常的渠道表达自身的利益诉求，二是地方公务人员没有把"为人民服务"或者维护公众利益作为自己的使命，这些问题造成村民利益表达机制的匮乏，成为乡村治理中的薄弱环节。笔者在调研中发现，很多村庄的政务信息是封闭的，对于村庄公共事务的决策也存在"暗箱操作"的情况，村干部的"一言堂"现象是官本位的直接表现。

（二）开放透明的利益表达是乡村柔性治理的内在要求

乡村柔性治理的核心价值在于建立"以人民为中心"的治理机制，这就要求乡村治理的主体必须想村民所想，忧村民所忧，急村民所急。对于基层政府而言，其主要工作在于通过有效的利益表达机制及时有效地将村民的各种利益诉求反映给上级政府，而上级政府通过科学的程序将村民的利益诉求进行分类、整合和存档，再通过协商及时地做好反馈工作。乡村治理中开放透明的利益表达机制建构要求村干部和基层政府把群众工作做得更加细致入微。当前，我国基层治理中的信访制度、部分地区实行的"大走访"制度、地方政府借助网络信息技术搭建的信息收集平台以及不断出现的公共舆论平台都为村民的利益表达提供了渠道支撑，并且在法治化和信息化的实践背景下能够保证上述制度的良性运行。从走访的情况看，村民普遍认为百姓的利益表达机制不够畅通，不能通过有效的平台将自己的诉求反映给上级政府。同时还发现，当村民的利益诉求通过某种渠道上报给政府后并未得到及时的反馈，也就是说没有得到政府的足够重视，最后就不了了之，这无疑降低了村民的信任感。换言之，村民利益表达机制的缺乏不仅造成群众的不良情绪还会在一定程度上威胁农村的社会稳定，这是导致政社互动失衡的导火索。乡村柔性治理模式的嵌入很好地克服了当前乡村治理实践中村民利益表达机制的困境，这主要体现在以下三个方面。

1. 过滤村民利益需求的缓冲器

政府的行政权力是在科层官僚制的体系框架内运行的，实践证明单凭政府一个治理主体是不能够有效地吸收和消解来自村民的多样利益诉求的。2020 年中央一号文件明确提出建立县乡村联动的治理体系，积极推进行政服务下沉和提升乡村治理成效，而行政村作为基层治理的基本单元，更要强化自我管理的功能。因此，在县级政府的统一领导和指挥下，农村的基层党组织和村委会要协助乡镇政府做好民意的收集工作，将更广泛的村民利益诉求进行整合并提供宽松的组织平台和制度渠道。一般而言，农村社会中的精英群体或者中坚力量往往具有较强的社会资本整合能力，在乡村治理实践中也能较好地发挥意见整合和表达的作用，这部分群体包括村干部、农村党员或部分宗族地区的族长以及乡镇企业家，这部分群体与政府的交往密集，能够通过更加便捷的渠道或者说非正式的渠道向政府传递信息。相较于其他的利益诉求表达平台，这些农村的中坚力量具有宽阔的视野和理性的表达能力，能够真正地反映村民的诉求。

2. 确保主体表达渠道的畅通

"从群众中来，到群众中去"是中国共产党一贯的工作方针，也是基层党组织践行群众路线的重要内容。实际上，"从群众中来"在本质上就要求地方的党政系统必须建立起有效的利益表达机制。乡村柔性治理中的利益表达机制应该具备包容性和畅通性的特点。首先，开放的利益表达机制是以维护村民在乡村治理中的主体地位为前提的，这种主体地位的体现所依据的是广大村民享有平等的利益表达机会、可靠的利益表达平台和实在的利益表达效果。其次，考虑到中国乡村社会的复杂性和异质性、宗族性和民族性等特点，畅通开放的利益表达机制必须能够确保不同社会阶层、不同宗教信仰和不同风俗习惯的广大村民都能够通过制度化的渠道表达诉求。最后，村民利益诉求表达的目的是能够获得政府的回应。表达的渠道只是提供一个制度性的工具，但真正能够将该机制落到实处的做法是政府部门要及时地回应相关主体的诉求意愿。因此，畅通开放的利益表达机制要保证地方政府在规定的时间内及时地做好反馈工作，并对多样化的利益矛盾给予调解。

3. 满足公众心灵治理的现实需求

随着社会的快速发展，公共治理的对象也在发生着变化，从过去的"物质治理"向"心灵治理"转变。刘太刚教授认为心灵治理主要是通过非强制和非物质化手段影响人的思维过程，其主要的价值在于能够培养普通大众的社会性需求和价值认知。① 畅通开放的利益表达机制实际上包含着心灵治理的重要内容，因为它可以将乡村治理的功能延伸到有助于村民不良情绪和消极情感的释放上。畅通透明的利益表达机制不仅是村民利益表达的窗口，也是公众情绪释放的通道。乡村社会的急剧转型在提高村民物质生活水平的同时也引发了一系列诸如急功近利、浮躁抱怨的负面情绪。因此，一定的利益表达机制可以使得广大有负面情绪的村民接受党政或社会其他组织的正确引导，在有效控制消极心理的同时实现社会的和谐稳定。畅通开放的利益表达机制是乡村柔性治理的重要载体，成为消除官民矛盾，促进政社良性互动的预防性措施。

三　价值驱动：文化重塑的联动

乡村文化是凝结村社共同体之"魂"，是萦绕在游子心头上的"乡愁"。现代化元素的侵入在一定程度上消解了传统乡村文化的根基，也是导致城市化代替乡土化的直接诱因。一般认为，现代化是乡村转型或者乡村发展的主要目标和基本方向，但是不能用现代化来代替乡土文化。中国乡村社会在长期的发展中形成了独具特色的乡村文化，文化是乡村存在的精神载体，而且乡村文化和中华文明是一脉相承的。乡村柔性治理重视内源发展的表现之一就是强调乡村文化的重要性，在现代化的发展背景下，也要通过改变乡村文化的表现形式来化解城镇化和全球化带来的冲击。当前，国家提出的乡村振兴战略实际上也离不开乡村文

---

① 刘太刚：《心灵治理的恰当方式与作用机理——对张乾友教授商榷文的回应之二》，《江苏行政学院学报》2019 年第 1 期。

化，乡村文化是乡村柔性治理的灵魂，也是乡村振兴战略实施的价值指引。乡村柔性治理实践要求我们不能用经济理性的眼光来看待乡村文化，在现代化时代背景下更应该强化乡村文化的价值。在农耕时代，乡村文化是维系农业发展的精神动力，作为人类文明进程中的重要组成部分，乡村文化也给工业化时代的发展提供了哲学启迪。乡村柔性治理认为乡村文化是激发乡村内生性力量的"金钥匙"，其蕴含的经济价值、教育价值和发展价值是推动乡村善治的动力与源泉。在乡村社会内部，有一种强大的内生文化要素即礼俗文化，这种独特的乡村文化一直都是维系乡村公共秩序的抓手。"礼"是中华文明文化体系的重要构成，通过乡村社会内在的力量得以发展，以非强制性的方式推进村民个体的反思，最终形成具有约束力的村规民约。可见，乡村文化中所蕴含的道德追求、伦理规范和行动理念是乡村善治的重要体现。就村民个体而言，通过乡村文化激发公众心中的内在活力，能够夯实村社共同体，形成推进乡村发展的重要力量。

（一）乡村柔性治理与文化重塑的价值关联

乡村柔性治理是通过以人为中心的价值理念实现村民对基层政府的信任和对村庄共同体的情感认同，乡村治理的主体以精神、文化和意识形态为治理对象，进而通过柔性化策略影响村民的价值取向和行为选择，从治理的过程看，乡村柔性治理是实现国家和乡村社会有效整合的过程。与刚性治理、平行治理和网络化治理等治理模式相比，乡村柔性治理更加强调非正式制度的作用，即关注乡村文化、伦理价值和思想观念在乡村治理中的功能与作用。这是因为以中国特色社会主义核心价值观为主导的现代政治文化蕴含"民主、平等、自由和法治"等理念，这些核心价值观是现代文化的重要组成部分，不仅规定了我国公民的价值取向还规范了其现实行为。现代政治文化融合于乡村柔性治理过程始终，构筑了柔性治理的基本目标，乡村柔性治理的根本目标在于将优秀乡村社会的传统文化和符合现代性的政治文化进行整合，以实现乡村社会和国家理性建构的高度融合。简言之，乡村柔性治理的实现需要借助现代性的政治文化和优秀的传统文化，这就要求在乡村治理的具体实践中避免僵硬刻板的政治宣教，通过汲取传统文化中的精华，使之更好地适应新的时代需求并内化为个体的价值理念。

（二）"柔性治理"工具：乡村治理现代化的文化基底

文化是公共治理体系中的"软实力"，乡村柔性治理中文化重塑的联动机制建构主要体现为公众对文化认同和"集体良知"的有效建构。在文化重塑的联动机制的建构中，国家的主要功能在于将社会主义核心价值观中的公共意志和乡村社会发展中的公共信念通过制度化的输入转化为公共权威，在文化理念输入乡村社会中发挥地方性共识比如"亲情、习俗、宗教"等"私性文化"的优势。[1] 乡村文化的软治理价值的实现首先要明确文化机制的具体类型，然后通过一系列的价值关怀和思想引导不断地强化文化的治理功能，最终实现由"国家规制"到"社会建构"的转型。文明是文化的内在价值，文化存在的目的在于促进人类文明的发展，必须用科学的态度即"批判性"的思维消除僵化意识形态对人主动性思维的管控，因此，文化重塑的联动机制建构要充分考虑包括公共行政部门、市场企业和社会公众在内的所有相关利益者的真实诉求，充分考虑多元主体在合作博弈中形成的理性共识，为"三方共治"的实现提供科学指导。审视当前我国乡村社会的现实景象可知，现代化元素的不断嵌入、市场化浪潮的持续推进、农村劳动力的扩大化外流导致传统的乡村文化处于断裂或者萎缩状态，同时，西方社会的消费主义、自由主义和宗教主义等文化不断侵蚀乡村社会，整个乡村文化呈现碎片化的特征，这成为乡村治理的一大障碍，也为乡村振兴背景下文化的繁荣带来挑战，因此，我们迫切需要通过文化的重塑夯实乡村治理的软实力基础。

---

[1]　吕宾：《乡村振兴视域下乡村文化重塑的必要性、困境与路径》，《求实》2019年第2期。

（三）主体、内容与体系：文化重塑中联动机制的三维要素

1. 文化重塑主体的联动

乡村文化重塑的主体涉及乡村治理的多个主体，而文化重塑的联动机制建构必须充分地发挥各个主体的作用，通过力量的整合形成重塑的合力。首先，充分发挥基层政府在文化重塑中的领导作用。乡村文化的重塑是一项复杂的系统工程，在村民的主体性培育还比较薄弱和村级组织发育不健全的现实条件下，地方政府要在不缺位和不错位的基础上加强对村级文化的领导，做好文化重塑的顶层设计工作，以积极、开放、创新的价值理念引领乡村文化的振兴。其次，重视农民在乡村文化重塑中的主体作用。农民要改变过去"等、靠、要"的思维观念，实现身份由旁观向参与的转变，主动地挖掘身边优秀的乡土文化资源，自觉地抵制腐朽文化的侵蚀，真正成为文化声音和文化情感的传播者。再次，让市场成为乡村文化重塑的重要力量，借助市场的资本、技术和人才等资源优势，通过承包制、合作制和股份制的形式促进文化生产要素的流动与集聚，同时通过净化市场环境和健全运行机制的方式尽可能避免逐利性的盲目扩张，以便推进乡村文化机制的完善。最后，积极培育乡村文化的自治组织。乡村文化自治组织在文化创新、文化传播和文化传承中作用甚大，应以自组织为载体，充分挖掘并整合乡村公共文化资源，拓展文化空间。

2. 文化重塑内容的联动

根据文化的形态可将其大致分为传统文化和现代文化，而乡村文化重塑内容的联动就是将传统农耕文化和现代产业文化的传承与发展同步起来。一方面，要健全我国农村地区的职业教育制度，通过学习基地的培育和家庭作坊教育的开展形成完备的培育体系，确保优秀的传统农耕文化得以传承。优秀传统的农耕文化的传承需要农户的参与，而确保农户的有效参与是实现开发式传承（即不断地挖掘传统文化的现代价值，从文化遗产中获取更多的经济、社会和生态效益）的前提。在具体的开发式传承中，需要借助现代化的信息科技将农产品开发融入农耕文化的

价值理念中，促进农耕文化的产业化。同时应该根据各个地区、各个村庄的特色将农耕文化的差异性和多样性特征体现在产品的开发中，充分发挥区域文化资源优势。另一方面，不断健全乡村文化现代化产业体系。针对当前我国乡村文化产业政策不完善问题，需要有关政府部门制定专项的政策并加强财政资金的投入。同时，为激发乡村文化产业发展的内生动力，还需要引进社会资本，积极培育新型的农业产业主体和完善的产业创新制度促进现代产业主体、资金和文化资源的有效整合。最终，通过政府科学合理的引导机制、有效的风险规避机制和资源的引进机制，形成地方文化产业品牌。

3. 文化服务体系的联动

完善文化服务体系是实现文化重塑的关键，而文化服务体系的联动需要将文化基础设施建设、文化服务供给的内容、城乡间文化资源的流动和文化服务的精准化进行全盘的考虑、同步的推进。首先，夯实文化基础设施体系。以文化服务设施建设作为乡村文化重塑的物质载体和实施平台，借助乡村振兴中资源下乡的东风不断推进乡村的数字化建设，通过文化服务的标准化建设促进服务体系的跨越式发展。其次，增强公共文化服务供给的丰富性。随着农村居民物质生活水平的提升，对文化的需求呈现多样化和差异化的特征。在文化供给体系建构中，通过主体的多元化、内容的丰富化和方式的多样化促进供给质量的提升，进而提升农民的文化获得感。再次，统筹推进城乡文化服务一体化建设。针对城乡二元体制带来的文化资源分布不均衡和发展不充分等问题，需要以县为统筹单位，建立文化人才保障机制和学习互动机制提升文化服务的水平，同时，还需要建立文化资源的流通机制，促进城市地区优秀的文化资源向乡村流动。最后，促进文化服务的精准化。在文化服务供给中往往出现所提供的并非农民所需的，即"供需失衡"的问题，这不仅造成资源的浪费还会增加社会运行的成本，因此需要对所供给的文化内容进行精准的识别。

四 人才集聚：不拘一格的引才

人才是实现乡村振兴的关键，优质的人才输入能够提升乡村治理的成效，而"柔性引才"机制是乡村柔性治理实现的可靠保障。2016 年 2 月，党中央出台《关于深化人才发展体制机制改革的意见》，要求构建科学规范、开放包容、运行高效的人才发展治理体系。党的十八届五中全会提出"聚天下英才而用之"的用才战略，一系列"人才强国"政策的出台深刻体现党和国家为实现中华民族伟大复兴的强大决心。因此，如何将更加科学的人才政策运用到乡村治理实践中是未来一段时间社会各界普遍关心的问题，乡村柔性治理中的"柔性引才"机制就是要按照"不求所有，但求所用"的总体思路和"政府引导、市场调节、契约管理、绩效激励"的运作模式实施，将更加优质的人才资源通过制度设计引入乡村社会，为乡村的发展提供智力支持。

（一）"柔性引才"在乡村柔性治理中的可行性

随着社会主义市场经济体制的不断完善，传统刚性的引才机制已经暴露出弊端，破除束缚人才发展的思想观念和体制机制障碍是当前乡村振兴中亟待解决的问题，"柔性引才"在乡村柔性治理实践中是否具备可行性，具体观点如下。

1. 理念的同构性

"柔性引才"在概念上是指破除人才流动上的户籍、档案、社保关系等体制机制障碍，为人才自由流动、自主创新、实现自我价值创造更加宽松的社会环境。柔性引才是针对传统的刚性引才而言的，传统的引才机制更多地体现"行政规划"的特质，过多地运用行政权力手段进行干涉，一定程度上弱化了引才的质量，对于边缘化的农村地区而言，僵硬的人才引进制度严重抑制着专业人才的深度发展，限制了其专业价值的合理兑现。乡村柔性治理能够满足乡村发展的实际需求，没有太多行政干预的色彩，更多地采取不拘一格的形式，引才的方式更加多元化、弹性化和丰富化。简言之，乡村柔性治理弱化了行政规划的概念，有效地避免了因行政权力干预带来的资源要素配置不合理问题，因此，两者从概念上看，具备很强的同构性。

2. 政策的推动性

改革开放以来，党中央高度重视我国人才引进制度建设，把建立灵活引才机制作为破解刚性人才管理弊病的关键，将高效需求对接视为根本动力，并把优化人才效能作为核心要义。通过一系列的人才政策，促进了三大重要转变：刚性管理向柔性管理转变，计划配置向市场配置转变，"单位人"向"社会人"转变。2019 年 11 月，《关于深化农业技术人员职称制度改革的指导意见》明确提出要进一步打破户籍、地域、身份、档案等制约，创造便利条件，畅通生产经营主体中农业技术人员的职称申报渠道。近几年，针对乡镇对人才的价值认识不到位，一些基层干部简单地把人才引进工作视为工作分工等问题，中央政府和地方政府积极出台各种柔性引才的政策，推进以上问题的解决。

3. 实践上的可行性

"柔性引才"是柔性治理的重要内容，"柔性"能够赢得人才竞争主动权。柔性管理理论认为柔性是以"人性化"为标志，强调跳跃和变化、速度和反应、灵敏和弹性，依据信息共享、虚拟整合、竞争性合作、差异性互补进而实现管理和运营知识由隐性到显性的转化。在乡村治理实践中，刚性的引才措施反而降低了基层人才工作的积极性，通过柔性的方式可极大提升人才引进的质量和效率。湖南省醴陵市通过"湘雅乡情·专家醴陵行"活动，加快人才资源向农村领域拓展；株洲市将各类优秀人才下放到乡村扶智扶业扶贫；山东省冠县采取"校地合作"柔性引才，为高层次人才来冠县发挥才智搭建平台。特别是近几年来，全国各个地区通过把引才从活动变成机制的方式，为"三农"问题的化解寻求突破口，取得了不错的成效。

（二）乡村柔性治理中柔性引才机制建构

传统的人才管理制度带有浓厚的行政色彩，究其根源是我国市场化程度较低。"柔性引才"是一种自由的、开放式的以市场为导向的用才制度，在乡村治理中，政府的角色定位就是引导者，而真正发挥作用的是企业主体，因此，在"柔性引才"中，减少政府干预，克服行政化显得尤为重要。

1. 树立"柔性引才"观

"柔性引才"顺应社会发展需求，是一种科学、先进的人才资源配置模式。乡村柔性治理中的人才引进要改变传统的组织人事部门负责人才引进的"单兵作战"局面，积极引导激励政府部门和企业通过项目合作、技术入股、聘请顾问等柔性方式引进人才。要实现"柔性引才"，必须转变以下几种传统的引才观。第一，"人才皆高端"观。很多人认为人才皆大师，而忽略了"人人皆可成才"的理念，只要具备成才发展的条件都可以人尽其才。第二，"近水楼台"观。人们喜欢以行业划分为框架，对于不同行业的人存在偏见，凭个人好恶来评判人才。第三，"必求所有"观。有人认为引才就是让人才到本地落户，有些单位过分地看重人才的工龄、户籍所在地以及人事关系，限制了人才要素的自由流动。第四，"项目至上"观。很多地方在发展中认为项目至关重要，却看不见人才的价值和人才创新带来的巨大效益。四种传统的引才观具备狭隘性，不利于社会经济的发展和人才的建设，要改变传统的思维方式，必须树立"柔性引才"的观念。只有通过"柔性引才"才能促进人才的合理流动，激发人才队伍的活力，充分体现了知识经济社会的分配原则。

2. 创新"柔性引才"的模式

"不求所有，但求所用"是"柔性引才"的主要思路，创新"柔性引才"模式能提升引才实效。乡村治理中的"柔性引才"模式可从这几方面着手。第一，乡情法。"血缘""地缘"是能勾起乡情的元素，不少人虽远离家乡，不再拥有当地户籍，但都有浓烈的思乡情怀，可以依托在外的人才资源，邀请他们为家乡的振兴建设出谋划策，贡献智慧。第二，平台法。乡村的规划设计、特色产业发展以及制度建设都需要以平台为载体吸引人才，因此，搭建"产学研"公共平台就显得非常重要。第三，协作法。人才资源的结构问题是乡村建设中面临的核心问题，从人才分布结构来看，高端的人才多分布在高校以及科研机构，应鼓励科研院所融入农村发展大局以实现共赢。对于科研院所来说可以通过项目合作拿到课题项目，以乡村为调研基地，能够获取第一手资料；从乡村的角度来看，借用高校和科研院所的智力资源，能将科技成果转化成现实的生产力。第四，租借法。租借法是"柔性引才"使用较为普遍的方法，考虑到工作场所、工作时间以及交通条件等诸多因素，乡村的一二三产业在推进产业升级或开发特色品牌产品时，可以通过租借的方式聘请专家教授来授课指导，采用"双休日工程师"、首席技术顾问等形式，与高层次人才形成长期合作关系。第五，招标法。在乡村治理中相关部门会遇到很多难以攻克的技术难题，政府部门可以将这些难题列成科研创新项目，以招标的方式向社会公布，科研成果由企业购买。

3. 建立鼓励性保障机制

马斯洛需求层次论认为人有生理、安全、尊重、归属以及自我实现的需要，从人性的角度考量，满足自我需要是开展工作的前提，因此，建立鼓励性的"柔性引才"保障机制至关重要。由于目前我国市场化程度不高，"柔性引才"并非主流，要发挥其在乡村治理中的优势势必需要政策给予鼓励与保护。第一，加强部门协调。负责人才引进的人事部门要加强和社保、工商等部门的协调，确保柔性人才在职务晋升、薪酬发放、科研创新以及创业实践等方面与本地人才享受同等待遇，为其提供更优质的服务。第二，完善激励和绩效机制。为调动人才的创造性可提倡其以资本、技术、管理等要素参与分红。以绩效为导向，打破传统的按职称、年龄、身份等为依据的考核体系，建立以成果、能力以及知识为考量维度的指标体系，充分地发挥人才的价值。第三，实行政府投保制度。政府要做好人才的社会保险衔接，在解决柔性人才基本生活保障的同时应对重要人才实行政府投保制度。第四，完善"柔性引才"立法。"柔性引才"在实践中具有一定的不确定性，为保证人才流动的开放性和有序性，只有通过立法的方式才能保障引才对象和用人单位的合法权益。

4. 政府的引导与支持

作为推进我国乡村治理范式创新的重要举措，柔性治理模式的培育是党和政府在经济新常态下的一项伟大尝试。政府引导是保证"柔性引才"得以实现的前提。首先，政府要提供"柔性引才"的政策。农村作为新时代背景下"创新创业"的平台需要具备一个良好的氛围和空间，这个空间需要政府来打造。在高端人才的居住条件、福利待遇、晋升机制等诸多方面要给予优惠的政策，这些政策是引进并留住人才的保障。其次，搭建与其他社会机构沟通的平台。"柔性引才"旨在打破地域、户籍等限制，是一种开放型、多元化的引才模式，政府在协调沟通方面具备公信力，可以与大专院校、科研院所、非公有制企业等建立人才合作开发渠道，构建更加开放的人才工作格局，使人才更加合理有序的流动。最后，建立"柔性引才"规则。政府是规则的制定者，"柔性引才"解决了引才问题，对于引进的人才除了保障其利益外，也要建立相应的人才行为规则，这些规范人才的规则需要政府制定。应运用国家相关法规和人事人才仲裁办法，约束双方的行为，防止和解决柔性引进人才的权益纠纷，确保柔性引进方式的有序实施，体现政府对知识、人才的尊重。

五 行政有效：满足需求的服务

乡村柔性治理的核心是"以人为本"，换言之，就是满足广大农村居民的利益需求，满足需求的服务机制就是以农户的现实需要为导向，顺应新时代和新形势下农民对幸福生活的新期待与新诉求，把治理制度的设计主动融入服务群众和改善民生的乡村治理体系中。

（一）满足需求的服务在乡村柔性治理中的具体表现

首先，就本质而言，满足需求的服务机制是乡村柔性治理模式中所蕴含的公共服务功能的延伸。农业税费改革之后，乡镇政权组织最重要的职能之一就是向农村提供公共产品和公共服务，而服务机制建构的根本目的是将政府和社会的公共服务产品真正地用到百姓身上，特别是处于社会边缘地位的农村居民能够真正地享受到改革发展带来的红利。具体来说，针对当前我国农村落后地区的现实情况，遵循满足需求的价值理性和工具理性，有重点地制定促进城乡公共服务均等化的柔性治理策略，既要关注普通大众日常关心的住房、医疗、教育和养老等问题，又要解决乡村发展中所面临的精神贫困问题，通过地域文化的传承和心灵情绪的疏导，不断进行农民的主体性培育。其次，就内涵和外延来看，满足需求的服务就是针对乡村振兴中我国农村地区特别是中西部经济落后地区的客观实际，地方政府在中央顶层设计理念的指导下积极地动员一切可以利用的社会资源和力量，全方位和多层次地满足群众的物质精神需求。从狭义层面讲，乡村柔性治理的对象特指被社会边缘化的穷苦农民、孤寡老人等弱势群体，满足需求的服务就要求政府和社会特别加强对此类特殊群体的人文关怀。最后，满足需求的服务机制在乡村柔性治理的实践运用重在强化地方基层政府的服务意识，在服务至上理念的指导下时刻将群众的现实需求作为行政行为的逻辑，时刻关注并了解百姓需求，想群众所想，忧群众所忧，在公共服务的政策制定中既注重公平又不盲目地照抄其他地区的服务模式。

（二）政府服务机制构建的依据：基层政府服务改进的实证

乡村柔性治理中满足群众需求的服务机制建构的前提是需要了解当前基层政府公共服务的现状。根据 2019 年国务院发展研究中心的统一部署和基本要求，笔者所在课题组，分 4 个小组深入江苏省内 10 个县（市、区），20 个乡镇（街道），40 个村（社区），对 288 户常住农村居民的生产生活情况进行了深入调查。从表 4-4 所示的样本特征来看，男女占比分别为：55.2% 和 44.8%；从受教育年限看，未上过学的占比 15.28%，接受过高等教育的群体相对较少；从年龄分布来看，中老年人的人数较多，侧面反应农村空心化现象较为严重；村干部和农村党员的人口比重为 10% 左右，从家庭年收入情况来看，年收入 5 万元以下的群体占比 67.7%，中低收入群体占绝大多数。

表 4-4　江苏省部分农村居民情况样本特征

单位：人，%

类别		频数	比重
性别	男	159	55.2
	女	129	44.8
受教育年限	没读过书	44	15.28
	1~5 年	64	22.22
	6~10 年	146	50.69
	11~15 年	32	11.1
	16 年及以上	2	0.69
年龄	30 岁及以下	16	5.6
	31~45 岁	74	25.7
	46~60 岁	120	41.7
	61 岁及以上	78	27.1
是否为村干部	是	27	9.4
	否	261	90.6
是否党员	是	32	11.1
	否	256	88.9
家庭年收入	5 万元以下	195	67.7
	5 万~10 万元	67	23.3
	10 万~15 万元	16	5.6
	15 万元及以上	10	3.5

资料来源：2019 年中国（江苏）民生调研数据。

数据显示，当前农村居民对线下政府办公服务"总体改进情况"满意度较高，"比较满意"和"很满意"的占比分别为43.1%和36.9%。这说明在"放管服"体制改革下，政府线下办公的效率明显提升，这是对"最多跑一次"行政服务实践结果的验证。值得关注的是，在"办事程序精简"方面，还有10%的农民不太满意，这需要继续推进行政服务改革。在五大项目层面，"改善服务态度"相比2017年的调查结果进步较大，且在相关的项目中"不太满意"所占的比重最少。可见，服务态度作为衡量服务型政府建设的主要内容，在当前治理实践中取得很好的效果（见表4-5）。

表4-5　农村居民对线下政府办公服务改进的满意度

单位：%

项目	满意度					
	很满意	比较满意	一般	不太满意	很不满意	不清楚
办事程序精简	34.8	44.1	9.1	10.0	1.5	0.5
证明材料简化	34.3	42.4	12.8	8.6	1.2	0.7
不作为减少	37.5	39.4	13.8	7.1	1.0	1.2
改善服务态度	41.9	40.7	12.3	4.4	0.5	0.2
办事效率提升	36.8	40.0	13.7	7.1	2.2	0.2
总体改进情况	36.9	43.1	13.4	5.2	1.2	0.2

资料来源：2019年中国（江苏）民生调研数据。

在农村居民对线上政府办公服务改进的满意度调查中，对"总体改进情况"的满意度为59.4%，对"事项公开透明"的满意度为60.6%，对"操作界面简单"的满意度为69.7%，对"递交材料便捷"的满意度为66.7%，对"在线答复及时"的满意度为56.2%，对"办结效率提升"的满意度为63.6%。同时发现，对"在线答复及时"的情况的不满意比重最高，总体来说，基层政府线上办公服务还有诸多优化的空间（见表4-6）。

表 4-6 农村居民对线上政府办公服务改进的满意度

单位：%

项目	满意度					
	很满意	比较满意	一般	不太满意	很不满意	不清楚
事项公开透明	36.4	24.2	21.2	3.0	0.0	15.2
操作界面简单	33.3	36.4	12.1	3.0	0.0	15.2
递交材料便捷	30.3	36.4	12.1	3.0	0.0	18.2
在线答复及时	31.2	25.0	21.9	6.3	0.0	15.6
办结效率提升	33.3	30.3	18.2	3.0	0.0	15.2
总体改进情况	31.3	28.1	25.0	0.0	0.0	15.6

资料来源：2019 年中国（江苏）民生调研数据。

在农民与基层政府打交道的过程中，办事程序复杂和不公开，部门之间相互推诿、效率低成为居民最希望政府改善的问题（见表 4-7）。

表 4-7 农村居民与政府打交道最希望改善的问题

单位：%

事项	比例
办事程序复杂和不公开	17.90
部门之间相互推诿、效率低	13.00
不同渠道获取办事信息不一致	3.70
其他	0.90
农民不回答/不清楚	30.50
来回跑开具各类烦琐证明	6.20
各类代办、代理服务质量不高	3.40
服务态度不好，对群众不友善	6.20
没有不满意的、不需要改善	8.20

资料来源：2019 年中国（江苏）民生调研数据。

根据调查结果我们可以看出，无论是线下办公还是网上办公，农村居民对政府服务能力总体满意度还是比较高的，不过政府服务能力仍然需要进一步加强，具体表现在两个方面。其一，居民对办事效率的提升、办事程序的简化、开具各类证明的简单化等仍然不太满意，居民找政府办事要经过很多部门审批和证明程序，给居民和政府工作人员带来了很多困扰，严重阻碍了高效率服务型政府的建设。大多数居民都希望政府尽快改善办事流程，一次性就能够把事情办理好。其二，为了精简政府部门，优化政府资源配置和提升效率，电子政府建设已成为当今政府发展的必然要求。然而，在被调查的江苏居民中，近一年中仅有2.2%的居民有过网上办事经历，这说明居民的网络意识仍然比较薄弱，电子政府的宣传力度不够，同时政府网页设计还有待改善。

（三）满足需求的政府服务机制建构

乡村柔性治理逻辑在于基层政府持续不断地向农村地区输入惠及民生的公共服务，以期满足乡村村民的物质文化需求，在此过程中培育农民大众对基层政府的政治信任和情感认同。满足需求的服务机制是加深民众和政府的情感，促进政社良性互动的制度保障，而且这种情感认同一旦生成有助于乡村柔性治理正效应的发挥。从本质来说，满足需求的服务机制要求国家行政部门改变传统治理模式中单纯依靠群众"上访"解决矛盾的办法，而是通过制度化的渠道鼓励基层公职人员积极开展"大走访、下基层"的实践，把服务的理念真切地运用到实践中，把群众怨气和不满情绪等不稳定因素消除在萌芽状态。

第一，基层政府部门应牢固树立为民服务的理念。政府服务机制构建的前提是要树立"以人为本"的理念，在"放管服"体制改革的精神指导下，乡镇基层政府要从思想上完成"官本位"向"人本位"的转变。传统的基层政府治理带有明显的"人治"色彩，因此，通过常态化的法治化教育让每个基层公职人员自觉地接受法律的熏陶，在行政执法过程中严格遵循"有法必依、违法必究"要求，以提升政府在人民群众心中的公信力。第二，打破"唯经济论"的政绩考核体制。经济建设型政府是当前对基层政府行为逻辑一种较为常见的表述，实际上，在城镇化和市场化浪潮的推动下，上级政府对下级政府的考核主要依据经济指标，基层政府服务机制建构理应建立多重的社会评价指标体系，在指标体系设计中，应该将服务群众和把人民的利益作为乡镇政府工作的出发点和落脚点。第三，畅通农民话语表达渠道。了解农民的真实需求是政府服务机制建构的重要内容，乡镇基层政府不能只通过村干部了解农民需求，而应该以"大走访"的形式深入农村基层，积极地听取百姓的心声，进而在公共服务提供中能够做到精准的投放，避免资源的浪费。第四，加强电子政务建设。农村电子政务服务的对象是农民，关注的是他们能否借助现代互联网工具获取公共服务信息，因此，电子政务的建设不仅要注重设计层面的精简和完善，还要更多地引导农村居民在政府网站上办理事务，通过"一站式"的服务平台主动地适应"三农"问题的解决需求。

总之，探寻乡村柔性治理中的政府服务机制就是把基层政府的运作逻辑聚焦于农村居民的现实需求上，在供给主体的服务形式上，不再是传统的自上而下的单向度的农民的被动接受，而是良性互动基础上的农民主动接受。从社会契约论的角度来说，政府和民众之间是一种委托—代理的关系，这也要求作为代理人的政府应该按照代理人的意志办事。因此，全心全意为人民服务是政府合法性的基础性来源。针对当前基层社会中出现的群体性事件、干群关系紧张等问题，基层政府和村民更要抱着彼此尊重、信任、理解、支持和包容的态度促进矛盾和纠纷的解决。

本章小结

本章主要阐明乡村柔性治理作为应对乡村刚性治理失灵的一种有效

途径，在具体的乡村治理实践中是如何展开的，进而尝试探讨乡村柔性治理的运行性问题。一般来说，乡村柔性治理的运作是各要素相互作用的结果，而现有的乡村治理制度形塑运作的行为和过程。因此，在探究乡村柔性治理的运作机理之前需要对其所在的制度环境进行系统的分析。从乡村发展制度的类型划分上，可以将其简单地划分为正式制度和非正式制度，其中，正式制度主要是国家政策、法律规范和相关的政府文件等；而非正式制度是乡村社会在长期的发展实践中，根据"地域性"和"乡土性"等因素自发形成的约束村民行为的规范。审视中国的乡村历史也可以发现，我国乡村向来都有自治的传统，这些非正式制度在维系乡村公共秩序、保障村民生命财产安全和规范村民行为等方面发挥着重要的作用。就正式制度而言，新中国成立之后，国家政权开始并逐步渗透到乡村社会，有学者用"总体性支配"来描述这一时期的乡村发展格局。具体来说，国家行政主导的制度主要有土地制度、人民公社制度、村民自治制度和公共服务制度，还包括针对乡村发展制定的一系列法律法规和地方章程等，这些制度的特点是由国家公共权力部门设计，确保乡村社会公共秩序的良性运行并提升农民的福祉。但同时，正式制度和非正式制度是交叉在一起运行的，乡村社会的非正式制度主要有内化于心的意识形态、熟人社会的人际关系、自发形成的风俗习惯、认同依附的宗族规范和维系秩序的村规民约等。研究发现：乡村社会中国家行政主导的正式制度和乡村内部自发产生的非正式制度不断发生作用，共同推进乡村善治的实现。冲突、融合和转化是两种制度相互作用的基本结果，值得注意的是，冲突的发生是造成政社互动失衡的制度归因。这是因为，过分地强调国家行政权威和以权力强制性为基础的"刚治"，容易导致行政主导挤压内生自治现象的发生，换言之，正式制度对非正式制度有挤压效应。政社互动失衡也是"行政吸纳自治"的一种表现，在这种背景下，我们尝试建构起政社良性互动的运作机制，乡村柔性治理强调"以人为本"，注重乡村的内生性力量的培育，而内生性力量的发展是为了和政府的行政主导形成良性的互动或者内在的耦合。

第三章中提到的乡村刚性治理失灵的案例，即绿色殡改中的强制性政策是乡村治理转型背景下的特有现象或者说是局部现象。需要明确的是，化解刚性治理失灵的方式有很多种，比如当前学界提到的技术治理、网络化治理、智慧治理、任务型治理和共生性治理等各种乡村治理模式，而本书提出的柔性治理只是其中的一种。在调研中发现：柔性治理的方式在化解乡村社会中的矛盾分歧时作用明显，换言之，柔性治理的范式有其存在的现实合理性。本章仍遵循从现实出发的思路，采取案例解读的方式，阐释乡村柔性治理的运作机理。考虑到中国乡村社会的复杂性和异质性，本章按照乡村发展的实际情况进行分类，选取自上而下的"被规划"和自下而上的"主动式"两种村庄类型。"被规划"是指因为当地政府战略规划的需要，村庄发展项目的开展主要是在行政主导的推动下进行的。以苏南 QL 村的"旅游度假村"开发建设为研究素材，着重探讨在地方政府规划的乡村发展蓝图里，针对项目建设中存在的各种问题，地方政府如何通过柔性化策略指导和协调企业与村民的利益并实现共赢的。"主动式"是指乡村的发展主要是根据村庄的资源禀赋、区位条件，在村民自治组织的带领下实现自主式发展。以皖东南LG 村的土地流转为素材，探究该村在自主发展经济作物进行土地流转过程中，针对各种利益分歧，基层群众自治组织是如何寻求其他群体的帮助，进而通过柔性化方式化解矛盾的。通过比较两种不同发展类型村庄柔性治理的实践提取出乡村柔性治理的共识性因子，具体表现为治理理念的人本性、治理手段的亲和性、治理过程的协调性和治理心理的驱动性等几个方面。

本章在分析乡村柔性治理的制度环境和运作实践的基础上，归纳总结出其具体的运作机理。一般来说，地方政府和乡村社会在关系上表现为一种良性互动，这是因为在柔性治理实践中政府逐步改变传统的治理方式，更加注重乡村内生性力量的作用。在传统的乡村治理观念里，村民往往以治理对象的身份存在，而在乡村柔性治理实践中，村民的身份发生变化，成为新兴的治理主体，其通过更加积极广泛的参与，使乡村治理组织焕发出活力。在政社互动失衡的情景中，村民没有太多话语权，因为表达机制的缺乏，政府呈现"话语权"的一言堂特征，乡村柔性治理通过建构开放透明的表达制度，为村民的利益表达提供了一个良好的平台。乡村柔性治理更加注重文化重塑的联动，也更加强调非正式制度的作用，即关注乡村文化、伦理价值和思想观念在乡村治理中的功能与作用。人才是乡村治理的第一资源要素，乡村柔性治理中，所采取的是不拘一格的"柔性引才"方式，摆脱传统的刚性治理模式。基层政府和乡村社会的关系非常紧密，政府的服务水平和服务质量是衡量治理能力现代化的重要标准，在乡村柔性治理实践中，地方政府将满足群众需求作为行政的基本理念。总体而言，乡村柔性治理的运作过程也是政社良性互动的过程，这个过程中，应弱化政府的刚性权威，注重乡村社会内部各种资源要素的利用，在政府的指导协调下，借助内源式发展的理念，强调非正式制度的作用，推进乡村善治的实现。

第五章

乡村柔性治理的应用落地:
治理现代化境遇中的路径探索

第一节　乡村柔性治理应用的价值:
助推乡村善治的层级合力

一　中央层面:国家治理的现代化转型

（一）乡村治理是"中国之治"的基石

乡村是国家治理的重要对象和微观领域,其治理水平的提升可以视为国家的一项基础性工程,是推进国家治理有效性的根基,因此乡村治理现代化在很大程度上决定着国家治理现代化。党的十九届四中全会提出"中国之治"的总体目标为国家治理体系和治理能力从"更加成熟、更加定型"向"制度更加巩固、优越性充分展现"转变。具体来说,到 2035 年基本实现治理体系和治理能力现代化,到 21 世纪中叶全面实现治理体系和治理能力现代化。从整体和部分的关系看,乡村治理现代化是国家治理现代化的有机构成,乡村治理模式不仅关乎乡村善治的进度,更关乎国家治理现代化的进程。当前,乡村治理体制的建构是在国家治理的宏观框架下展开的,乡村治理目标的选择、制度的设计、政策的制定以及绩效的考核必须服从于国家整体性建构。党建统领、自治为基、法治为本、德治为引，建立完善的党委领导、政府负责和社会协同的乡村治理体制其内在的价值和理念是和国家治理的基本要求相一致的。可见，乡村治理不仅是国家治理的重要组成部分，也成为"中国之治"的基石，乡村治理的成效是乡村振兴战略实现的基础，也是乡村治理现代化的重要标志。因此，乡村治理作为一项基础性的工程，其治理有效或治理模式的选择应该站在"中国之治"的战略高度展开，只有从细微处着手，才能从根本上实现治理现代化。从基本国情看，我国处于并将长期处于社会主义初级阶段，城乡结构失衡，各地区之间发展不充分、不平衡问题普遍存在。在这样改革的攻坚期，应该理性认识到乡村治理的重要性，因为无论从农村常住人口的比例，还是从社会结构和阶级分布看，其治理模式选择和乡村社会的和谐均密切相关，乡村治理有效是中国之治的"压舱石"。

（二）乡村柔性治理和国家治理现代化的元素聚焦

所谓国家现代化是指通过嵌入知识、信息、理念和制度等现代化的元素代替或改进旧有的要求，最终促进社会关系的变革。国家治理现代化的本质内涵和价值底蕴就是用现代化的思维、方式、技术与制度促进国家治理的现代转型。从党和国家的政策文件看，体系和能力构成了治理的"一体两面"。因此，现代化的治理体系和治理能力作为迎合时代发展潮流的政治要素可促进社会发展由低级向高级的变革。何增科教授认为民主化、法治化、文明化和科学化是衡量国家治理现代化的标准。[①] 乡村治理是国家治理的主要组成部分，乡村治理转型是推动国家治理转型的重要抓手。基于人本主义的乡村柔性治理范式符合国家治理现代化的四个标准。

首先，乡村柔性治理具有民主化的特性。人民当家作主是社会主义民主政治的本质，作为面向未来的乡村治理范式，乡村柔性治理深刻体

---

① 何增科：《国家治理现代化与近现代大国崛起研究引论》，《复旦政治学评论》2018年第1期。

现"以人民为中心"的执政理念，旨在体现人民群众的主人翁地位，本身就回答了"谁来授权、谁来监督"的问题。作为国家治理的重要组成部分，乡村柔性治理真正让人民成为监督的主体，充分发挥基层群众的自治主动性。其次，乡村柔性治理具有法治化的特性。国家治理现代化本身就蕴含法治的理念，即多元治理主体以一定的规则或者制度作为约束，通过彼此间行为的约束，明确各自的权利和义务。乡村柔性治理也要求政府和乡村自治组织按照一定的法律规范行使自己的职权。法律是契约关系的调解器，但是国家公权力强制性的滥用不仅造成法治资源的浪费，还直接导致法律的正当性消解，而乡村柔性治理更多的是运用软法规范，通过更多的协商实现更高程度的自由。再次，乡村柔性治理体现文明的特性。传统的国家治理更多地蕴含"力治"的元素，更多地体现少数统治者的意志，而柔性治理是与统治和暴治相对立的治理模式，在具体的治理实践中，更多地强调协商、合作、民主和对话。最后，乡村柔性治理是科学的治理模式。国家治理现代化是政府和社会相分离、注重专业分工和多元合作的机制。乡村柔性治理更多地体现政府的"放权"和社会的"赋权"，在这一过程中，政府治理行为逐步趋于理性和专业化，能够通过政社良性互动机制实现行政有效性和社会有效性的统合。

（三）乡村柔性治理应用落地耦合国家治理现代化的潮流

乡村柔性治理本身就体现了国家治理现代化的理念，也符合治理现代化的四个标准。实际上，从政府权威的合法性来源上也能为乡村柔性治理促进国家治理的现代化转型寻求理论依据。德国著名政治学家马克斯·韦伯认为传统型权威尊重传统文化和信仰，个人魅力型权威依赖并遵从统治者个人的号召和感召。[①] 在国家治理现代化理念的指导下，国家治理现代化转型必须建基于具备合理、合法、理性特征的法理型权威

---

① 李荣山：《权力与伦理：韦伯支配社会学中的国家理由问题》，《社会》2020 年第 3 期。

之上。法理型权威符合民主政治的发展趋势，和柔性治理的民主化特性相耦合，也是政府合法性权威的来源。衡量政权的合法性一般取决于其价值理念是否扭曲、法律规范是否正当、治理绩效是否提升以及认同机制是否科学。乡村柔性治理作为一种面向未来的治理范式，其价值观念是以人为本，法律规范是国家的宪法和法律，治理绩效是村社善治，认同机制是农民的政治认同。从社会秩序划分来看，可将其分为"民主的秩序"和"暴力的秩序"，"暴力的秩序"的获得依靠国家强制力，但是从有效性来看只能获得民众暂时的服从。"民主的秩序"的获得主要依靠群众的支持、信赖和拥护，具有持久性。乡村柔性治理的优势在于不是依靠自上而下单向度的强制力手段，通过"暴力"实现社会治理，而是依据民主、平等和合作的理念，通过政社良性互动获得民主的社会秩序。乡村柔性治理通过亲情化的制度设计从内心激发村民的主人翁意识，寻求村民对乡村公共事务治理的信任、支持和配合。比如在农村环境治理实践中，当地的政府部门可在不改变地方性法规的前提下，通过信息公开机制和对话协商机制引导村民在环境污染和经济发展之间做出理性选择，可通过村规民约等非制度化的手段规范村民的行为。作为刚性治理的一种补充，柔性治理在治理方式上弱化了政府的权威，但是治理效果上却增进了政府权威，这是国家治理现代化的深刻体现，也是国家治理现代化转型的必然要求。简言之，作为与法理型权威相对应的乡村治理范式，柔性治理弱化传统政府的政治权威，通过发挥非制度性权力的作用，借助于协商、民主和合作的手段，建立起价值认同的柔性化权威，使得民众从内心深处接受且愿意遵守政治秩序，有力地促进国家治理的现代化转型。

二 地方层面：基层政权的公共性重构

（一）公共性：基层政权的本质属性

基层政权的公共性是衡量地方政府公共活动的性质和基本价值取向

的重要指标。基层政权处于国家治理体系的末端，是乡村治理转型的基本单元，乡村治理失范或失序的根本原因是基层政权组织"公共性"的缺失。委托—代理学派认为，提供公共产品和公共服务，增进人民福祉是基层政权组织获得合法性的关键，政府的行政行为应充分维护公民利益。在宏观理念层面，地方政权的公共性是指地方公共权力部门或行政组织的行政行为应着眼于地方社会的长远发展和当地百姓的公共利益，所有的治理措施应以维护公平正义的公共秩序为核心。县、乡两级政权组织直接关系着乡村社会，是乡村治理的绝对主体，在乡村公共事务治理中，地方政权的"公共性"表现为基层政权组织的政治行为应有公共道德、公共伦理和公共价值的约束。基层政权组织制定的公共政策和在公共政策的执行过程中必须以维护最广大人民群众的利益为根本，这是"公共性"的基本要求。然而，部分地方政权在社会发展中出现"公共性"缺失的问题，这主要是因为我国当前处于经济社会发展的转型期、利益矛盾的深水区和改革创新的攻坚期。就基层社会治理而言，治理理念缺失、制度设计失范、公共责任弱化和公共行政低效导致公共行政行为中价值理性和工具理性结构性张力的扩展。基层社会问题或社会矛盾得不到有效解决直接造成政府公信力的降低和干群关系的紧张，也成为地方政权建设的内生性障碍。

（二）基层政权组织公共性缺失的内在根源

美国著名社会学家迈克尔·曼在其著作《社会权力的来源》中根据权力的属性将其划分为专断性权力（despotice power）和基础性权力（infrastructure power）。[①] 迈克尔·曼认为专断性权力的优势在于能够在短时间内执行国家意志，是国家高位推动下公共政策得以落实的关键，但也指出单纯依靠暴力来维持社会秩序的政权，在消耗更多的资源的同时也会受到社会力量的对抗。与专断性权力不同的是，基础性权力能够

---

① 〔英〕迈克尔·曼：《社会权力的来源》第 2 卷（上），陈海宏等译，上海人民出版社，2007，第 68~69 页。

与社会进行持续的沟通，通过协商的方式使政治决策尽可能地获得利益相关群体的认可和支持，从而使政治决策的推行获得有利的社会基础。乡村柔性治理在本质上体现政府基础性权力的运作逻辑，即强调政社的良性互动和农民的话语表达。

第一，地方政府的自利性行政行为。地方政府是公共利益的代表，但同时也有自利性的一面，在现实利益驱使下地方政权组织往往依据自身的利益需求和价值偏好产生"与民争利"的行为，自利性的驱动使社会资源的分配偏向少数群体，公共性发生"断裂"。第二，公共治理的线型科层制结构。当前我国的政权组织设计有严格的等级体系，权责分明的科层制治理结构形塑以政府为单中心的治理格局，也构成了"强政府—弱社会"的关系格局。[①] 科层制治理结构的封闭性阻碍了信息的传播，这为权力的运行提供了"暗箱操作"的可能，导致权力的膨胀，公共利益的受损。第三，公共政策制定脱离农村实际。后农业税时代，地方政府和乡村社会的联系有所弱化，这也造成在缺乏调查研究基础上制定的公共政策脱离乡村社会实际。对于地方政府而言，其偏执于"发展经济、效率优先"，社会公平正义被边缘化。对于绝大多数农村地区的社会群体来说，并没有很好地享受改革开放或经济发展带来的红利。第四，政府公信力的缺失造成公共性流失。从社会契约论的角度来说，政府的权力由人民赋予，双方"委托—代理"的关系决定着政府应该做到权为民所用，利为民所谋。在当前地方治理语境中，权力掌握在上级政府部门的少数人手中，造成权力的垄断。在缺乏有效监督机制的情况下，权力集中为"权力寻租"提供了空间，导致公共资源的被侵夺和公共利益受损。

（三）乡村柔性治理应用落地促进基层政权公共性建构

从地方政权"公共性"缺失的原因中我们可以看到，衡量是否满

---

① Scott R. Furlong, "Political Influence on the Bureaucracy: The Bureaucracy Speaks," *Transaction Periodicals Consortium*, Vol. 10, 1998.

足公共性的条件在于地方政府在公共政策制定中能否以当地人民群众的根本利益为宗旨，能否在调查研究的基础上充分考虑公众的价值偏好和利益诉求，能否在具体的治理实践中超越本部门的"自利型"取向和"压力型"倾向。乡村治理转型就是要改变传统的乡村治理模式，重塑基层政权的"公共性"价值，建构公平正义的乡村社会秩序。同时，只有去除基层政权的自主性和自利性，才能夯实基层政权的合法性和群众性。服务型政府建设就要求政府在乡村治理中实现职能由"管控"向"服务"的转变，这是获取乡村共同体认可的来源，而服务型政府的根本特征就是"公共性"。公共性的重塑客观上要求改变地方政府"唯上"的行为逻辑，体现"以人为本"的特质，这与柔性治理的价值、理念和目标相吻合。乡村柔性治理的根本是"以人民为中心"，是能够增进公共利益的一种治理模式。在具体的乡村治理实践中，柔性治理范式的嵌入能够产生公平正义的民主秩序，通过发挥非制度性权力的力量让大多数村民自愿地维护乡村的公共秩序。乡村柔性治理的实施是推进地方治理创新，重塑地方政权公共性的有效举措，只有坚持人本主义的执政理念，才能真正发挥基层政权的公共精神和公共价值。

互联网的普及在给公众生活带来便利的同时也给地方治理带来一系列挑战，县级以上的政府在控制社会舆论和在网络治理中更有优势，乡村柔性治理实际上也是地方政府应对信息时代挑战，化解网络暴力和重塑政权公共性的有效方式。这是因为在当前的信息时代，一些村民借助手机和电脑等数字化的公共平台，使无理性的网络言论充斥着网络空间，造成社会秩序的动荡。如在征地引发的干群冲突中，一些网民存在"仇官"的心理故意制造地方政府和乡村社会的对立。在这种情况下，如果县级以上的政府通过刚性的"力治"手段应对虽可以取得一时的效果，但是只有通过耐心的情绪引导才能起到"根治"的目的。信息化时代公众身份的隐蔽性、信息量的激增性和观点的碎片性对地方政府治理模式提出了新的要求。柔性治理模式的嵌入要求地方政府主动地向具有网民身份的村民提供所需要的信息、经验和技术，进而在虚拟的公共平台上通过柔性的引导、精神的鼓舞和价值的驱动让网民真切地感受到地方政府的关怀，这不仅增强了民众对地方政权的心理认同，还极大地形塑了地方政权的公共性，最终实现互联网治理下政社的良性互动。

三　乡村层面：乡村公共秩序的再生产

（一）乡村公共秩序失范的现实审视

随着我国乡村社会政治经济体制的快速转型，乡村社会中原有的利益格局被打破，国家与乡村社会和乡村社会内部之间的利益关系更加复杂化，各行动主体的利益诉求也逐步多样化，利益格局的深刻变革导致乡村社会矛盾频繁爆发。同时，乡村互联网的普及，村民自治制度的进一步完善，农村居民的民主观念、权利意识和法治思维不断成熟，特别是地域限制的打破使得其与外界之间的交流更加频繁，极大地促进了社会意识的多元化。传统乡村秩序的维系是建基于人情关系和熟人社会之上的，但是村庄共同体的瓦解使得乡村社会向市场秩序的"大社会"扩散。当前的乡村社会因为现代化元素的嵌入打破了旧有的社会治理格局，直接表现为人们对乡土社会认同性和归属感的弱化。新时代背景下乡村公共秩序的失范主要体现在以下三个方面。

第一，"精英俘获"滋生。城镇化和市场化的渠道导致大批的农村精英逃离乡村，而随之而来的是新时代精英的崛起。当前，理论界根据农村精英的身份、职业和地位，将其划分为体制精英、经济精英和社会精英三大类。具体来说，体制精英主要是农村的基层党组织成员和村民自治组织的村干部，经济精英是指通过市场化运作如兴办乡镇企业或者农产品零售获取财富的村民群体，社会精英主要是指依靠关系和能力在乡村社会有较高地位，具备很强的关系运作能力的村民群体。在政府向农村提供公共产品和公共服务的过程中，这些精英群体懂政策和法律，依靠自身比普通的村民更加容易获取信息的优势，能利用手中的权力进行资源的再配置。

第二，行政吸纳自治。传统的乡村公共秩序主要来自地方权威对地方内部利益整体关系的主动建构，或者说乡村治理主体从事公共治理是为地方谋福利。现代化政权建设中我国通过科层制建立了跨层级政权，乡镇政府实际上在很大程度上是为国家权力部门服务的，具有双重代理身份的村干部往往直接维护国家行政机构的利益而非农村自治群体的利益。国家权威和地方自治的分离就是费孝通所说的"地方社会的侵蚀"。权力嵌入乡村在打破原有治理格局的同时并未建立起新的乡村治理秩序，政社的利益分利加剧秩序的失范。

第三，社会改造失败。国家对乡村社会的改造并不彻底，甚至仅停留在形式化的机构设置上，权力的渗透在很大程度上受到阻滞。乡村公共秩序的重要来源在于村民有共同认可的规范，但是国家的市场化改革导致村民公共意识的下降，而传统的内生性礼治规则不能有效地发挥作用。同时，在农村法治化建设的背景下，国家企图通过"法律下乡"的方式重塑乡村社会的治理秩序，但是在"送法下乡"过程中出现了现代文明和传统观念之间的冲突，导致国家的现代化建构或者国家对乡村的改造失败，乡村秩序被颠覆。

（二）乡村柔性治理应用落地克服了公共治理的无序性

混沌（Chaos）原指天地未开辟以前宇宙的浑然状态，现在主要用来指事务内部诸要素及其事务之间构成要素的无规则组合，包含运动无序和结构无序两层意思。与混沌相对应的是"有序"，指的是系统内部各要素及其事务之间有规则的排列组合，也同样包含结构有序和运行有序两层意思。在公共事务治理场域，约翰·托马斯提出公共决策中公共有序参与的重要性，为此设计了公共决策中公民有效参与的决策模型。从霍布斯的社会契约论看，国家的产生使社会中充满了斗争、邪恶和恐惧，这是混沌社会的特有形态，为此，人要放弃自己在自然状态中拥有的权利，通过社会契约的方式建立国家，让国家通过权力维持秩序。乡村柔性治理中平等协商和良性互动的理念孕育"有序博弈"的意蕴，在一定程度上打破了传统乡村治理中政社互动无序的境遇，成为乡村公共秩序建构的重要变量。

柔性治理范式下的乡村社会是权力有序博弈的公共空间，乡村柔性治理的秩序逻辑在于理性参与下的有序博弈。首先，理性是有序博弈的基础。在乡村公共事务解决过程中，村民需要有一定的基础知识和话语表达能力，并且能够运用村集体赋予的权利对公共事务决策的内容做出理性的判断。其次，制度是有序博弈的保障。乡村柔性治理中的有序博弈需要在国家法律或者乡村"习惯法"的约束下进行，同时在乡村长期的发展实践中形成特有的规章制度对村民参与公共事务的话语表达做出特别的规定。再次，边界是有序博弈的过程。并非所有的农村公共决策都需要农民的参与，在决策之前需要村委会对需要决策的事务性质边界进行划分，对切实关系到公民自身利益的决策应保证其参与权利，对于村委会或者农村社会组织工作内的事务则不需要广泛的话语协商。最后，协调是有序博弈的关键。菲利普斯认为是否存在着一个主导性组织及其发挥领导作用的程度是公共事务治理中形成参与合力的关键。[①] 乡村社会中的有序博弈可发挥农村基层党组织的领导先锋作用，但是要确保基层党组织在协调中的独立性，即不能干预其他群体的话语博弈。简言之，混沌和有序构成了公共秩序的两种类别，从乡村柔性治理的秩序逻辑可以看出，秩序从混沌中来，两者是相对性的存在，社会的发展需要有秩序作为支撑，即秩序是公民生存和发展的前提与基础。

（三）乡村柔性治理应用落地促进公共秩序良性化

乡村柔性治理模式的核心在于政府通过调解、协商、讨论等柔性执

---

① 张乾友：《代表与服务：政治建构的伦理基础及其演进》，《浙江学刊》2020 年第 4 期。

法方式和村民进行平等的公共对话，避免刚性治理中因政府的绝对"话语权"导致的公共对话失范问题，因此，乡村柔性治理有效地克服了公共对话的无序性，是建构合理和良性乡村公共秩序的关键。乡村柔性治理最大的价值在于其"去行政化"，乡村公共秩序建构通过柔性化的非强制手段，以濡化人心的方式促进村民对村社共同体的认同，最大限度地减少社会分歧，不断形塑政社良性互动局面的形成。基层政府和乡村社会之间的矛盾是造成乡村公共秩序失范的主要原因，乡村柔性治理能促进乡村公共秩序再生产的关键在于其是化解社会矛盾的有效策略。从当前乡村治理的实际困境看，无论是村民的邻里纠纷抑或干群冲突都具有敏感性、对抗性和破坏性的典型特征。特别是在乡村治理转型攻坚期，乡村治理中的矛盾也同时具备触点多和燃点低的问题，这对乡村公共秩序的维系带来巨大的挑战。传统的乡村治理模式中，针对公共事务矛盾，政府往往借助警察的力量，在治理手段上采取"拖延、躲闪和捂着"等粗糙的方式，这些带有刚性特征的治理方式显然不利于矛盾纠纷的化解，不仅易导致事态的恶化还会引发新的干群矛盾。从乡村公共秩序建构的结果看，刚性的治理策略虽然可以在短期内达到社会稳定的目的，但是其潜在的威胁更可怕，同时刚性治理也是导致乡村社会矛盾不断积累的主要根源。乡村柔性治理促进乡村公共秩序再生产的优势在于其重在突出"柔和"的品格和"弹性"的功能，将传统的管理寓于给予、服务和授予之中，其信任、协商、理解和沟通的现代化治理理念能有效地消除乡村行动主体之间的矛盾，减少乡村民众和基层政府之间的行政摩擦，进而将矛盾化解在彻底爆发之前，从而实现乡村社会的有序和安定。

四 个体层面：底层群体的话语权建构

乡村治理最核心、最基本的目标，就是要维护村民的基本权利，现代化的乡村治理范式就是要构建并夯实公众的话语权。话语权是一种"软权力"，是通过对特定国家的历史文化、发展道路和政治现实的历史叙事而形成的哲学社会科学影响力。改革开放以后，随着公民民主政治文化的培育，社会经济基础逐步雄厚，官僚型治理结构的改变，我国乡村社会的治理基础发生重大的变革，政府集权化治理体系逐步弱化，乡村的公共性空间在拓展。然而，治理基础的结构性变迁并未带来治理规则和治理行为的改变。只有建构以集体主义本体论和人民主体性目的论为核心的话语权才能实现真正意义上的治理体系和治理能力现代化。

（一）乡村柔性治理的应用落地夯实农户话语权的基础性

后现代公共行政理论家认为语言建构世界，但是以语言为基础的知识总要受制于其产生的历史条件和特定的情景。乡村柔性治理的目的在于打破被控制的社会语言和异变的话语符号。从这个角度看，当前的乡村治理场域，农民的话语权缺失与政社互动中隐含的精英意识即基层政权抑或农村精英的话语独白成为后农业税时代乡村治理中的深层次难题。乡村公共事务治理的场域逻辑在于理性质疑威权主义的"专家理论"和集权主义的"话语霸权"，进而建构一个开放自由、民主意识浓厚的对抗性公共政策对话机制。法默尔在其书中认为，反思性语言是后现代公共行政建构任务实现的启发性工具。[①] 在现代化民主政治发展潮流的推动下，乡村善治的实现要求基层政府克服"官僚制"弊端，在放弃"独白式"对话的同时注重村庄资格主体即农户的政治参与，通过对抗性交流机制的设计改变农村公共事务治理中公共政策自上而下单向度的生成模式。同时，在对抗性乡村公共话语场域建构中，基层政府只有坚持"农民为中心"的行政理念，才能使基层政权的公共性得以表达。简言之，在乡村治理场域，乡村柔性治理的建构在于使不同意向性的能量在特定的语境中通过对抗性的

---

① 〔美〕戴维·约翰·法默尔：《公共行政的语言——官僚制、现代性和后现代性》，吴琼译，中国人民大学出版社，2005，第39页。

话语博弈保障公民的参与权和决策权，增强公共行政的合法性和民主基础。

法国著名社会学家皮埃尔·布迪厄认为人们在实践中形成的话语技能不仅仅是"单纯的能说"，更意味着通过语言权利来运用自己的权力。① 作为一种特有的政治权利，农民可以在农村的政治舞台上就村庄公共事务或个人现实利益"自由的说话"。对于农民群体而言，话语权利在村民自治行动或政社互动中发挥着重要作用，正如李普赛特所说："建立正常的渠道使一些相冲突的利益得以表达，有助于民族国家结构的稳定。"② 哈贝马斯认为公共领域是各个社会群体通过公共讨论的方式来调节社会冲突的一个公共话语空间，而"公众话语权"则是公众在公共领域发表言论的权利及其言论潜在的社会影响力。米歇尔·福柯认为在一个社会里，具有优势地位的社会行动者往往主导着社会表征体制③，这与我国乡村发展实际相贴合。乡村刚性治理失灵为村庄"柔性治理"的建构提供了理论辩护，作为弱势一方的农民渴望与乡镇政府、村干部等农村公共场域中的主要力量进行对抗性交流，以促进公共政策的完善，这是村社善治的直接体现。

（二）乡村柔性治理的应用落地消解了传统对话的独白性

作为后马克思主义时代的代表性人物，拉克劳和墨菲的"激进民主观"成为新时期国内外政治理论学者和公共管理学者普遍探讨的热点话题，深刻地影响着后现代公共行政的治理变革。拉克劳和墨菲的一个核心观点是对抗、争斗及分裂充斥着人类社会生活的方方面面，他们尝试利用"对抗性"思维来理解政治。④ "独白性"是与"对抗性"相对立

---

① 苑国华：《略论皮埃尔·布迪厄的人类学思想》，《青海民族研究》2006 年第 3 期。

② 陈悠、李灏：《李普赛特政治发展观及其对后发国家政治民主化的启示》，《山东行政学院山东省经济管理干部学院学报》2010 年第 1 期。

③ 吕清远、高丽华：《"公共传播"在中国语境下的知识生产与谱系考察——基于米歇尔·福柯权力—话语理论的演化视角》，《新闻与传播评论》2020 年第 4 期。

④ 杨植迪：《拉克劳、墨菲"对抗"思想的建构路径及理论限度》，《国外社会科学》2021 年第 4 期。

的概念，是指在政治空间场域，某一行为主体占据绝对的话语权，形成"一枝独大"的局面。政治对话也同时具备"独白性"与"对抗性"两种形态，对抗性的话语交流在政治生活场域具有积极建设性的作用，多元主体的话语博弈是民主能够维系，也是政府获得民众真心拥护和认同的重要方式。拉克劳和墨菲的对抗性政治话语理论为新时代背景下建构政社良性互动的乡村治理范式提供了学理支持，成为公共事务治理中政策话语转型的理论工具。在乡村公共事务治理语境中，一个健康的政治对话需要诸多政治力量在乡村治理场域中博弈，独白性的话语交流会轻易地被不可谈判的道德价值与本质主义的身份认同之间的敌对状况所取代。乡村柔性治理的模式嵌入打破了基层政府和农村精英"话语独白"的支配性语言体系，使得有公共精神的农民凭借自身的理性思考将反映乡村公共责任的意见进行传播。集体的发声能够汇聚民意，彰显"一些人"参与的民主性，改变传统话语的独白性。

在利益分化和需求多样化的乡村治理场域，村民一方面可借助互联网技术把特定情景下的议题在网络平台进行对抗性交流并得到地方政府的反馈；另一方面，可以通过农村基层党组织、村民自治组织和农村经济合作组织等组织化渠道将村民利益进行高度整合，夯实与基层政府政治对话和诉求表达的组织化基础。在传统的乡村治理场域，乡村公共政策的制定过多遵循"行政主导"或者"政府一言堂"的路径，公共对话平台的缺失、公共对话制度的虚置、公共对话氛围的弱化等造成农民在乡村公共能量场中的"失语"。柔性治理范式下的乡村公共能量场存在高度的"对抗性博弈"，农民通过与不同社会群体间的话语博弈使得所关注的公共问题上升到公共政策议程，避免了传统政府先审查后发布造成的信息失真问题，通过原生态的对话内容实现多方真诚的交流。简言之，乡村柔性治理建构了平等的对话空间，实现了作为传统弱势群体的农民对公共事务的自主参与，在解构传统一元主导的乡村治理结构中拓展了村民自治的弹性空间。

第二节　柔性治理落地的现实困境：
村域扶贫实证

在现有的制度框架下，乡村柔性治理的落地实现会遇到一系列问题。笔者仍然以"村域"为研究单元，通过现实案例的解读系统地总结柔性治理落地的疑难点，案例研究首先要回答选点的问题。本节的研究对象 P 村选取的依据为以下几方面。第一，P 村为中部经济欠发达地区，在工业化和城镇化背景下正处在从传统向现代发展的转型期，能够代表中国绝大多数农村的发展情况。第二，P 村的"水美乡村"建设项目是在乡村振兴战略下实施的，基本能反映后农业税时代国家通过"项目制"发展乡村的基本逻辑。第三，P 村的发展历程能够清晰地反映出乡村治理模式的转型，而在"水美乡村"建设中，P 村采取了柔性化的发展策略并取得了一定效果。

一　案例描述：豫西北 P 村的"水美乡村"建设

P 村位于河南省西北部，地处黄河中下游平原，与山西接壤，前临滚滚黄河，后依巍巍王屋，同时这里又是古代四渎之一——济水的发源地，周边有 60 平方公里的水域，水岸线延绵 50 公里，极其丰富的水资源形成独特的平湖高峡奇观。P 村总面积约 8.5 平方公里，其中耕地面积 1200 余亩（含水浇地 300 亩），全村辖 13 个居民组，共 385 户，合计 1502 人。由于地处山区，村民以往的经济收入以种小麦、玉米，养猪、牛等为主，2012 年全村人均纯收入为 3790 元。交通闭塞、人才流失、村集体经济薄弱等制约因素使 P 村成为中部地区典型的省级贫困村。从乡村发展实践看，乡政府成为 P 村发展的"代言者"抑或"主导者"。从治理效果来看，精准扶贫战略虽然在一定程度上改变了 P 村的贫困面貌，却造成资源供需失衡和"养懒汉"等问题。

（一）"资源诅咒"与"挤压效应"：豫西北 P 村的传统刚性治理

乡村行政权威的主导导致资源"挤压效应"的发生，进而引发"资源诅咒"现象。这种由行政权力过度干预造成的意料之外的治理后果被学者称为"治理型贫困"，这成为推进乡村善治进程的一大障碍。笔者所在的课题组于 2018 年 7 月在豫西北 P 村进行了 10 天的驻村调研，与当地村民、村干部及驻村帮扶人员进行深入访谈，为全面了解 P 村的发展脉络和崛起历程积累了第一手资料。作为省级贫困村，P 村在"水美乡村"建设之前一直主要依靠政府行政主导的刚性治理模式，基层政府在与乡村的互动中出现单向度的绝对"话语权"，相关扶贫工作虽取得一定成效但也导致治理的"内卷化"。在传统的扶贫治理实践中，P 村的治理模式呈现以下几个方面的特征。

第一，治理主体的单一性。乡村治理的主体主要是我国党政机关和拥有一定权限的企事业单位，具有强大的控制力。一般是通过命令发布、强制执行等手段促使治理对象按照其制定的轨道运动，进而通过权威性控制确保治理目标实现。P 村之前的脱贫攻坚更多的是依靠外来资源或项目的嵌入，没有很好地结合本村的资源优势。实践证明不重视乡村内部资源的扶贫有其严重的局限性，因为它不能够以尊重的方式来充分地满足村民的现实需求，不能够做到"扶贫"和"扶智"的紧密结合。第二，治理方式的强制性。面对脱贫攻坚的重任，地方政府一般都会成立专门的扶贫领导小组，并由地方政府的"一把手"担任小组组长，各个部门的主要负责人担任小组成员。为在规定的时间内打赢这场扶贫攻坚战，地方政府将其视为实现小康社会前期的"中心工作"，"不是在进行扶贫就是在扶贫的道路上"成为基层公职人员工作的常态。强硬命令式的扶贫思路往往产生"一对一"的直线救济模式，而不是通过团结互助的形式激发乡村共同体的凝聚力。第三，治理成本的虚高性。村庄的脱贫治理是一项复杂的系统工程，乡村治理主体为了在短时间内完成发展任务，会尽最大努力地调动公共资源攻克治理难题，但是在这个过程中也会遭受既得利益者的干扰。在压力型体制下，为确保扶贫目标的实现，扶贫主体会通过国家法律、行政强制等方式对阻碍扶贫进展的行为进行回应。同时，在部分地区"一刀切"的扶贫过程中，扶贫资金的调拨主要依靠行政手段，这不仅增加了扶贫资金和资源的监管难度，还会衍生一系列权力寻租行为，导致治理成本的虚高。第四，治理结果的反弹性。村民是乡村治理的主体也是精准扶贫中特别需要依靠的绝对力量，当前有些地区之所以出现的"扶贫返贫"现象就是因为外部的扶贫力量特别是行政力量在扶贫实践中往往充当"为民做主"的角色，而不是为村民提供信息咨询和向上级政府反映民生诉求。精准扶贫中的刚性治理更多地体现政府部门的意志，是乡村治理实践中的一个缩影。另外笔者发现，扶贫工作结束后往往又出现"扶贫致贫"现象，贫困户脱贫"造血"能力的低下或者"扶贫不扶智"等客观问题的存在一定程度上导致扶贫资源的浪费和贫困的反弹。

（二）柔性治理策略的提出：豫西北P村的扶贫治理转型

乡村柔性治理的价值在于尊重村民意愿，更多通过主体性价值的培育提升公民的政治自觉，它不是通过机械、刚性或直线的策略建构治理机制，而是根据农村现有的样态采取更加灵活和可塑的柔性化治理理念与治理举措。2014年1月，中央精准扶贫的顶层设计出台后，P村百姓认为，完全依靠政府单方面的资源输入难以从根本上摆脱贫困，应转变发展理念变"输血"为"造血"。2006年全面取消农业税后，国家的惠农政策也为P村的发展带来了机遇。在精准扶贫和乡村振兴战略的推动下，P村村民利用当地得天独厚的水资源优势，在村"两委"带动下围绕"水"字大做文章，以独特的地域特色为切入点，在发挥内生性力量的基础上进行"水美乡村"建设，走出了一条典型的乡村振兴之路。在精准扶贫战略实施之前，P村所在的J市实际上和全国的绝大多数城市一样，也经历了瞄准农村集中贫困地区的"救济式"扶贫、瞄准贫困县的"开发式"扶贫和瞄准贫困村的"综合性扶贫"三大历程。而"水美乡村"建设的目的是要确保到 2020 年 P 村现行标准下农村贫困人口实现脱贫，从根本上实现居民生活水平的提升。在全面推进"水美乡村"扶贫项目建设中，P 村的治理模式存在"柔性"特征，具体如下。

第一，外部嵌入与内生性整合：治理主体多元化。农村基层组织是小农组织化的重要载体，也是消解村民集体行动困境的重要举措。在 2015 年村"两委"换届选举中，P 村有意吸纳有文化、有能力的年轻人加入，通过优化农村党员结构增强基层党组织的战斗力。在 P 村的"水美乡村"建设中，乡政府改变以往命令—服从的模式，而是通过外嵌第一驻村书记、农技推广员、包村干部等建设力量给村民提供更多的技术支持和信息咨询服务。同时，为了降低水生态维护成本和加大"水美乡村"的宣传力度，村委会带头成立了村民自愿组织的"环保协会"，并与 J 市摄影协会联合成立宣传小分队，极大地激发了村民参与村庄发展的热情，形成有机和谐的"共治"局面。

第二，基于乡村资源价值，实现产业融合发展。P 村在稳固传统经济产业的同时，借助丰富的水资源大力发展白菜种植、小麦制种和大棚蔬菜业，以"水磨坊"、"石磨坊"和"农家乐"为水上景观，将水村传统文化与现代旅游深度融合，形成"春赏花、夏戏水、秋采摘、冬玩冰"的旅游链条。产业是 P 村崛起的关键，当地百姓利用丰富的水资源优势打造出"老李黄焖"、"水磨面粉"、"杨氏蜂蜜"和"刘氏黑鱼"等招牌餐饮产业并建立起以薄皮核桃、桃子和樱桃精细加工为主的水果产业基地。截至 2017 年底，通过一二三产业融合发展，该村解决了当地 50 余户村民的就业问题，到此度假观光的各地游客累计 3 万余人次，P 村也成为游客寄托乡愁的"栖息之所"。

第三，拓展多元化就业渠道，增加村民的收入。为促进农村经济发展，适应市场化发展要求，P 村成立"埇新农业合作社"，通过发挥合作社的中介作用提升村民的组织化程度和抵御农业风险的能力。2015年，P村以村集体的名义担保，将被群众称为"保命田"的1000亩水滩地流转给合作社用于种植大棚蔬菜。农户不仅得到每亩每年680元的土地租金，还可以在蔬菜种植基地打工，每月还有1200元的工资性收入，有效解决了P村30余名贫困群众的就近就业问题。随着P村水街、水上漂流和桃花源田园综合体项目的实施，在充分挖掘"水"价值的基础上，村民的就业渠道更加多元化，人均年收入从2012年的3790元上升到2017年的2.5万元。

第四，发挥水文化的教化功能，重构村社共同体建设。村社作为一个"共同体"，其文化、习俗及环境均在村民相互交往中形塑，这是德国社会学家滕尼斯关于"共同体"的概念阐释。在"水美乡村"建设中，P村立足自身积淀的丰厚水文化，调和村落发展中的"人与水"的关系，将文化的金种子播入肥沃的乡村土壤。通过墙体文化将"生态文化"、"农耕文化"和"酒酿文化"等传统村落文化以书法或水墨画的形式展示在白色墙体上，形成独具特色的"水村文化长廊"。同时，P村以道德讲堂和文明礼堂为载体，使"上善若水"的优秀传统文化得以传承，通过水文化的教化功能增强村民对村庄的情感认同，并利用其权威性和影响力形成强大的凝聚力。

（三）豫西北P村的扶贫实践中治理失灵的发生

近几年，P村以"水美乡村"项目建设为契机，通过治理范式的转变取得很好的建设效果。但是，笔者在调研中发现：在项目实施之前确立的"以人为本"为导向，弱化行政权威，通过软化协同方式实现乡村与当地政府良性互动的柔性治理策略难以有效落地，在"水美乡村"建设中很难突破传统的刚性治理模式，出现以下几个问题。

第一，精英俘获与资本掠夺。村干部是乡村治理的核心主体，是村民眼中的"能人"，亦称"农村精英"，在农村社会中的地位优势主要表现在经济能力、身份地位和名誉声望上。作为省级贫困村，P村一直以来都是政府重点"关照"的对象，在"水美乡村"建设中，乡政府将一定的扶贫资金下拨到村集体，但监管机制的缺乏和"经济人"理性的驱动导致 P 村出现基层小微权力腐败即"精英俘获"的问题，P村的原刘姓党支部书记因涉嫌虚报低保户指标、贪污扶贫资金于 2018年被依法刑事拘留。资本下乡是撬动乡村振兴的活水，但 P 村传统的资本输入主要是借助乡政府下指标或者定任务等形式，缺乏科学的市场规范机制，加上农产品价格波动风险抵御能力差，当遇到农产品价格下降，收不抵支时，毁约弃耕的现象有时就会出现，资本的逐利本性最终导致农户利益受损。

第二，供需脱节与项目孤岛。城乡二元结构、分级财税体制、农民需求表达机制和压力型体制的存在导致外源型资源输入过程中目标替代或政策偏离的发生。就 P 村而言，2012 年为改变村庄居民的精神面貌，乡政府出资建立的"三味书屋"村级图书室，实际上形同虚设，而老百姓真正关心的小学教室长久失修和师资力量不够等问题并未得到解决，这就是典型的供需脱节现象。据一位胡姓村民反映，取消农业税后，当地政府以低价提供仔兔的方式鼓励村民通过饲养兔子致富，结果因饲养技术匮乏导致大量的兔子死亡；乡镇政府以每亩地补贴 100 元的形式鼓励村民种植花菜，但因销路不畅导致大量花菜滞留。实践表明：外源型资源的嵌入一定不能脱离村庄在长期发展中形成的稳固价值体系，如果不能实现与乡村有机整体的融合，就会导致"项目孤岛"的发生。

第三，内源式微与扶贫致贫。在脱贫攻坚的压力型体制下，地方政府往往关注的是贫困人口的脱贫量，而忽略如何通过"扶贫加扶智"的方式提升贫困户的造血能力。在 P 村，乡政府作为扶贫主体拥有绝对的话语垄断权，农民不仅缺乏自我脱贫的能力，也无选择何种方式脱贫的权利，在以往的扶贫实践中，乡政府和贫困户互动失灵的关键是自上而下的垂直化管理体制难以将农民组织和动员起来，使得农民产生了很强的外部依赖性。特别是，乡政府在缺乏对生态环境、土地资源和贫困户生产能力评估的基础上鼓励村民进行规模化花苗种植，这种带有鲜明政治化色彩的生产运动实际上遵循的是一种行政强制性的扶贫逻辑。事实上，以发展农牧生产为主的产业扶贫短期内会因农业生产的增量投入而引发全局性的灾难，即会出现大规模的甚至全局性的增产减收，导致农户的严重亏损。

第四，法治弱化与职业倦怠。在过往的扶贫实践中，乡政府和村集体易把临时的扶贫政策异化为法律来执行，行政机关的执法行为因扶贫的非均质性导致其背离法治精神和违背法律原则，在 P 村主要体现在村支书的"一言堂"或个别乡领导的独断专行。职业倦怠是个体不能顺利应对工作压力时的一种极端反应，是个体伴随长时间压力体验下而产生的情感、态度和行为的衰竭状态。作为省级贫困村，要完成 2020 年的脱贫任务，无疑成为乡干部面临的重要难题，"上面千条线，下面一根针"是扶贫干部工作的真实写照。笔者在同对接 P 村的帮扶干部访谈中了解到，当上级把精准脱贫当作一项政治任务来抓时，编制人数有限的基层干部所需要面对的工作量大为增加。长期高压态势造成基层公职人员的职业倦怠，这也是扶贫情感衰竭、工作态度消极与扶贫质量低下的主要原因。

二 乡村柔性治理的现实困境呈现

乡村柔性治理的结构是指治理主体为实现治理目标，在现有的科层制内进行分工与协作，对于政府部门来说，是在责任、权利和权力等方面形成的结构框架。从国家治理体系和治理能力之间的关系看，作为治理现代化的"一体两面"，治理体系和治理能力相伴相生。从乡村柔性治理的"结构—内容"关系看，治理体系和治理能力的完善是在治理结构的制度框架内展开的，柔性治理结构为两者的作用发挥形塑了良好的外部环境。乡村柔性治理的实施或者落地化的实现必须建立起完备的乡村柔性治理体系，同时还离不开柔性治理能力的提升。因此，应根据"结构—能力—体系"之间的逻辑关系，从这三个维度入手探索乡村柔性治理落地的现实困境。

（一）乡村柔性治理结构失衡

乡村治理结构是影响治理模式创新的核心变量，在乡村治理转型中发挥着重要作用。豫西北 P 村的柔性治理策略难以有效落地需要从治理结构上找原因，在现有的科层制架构中，需要从地方政府（主要是县级和乡级）和乡村（含农民个体）的关系上进行探讨。在分析治理结构时，主要是借助于政治学和管理学领域著名的政治系统论进行学理分析。政治系统论是运用系统论的原理研究政治系统的理论和方法。美国政治学家戴维·伊斯顿在 1953 年创立了政治系统论，代表著作是《政治系统》。此学说在西方政治学界颇有影响，印度、日本、中国的政治学者也进行了这方面的研究。该理论的核心观点是：政治生活作为一种行为系统，主要是由政党、政府、利益集团和社会公众等群体组成。从广义层面讲，政治系统不仅包含国家政治系统还包括地方政治系统，从基本特征看，整体性、动态性和统筹性是其主要表现。从政治系统和外部环境之间的关系看，外部环境对政治系统的发展起到决定性作用，或者说政治系统随着外部环境的变化而适当的调适（见图 5-1）。

输入、输出和反馈过程构成政治系统与环境的相互作用机制。在公共政策制定过程中，通过将利益相关者的诉求、需要和意愿输入政治系统可以形成对政府部门的压力，迫使政府部门通过政治系统的运作输出政策方案来满足社会的需求。紧接着，输出的政策会反馈给政治系统形成政策实践。从系统论的角度看，政治系统需要与外界发生物质、能量和信息的交换，通过与环境的互动维持系统运行的动态平衡。反言之，如果政治系统的输出不能满足社会需求或者适应环境的变化就可能导致严重的政策失败或者政治危机。上面这种理论还只是一种框架，缺乏定

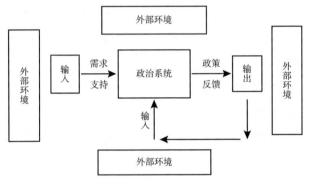

图 5-1 政治系统结构

资料来源：笔者自制。

量分析，特别是该理论能否成为不同社会制度的政治现象的综合理论还值得研究。继之，美国的比较政治学家阿尔蒙德提出了类似的政治系统理论。在比较政治学中，他强调不同的环境及环境的变化对政治的影响。[1] 基于戴维·伊斯顿的"政治系统论"可将乡村政治运行看作一个生态系统。从图 5-1 可知，乡村政治生态系统与外界环境时刻互动，其运行状况受政治生态环境的影响，这种影响是相互的。[2] 实际上，环境对人行为的作用在相当长的时间内被讨论，如孟德斯鸠在《论法的精神》中提出应根据气候修改法律，以便使它适合气候所形塑的人们的性格。[3] 德国地理学家 F. 拉采尔也有类似的观点，其认为人的活动、发展和抱负受到地理环境的严格限制。[4] 20 世纪 50 年代的政治社会化运动强调人在社会互动中形成的认知、态度会影响到政治活动。由此可见，乡村政治环境是政治活动的行为导向。乡村政治生态环境影响村

[1] 梁玉兰：《我国公共行政系统分析法：可能性、必要性及局限性分析——基于对戴维·伊斯顿〈政治生活的系统分析〉的理解》，《理论月刊》2011 年第 11 期。

[2] 胡杰：《戴维·伊斯顿和"西方政治学革命"》，《政治学研究》1985 年第 1 期。

[3] 潘丹：《自由、宽和与法的精神：孟德斯鸠关于政治宽和的讨论》，《学海》2019 年第 4 期。

[4] Ian Klinke, "Friedrich Ratzel, Lebensraum and the Death Motif," *Journal of Historical Geography*, Vol. 61, 2018.

干部和村民的行为选择，进而影响乡村治理的成效，主要表现为对乡村社会秩序、公共目标、治理秩序合法性的影响。因此，为促进乡村政治系统的健康运行，必须建构积极开放、民主有序的政治生态环境。

基于此，笔者认为豫西北 P 村的柔性治理难以有效落地的主要原因是当地政府治理结构的失衡，特别容易在和乡村社会互动中陷入传统刚性治理的怪圈。戴维·伊斯顿认为政治系统具有开放性，其环境要素紧密地渗透在政治系统中，相伴相生，环境对政治系统的影响叫输入，经过转换过程将输入变成政治系统的输出，通过输出，政治系统又反馈于环境，形成一个动态的、稳定的运行体系，而反馈这一个概念意味着输出可能会改变环境。政府和农民是政治生态系统的重要组成部分，通过建构乡村治理转型的结构困境图（见图 5-2），有助于理解政社互动中相关利益主体的行动逻辑。2006 年，全面取消农业税后，P 村和当地政府之间的关系处于相对分离的状态。P 村的村委会虽然是基层群众性自治组织，但随着国家权力直线深入，其行政化色彩十分浓厚，实际上已异化为基层政府的代理人。从政治系统内部的构成来看，县和乡的关系既统一也对立，在县级政权的压力型体制下，乡镇政府采取策略主义的行政行为，出现被动应付、虚报浮夸、指标竞赛的现象；乡镇政府作为最底层的政权组织，对上对接县级政府，对下联系基层社会，这种特殊的政权组织形式导致乡镇政府有了"自留地"的空间，表现出公司化的逐利倾向，抑或称之为"营利型组织"。在行政组织主导的乡村治理模式下，作为底层社会的农户处于"失语"状态，农村社会和地方政府的关系呈现断裂的特征。府际博弈造成政治系统运行受阻，也导致干群关系对立，法治权威受到挑战，进而导致政社互动关系的失衡。政府和社会是一个紧密联系的利益共同体或情感共同体，乡村柔性治理不仅对政社的关系提出新要求，也为政治体系内部或者说政治体制改革提供了新方向。

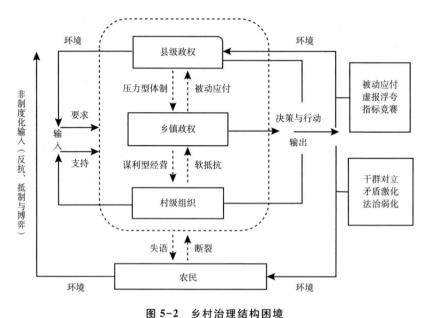

图 5-2　乡村治理结构困境

资料来源：笔者自制。

（二）乡村柔性治理能力的欠缺

"能力"一般用来指生命个体对于大自然或者未知世界的认知和改造水平，能力的体现是和人的实践活动紧密联系在一起的。治理能力是"治理"和"能力"概念的集合，是指治理主体借助一定的治理技术和工具，通过政策制定和规则执行与治理对象实现"双赢"。由此可见，治理能力不认同政府或者社会单向度或单方面的"强制干预"，也不是政府和社会的"零和博弈"。在治理能力的划分上，依据国外著名学者约瑟夫·奈的基本观点，可将治理能力划分为硬治理能力和软治理能力也即柔性治理能力。在其看来，硬治理能力是指以武力、法律和经济等刚性命令方式呈现的强制力，而柔性治理能力是指以价值、文化和规训等呈现的软化协同的能力。简言之，乡村柔性治理能力是指乡村治理主体在乡村公共事务实践中通过濡化、吸纳和整合等柔性化策略，弱化传统刚性治理的管控命令式模式，以促进乡村治理目标的实现。乡村柔性治理能力是实现乡村善治目标所需要的基本条件，在一定条件上体现柔性治理行为和结果的实现程度，反映出乡村柔性治理的水平，不仅构筑了乡村柔性治理体系的基础，也是实现乡村治理现代化的关键。从治理能力的功能上看，可将乡村柔性治理能力的特点归结为合法性、规范性和统合性三个方面。

第一，乡村柔性治理能力的合法性。合法性来自乡村社会公众的认同和支持。乡村柔性治理是一种以人为中心、面向未来的乡村治理范式，其治理价值、功能和方式如果不能获得公众认可，就失去了存在的意义。合法性是基层治理首先要回答的问题，在乡村治理实践中，无论采取哪种治理模式都必须考虑是否能获得广泛的群众基础和促进社会正能量的发挥。乡村柔性治理在很大程度上能够提升乡村治理绩效，从结果看能有效地增强村民对基层政府和村庄共同体的认同感，促进政社的良性互动。第二，乡村柔性治理能力的规范性。乡村柔性治理能力的规范性由两部分组成，一是国家对乡村社会行动主体的规范能力，二是对乡村社会内部治理对象的规范能力，可见，乡村柔性治理能力是一种合力。在乡镇党委的领导和基层政府的指导下，以村委会为组织载体，包括各级农村经济合作组织、村民等在统一的制度架构下，按照一定的目标，最终形成统一的意志。乡村柔性治理的功能之一在于对治理对象的规范，能够有效地规避治理规范的衰败化。第三，乡村柔性治理能力的统合性。乡村柔性治理是一种面向未来符合社会发展潮流的乡村治理范式，在乡村社会发展的进程中起到"润滑剂"作用。统合性主要体现在三个方面。首先，柔性治理范式能够将不同的乡村治理主体或乡村公共事务解决中的不同的行为主体统合起来，共同参与乡村治理实践；其次，统合性能够将正式制度和非正式制度统合起来，共同发挥乡村治理中的制度优势，弱化正式制度中的刚性权威；最后，统合性还体现为将微观领域的治理理念和宏观层面的治理理念统合起来，实现国家治理现代化。结合 P 村基层治理的实践，笔者认为在现有的乡村治理实践中导致柔性治理能力欠缺的主要原因有以下几个方面。

1. 价值形塑能力的欠缺

农民的主体性培育和治理制度的完善是乡村治理的两大抓手，除此之外，乡村文化价值的形塑是提升乡村治理成效的重要举措。从乡村治理的实践看，文化价值所形塑的权力和权威是维系乡村公共秩序稳定的基础。国家对乡村文化价值认同的形塑主要体现在两个方面：一是满足国家统治的需求或者是为了维护国家的意志，一般体现在基层政权管控和乡村社会稳定上；二是满足农村居民的精神生活需求。具体来说，国家对乡村文化价值认同的形塑不仅围绕着国家治理的需要进行，还需要围绕着乡村居民的现实需求展开。但我们同时发现，国家对乡村文化价值认同的形塑到底选择哪个方面由国家所处的历史发展阶段、发展目标和发展环境决定。乡村柔性治理中的形塑能力主要表现为基层政府对乡村文化价值认同的形塑。换言之，政府应通过乡土文化的主体性培育和乡村治理对象精神的提升来优化各行动主体的价值观念和行为方式。

从新中国成立到改革开放的近30年时间里，国家对乡村社会的治理主要是通过"总体性支配"的方式实现的。具体来说，借助权力规训、政治动员和运动式治理等手段对乡村社会进行管控。在总体性支配过程中，乡镇政府主要是作为法定的国家代理人来行使职权的。从案例中我们发现，P村的发展长期处于其所在的D乡行政主导的总体性支配下，从乡镇政府和乡村社会的关系看，二者更多地体现为一种带有刚性特征的权力—依附关系结构。这一时期乡镇政府在表达国家意志的话语体系下对乡村社会的文化价值进行渗透性形塑，而满足社会治理需求的文化价值认同则处于边缘化状态。改革开放之后，追求经济的高速度发展成为各级政府的共识，也有学者将这一时期政府的职能界定为"经济建设型政府"。[①] 在以经济建设为中心的社会共识下，物质文明建设和精神文明建设处于结构性失衡的状态，或者说政府遵循的是物质治理的路径，而对于乡村文化价值认同的形塑则处于从属地位。

P村虽然地处中部的经济欠发达地区，但这里有丰厚的乡土文化，比如传世至今的吕祖文化、历史积淀的水文化、长期存在的乡贤文化等。当前包括 P 村在内的广大乡村社会处于快速的转型期，在快速城镇化和市场化的时代背景下，P村进入高度开放、高度异质和高度流动的"碎片化时期"，基层政府对乡村文化价值认同形塑能力的薄弱也进一步加剧了乡村治理内卷化的发生。基层政府对乡村文化价值认同的形塑是乡村柔性治理能力的重要构成。面对当前乡村社会的文化价值所遭受的冲击波，以及在西方非主流文化侵蚀下所导致的文化价值失范问题，需要基层政府加强对文化价值的形塑，这种形塑能力深刻地体现了乡村柔性治理能力的水平。当前乡村治理实践中遇到的诸多深层次治理难题从根本上说是文化价值失衡的结果，因为一种文化价值的实现主要取决于这种文化是否能够获得广大群众的认同，或者说生命个体甘愿认同某种文化。在农民自身能动性薄弱和主体性缺乏的情况下需要借助外界的力量即基层政府通过形塑的方式满足治理的需求。简言之，当前，我国的基层政府应该认识到乡村柔性治理的有效实现必须加强对乡村文化价值的形塑，通过形塑能力的提升夯实乡村柔性治理的基础，推进乡村治理能力现代化。

2. 心理疏导能力的薄弱

在豫西北 P 村的"水美乡村"建设中，要实现柔性化发展策略，需要通过一系列工作强化村民对项目建设的支持，这就涉及对"水美乡村"建设中遇到的各种矛盾和分歧进行事前的心理疏导。所谓乡村治理中的心理疏导能力是指相关乡村治理主体为改善乡村治理现状，有效处

---

① 张恒龙、秦鹏亮：《由"经济建设型"向"公共服务型"政府模式的转型——基于 FDI 省际面板数据的实证分析》，《求是学刊》2013 年第 4 期。

理乡村社会中发生的各种矛盾和维系正常的乡村公共秩序而进行的思想沟通、心理引导和思想疏通的能力。具体来说，乡村治理中的心理疏导就是通过民主化的渠道和制度化的平台让农民群体尽可能地表达自己的思想观点和利益诉求，以便借助讨论、沟通和交流的途径明晰矛盾事件的缘由，进而消除思想和认知上的分歧，妥善处理农村公共事务纠纷，维护乡村社会主体的利益。当前，我国乡村社会正处于高速的转型期，乡村内部各个主体的利益关系也处于深刻的调整期，乡村的社会结构和利益格局呈现更加复杂化的态势，这就造成乡村社会利益矛盾显性化和利益诉求多样化的图景。同时我们可以发现，近年来，乡村社会中群体性事件的爆发、干群关系的紧张、贫富差距的拉大和微权力腐败的滋生等问题给村民的心理造成不同程度的冲击。

村民的思想情绪和心理问题的产生与特定的现实环境紧密相关。进入 21 世纪，随着市场经济的快速发展，利益高度整合的计划经济体制模式逐步被利益高度分化的市场经济体制所取代。对于乡村社会而言，传统的、封闭的村社共同体被解构，各种现代化元素的渗透加剧了村民的心理焦虑、情感压抑和情绪的郁积。同时我们发现，当前乡村治理中遇到的实质性难题与村民的心理积怨息息相关，这无疑增加了乡村治理的难度。如何有效地化解乡村社会普遍存在的心理性或情绪性的疑难杂症成为乡镇基层政府和村级组织等治理主体迫切需要面对的问题。从乡村治理的实践层面看，对村民思想情绪的无视或者说不够重视群众的思想工作，极易为乡村社会的不安定埋下隐患。心理干预或者说情绪的疏导已经成为当前乡村振兴中社会各界关注的话题，这也涉及群众的心理情绪由谁来梳理和怎么梳理的问题，心理疏导能力的强弱也直接影响到情绪治理的结果。当前，我国的基层政府对乡村社会的治理更多的还是沿用传统的治理模式，其中很重要的一点是缺乏对广大村民心理的感知，更没有科学合理的心理疏导机制。对于村级党组织和村委会而言，在农村空心化背景下基层党组织基本处于"半瘫痪"的状态，难以发挥对普通群众的情绪疏导作用。村委会的成员构成呈现老龄化、能力素质低下和心理调解意识弱化等特征。换言之，随着城乡二元格局被市场化和信息化浪潮打破，人们之间的互动方式也发生了重大改变，而由村民个体、家庭和基层社会等方面造成的群众心理失衡问题层出不穷。无论是基层政府还是村级组织在情绪治理中仍处于缺位或失位状态，心理疏导和情绪干预的能力并不能支撑起乡村发展的现实需求。乡村柔性治理就是在遵循民众心理活动规律的基础上通过解释、理解和对话等情感式策略化解情绪障碍。柔性治理中治理主体对普通民众的心理疏导能力受到重视程度不够、培训不到位和自身素质低等问题的影响。

3. 沟通协商能力的低下

沟通协商是做好群众工作的"润滑剂"，一直以来也是共产党群众工作的重要内容。建立在平等基础上的沟通协商特别是乡镇政府和村民的平等交流是柔性治理有效实施的重要内容，也是柔性治理模式落地的关键。费孝通认为中国的乡村是一个建基于地缘、血缘和情缘上的"熟人社会"，杜赞奇也认为中国的乡村社会是一个"权力文化网络"。作为北方地区典型的"小亲族"村庄，P 村也是个传统意义上的熟人社会。在这样具有特质性的村社共同体中，乡村行为主体的认知和互动总是受到沟通协商的驱动。乡村社会是一个具有互动性和交流性的空间场域，乡村公共事务的解决和集体行动困境的化解离不开沟通协商。换言之，乡村各行为主体之间的沟通决定了乡村社会结构的形成。乡村公共秩序的稳定和政社之间的良性互动理应建立在沟通协商的基础之上。良性的沟通协商不仅能增进党和群众的紧密联系，还能为政府合法性建构提供群众支撑。具体来说，在乡村治理实践中，沟通协商的作用在于加强政府和村民的联系，有效地化解乡村社会中的各种矛盾纠纷[①]，从而实现乡村善治。

① 应小丽：《协商民主取向的村民公共参与制度创新——浙江省常山县"民情沟通日"制度调查与分析》，《浙江社会科学》2010 年第 2 期。

在全面推进乡村振兴战略的背景下，乡村治理的有效性实现必须提升各治理主体的沟通协商能力。从社会发展的现实情况看，单纯依靠政府单向度的权力主导和社会管控已经难以实现市场主体、政权组织和社会大众的良性互动。乡村柔性治理的落地必然建立在政府和社会互动的基础之上，客观要求所在地区的乡镇政府、基层党组织、村委会、农村经济合作组织及农民个体之间有效的沟通协商。然而，从当前乡村治理实践看，各个治理主体之间的权力、地位和资源等呈现结构性的差异。比如，作为重要治理主体的基层政府（包括乡镇政府和县级政府），其所拥有的信息资源、权力资源、人力资源等要明显优于其他主体。一般认为，治理资源的拥有量和治理能力呈正相关关系，或者说基层政府拥有的治理资源为沟通协商能力的提升起到积极作用。但是，这些资源有时也会成为基层政府和乡村社会沟通协商的主要障碍，从基层治理的路径依赖看，乡镇政府往往扮演着命令发布者的角色，在政社的互动交往中轻视乡村社会治理信息的收集和吸纳，因此，沟通协商能力呈现形式化和排他性的特征。同时我们发现，乡村社会内部治理主体的治理目标、治理手段和基层政府差异显著，权力配置的不合理和规则设置的体制化倾向往往会导致各个治理主体之间的利益分离。后农业税时代，乡镇政府的主要职能是向农村提供公共产品和公共服务，其不再是税费时期乡村资源的"汲取者"。乡镇政府在乡村治理中职能的转变一定程度上弱化了与村民主动沟通协商的意识，压力型体制下，乡镇政府工作的中心是忙于应付上级政府的各种检查，也间接导致沟通协商能力的弱化。有效的沟通协商是乡村柔性治理的重要内容也是衡量治理成效的主要指标，乡村柔性治理的核心价值在于各个治理主体在公平的对话平台上，通过谈判、交涉和协商机制，针对乡村治理中遇到的各种问题形成共识，同时，沟通协商能力的提升也直接关乎乡村公共决策的科学性和公平性。

（三）乡村柔性治理体系的弱化

所谓体系，是指若干相互联系的事务通过特定的作用机制形成有机的整体。乡村治理可看作乡村公共事务得到有效治理的活动，涉及治理价值、治理理念、治理形式、治理规则和治理机制等，而这些要素与乡村治理的主体、资源和制度（正式和非正式）相互联系就构成完整的乡村治理体系。乡村柔性治理体系同样涉及柔性治理的方式、形式和规则等。20 世纪 90 年代中后期，随着"乡政村治"体制的全面推行，我国乡村社会实行"村民自治"的治理制度，导致乡村治理格局发生重大的变化。其中，最显著的变化是基层政权组织逐步从乡村社会退出，进而通过"法治下乡"的方式推动乡村社会走向法治化的轨道。由于乡村社会缺乏法治的基础，而社会结构的变化又迫切需要创新乡村治理范式以迎合社会发展态势，以人为中心，以价值、精神和心灵为核心的乡村柔性治理是治理范式在乡村微观领域的具体实践。人文关怀是乡村柔性治理体系建构的基本依据，在治理方式上，主要体现为解释、协商、沟通和理解等。乡村柔性治理机制不仅包括对村民特别是对弱势群体的关爱机制、各个乡村行动主体的利益衔接机制还包括促进主体性培育的教育机制等。笔者认为自治、德治和法治是乡村柔性治理体系的具体构成，三要素的价值和理念与其相耦合。

1. 乡村柔性治理体系的要素构成

首先，自治是乡村柔性治理体系的核心。作为乡村柔性治理体系的三驾马车（自治、德治和法治），自治是基础也是核心，乡村柔性治理的目标就是夯实村民自治的基石。所谓自治是指乡村各治理主体在基层党组织的领导下，依靠国家给予的政策和资源以及乡村内部的各种要素，由村庄共同体进行自我治理。自治的内容主要包括民主选举、民主监督、民主决策和民主管理四个部分。培育村民的自主性和乡村社会的主体性是乡村柔性治理存在的最大价值，自治的实践可以在很大程度上弱化国家的刚性权威，真正满足村民当家作主的要求。从自治、德治和法治三个子系统之间的关系看，法治和德治是作为自治的工具而存在的，体现了"目标—工具—结果"的统一。

其次，德治是乡村柔性治理体系的支撑。德治是"三治融合"治理体系的重要组成部分，也是乡村柔性治理体系建构的支撑性要素。权力、制度和政策是国家进行乡村社会治理的基本工具，新中国成立后的很长一段时间，国家通过理性建构的方式对乡村社会进行改造。乡村治理的范式很大程度上体现了国家或者说政府的意志，这种治理范式弱化了"本土资源"在乡村治理中的功效。在乡村治理实践中，用道德约束各治理主体的行为，发挥德治的自律功效不仅是国家倡导的战略性治理策略也是五千年中华民族演进过程中的重要治理资源和路径依赖。在乡村柔性治理体系建构中，德治起到调节各种社会关系和规范乡村发展主体行为的作用，从德治和法治的关系上看，两者都是乡村柔性治理的重要工具，但是内涵和外延却略有不同，这种差异体现在德治的涉及面比软法更广泛上。

最后，法治是乡村柔性治理体系的保障。软法和硬法是法治体系的"一体两面"，用柔性治理来化解乡村治理难题，软法发挥着不可替代的作用。以人为本的乡村治理范式价值和功效的发挥必须建立在法治的保障之上，特别是软法的基础之上。法律具有刚性的特征，而乡村柔性治理的运用不是摒弃刚性的元素，而是以法律为边界的软化协同。乡村柔性治理体系中的法治和软法建构具有内在的逻辑关联。软法与硬法的区别在于后者不依靠国家强制力实施，乡村社会中的"村规民约"就是软法的重要组成部分，其更多的是依托民间调解和民主协商化解矛盾。乡村治理中的硬法主要是通过政府权力的规制实现对社会的管控，是一种刚性治理的表现，而软法的应用体现了柔性治理的内涵，其所倡导的引导、说服、调解和讨论都是一种更加灵活的治理举措。从治理的效果看，依托软法的治理模式更能适应当前社会的发展。

2. 乡村柔性治理体系弱化的表征

第一，村民自治体系失衡：能人治村的普遍化。1982 年宪法赋予了乡村社会自主治理的基本权利，而由村民民主选举产生的村委会是进行乡村公共事务治理的组织载体。后农业税时代，村干部的职能发生了变化，农业税的终结基本决定村干部不能通过强制性的权力来推行公共政策。已有的研究和笔者自身的调查均发现能人治村已经成为当前村民自治中的普遍现象，而豫西北的 P 村连续三届的村支书和村主任都是本村的"能人"。所谓能人治村是指村庄的经济精英、政治精英或文化精英通过选举成为村干部进而控制整个村庄的权力和资源，其优势在于这些能人能通过自身拥有的能力提升乡村治理绩效。但是，由于村庄能人权力和资源的过度集中，在缺乏有效监督的情况下往往造成能人治村失灵问题的发生。

第二，乡村德治体系的不健全：德性建构的薄弱化。社会成员道德品性的提升不是凭借外界的制度约束而是在德性伦理的引导下发挥成员主体德性的自主性和自律性。从社会治理的实践看，刚性制度的外在压制只能引出合于道德而非出于道德的行为。德性是道德品性的统称，《中庸》记载："故君子尊德性而道问学"，可见，德性是人本能的自然至诚之性。德治是乡村治理体系的重要组成部分，而"德性之治"也是乡村柔性治理体系的重要构成，所谓乡村德性之治是指在乡村治理现代化背景下对道德伦理作用的提炼总结。① 德性之治与乡村柔性治理的内涵具有内在的契合性，这是因为乡村柔性治理就是要充分发挥乡村非正式制度的作用，弱化行政刚性权威的强制力，以乡村约定俗成的伦理道德来维系乡村公共秩序，充分发挥道德在乡村公共事务解决中的调解作用。

乡村柔性治理中的德治就是以道德为治理工具，通过社会教化塑造乡村社会成员的高尚人格，以乡村道德伦理和价值判断规范治理者的行为，即用道德实现乡村善治。乡村德性之治与乡村自治和法治的区别在于，其不是以国家行政权力强制力实施为基础的，这弱化了乡村社会外

---

① 闫咏梅：《孔子中庸德性与亚里士多德中道德性之异同比较》，《思想政治教育研究》2019 年第 5 期。

部治理主体的功能①，更多地依靠乡村内部的内生性治理资源，将传统乡村社会积淀的道德价值作为规范治理主体的重要工具，强调道德和品性的价值理念和公共精神，突出道德引领对乡村社会的促进作用。乡村柔性治理实际上包含两个层面的内容，一是国家行政力量嵌入式治理中的软化协同策略，二是乡村社会内生式治理中的价值引导策略。作为乡村社会内部具有自发性特征的德性之治能利用民间的习惯法维系乡村社会秩序，以区别于制度、权力和法规等正式制度。乡村柔性治理体系的建构需要重视德性之治的价值功用，但同时也应看到当前乡村治理中村民德性缺失的现实。

　　第三，软法规范体系的缺位：软法建构的滞后性。法律是调解社会关系的重要工具，也是国家治理的主要手段，一般来说，法律被定义为由国家专门机构制定并依靠国家强制力保证实施的能够反映统治阶级利益的规范体系。但是，由国家强制力保证实施的法律并非在任何条件下或者对任何社会群体都是有效的和成本最低的。在中国的乡村社会，由于历史和文化的原因，存在大量的以村规民约为基本内容的非法律性规范，其在维系乡村公共秩序中发挥着一般意义上的法律或者说硬法所不能代替的作用，我们一般称其为软法规范。② 乡村治理转型是一个漫长的过程，因此，我国乡村治理中诸多问题的解决在很大程度上需要依靠这些软法规范。从政治结构背景看，软法的兴起是随着公共治理浪潮的推进而不断升华的。20 世纪 90 年代，公共治理理论的快速传播为世界各国行政体制改革注入了活力，也为软法治理体系的完善奠定了制度基础。软法快速发展的原因主要有四个方面：一是治理结构的扁平化弱化并形塑了一元化垂直式的垄断结构；二是民间治理力量的壮大和公民责

---

① Luke Daly-Groves, "Control not Morality? Explaining the Selective Employment of Nazi War Criminals by British and American Intelligence Agencies in Occupied Germany," *Intelligence and National Security*, Vol. 35, 2020.

② 陈光：《社区治理规范中软法的形式及定位》，《广西社会科学》2013 年第 9 期。

任感的提升；三是政府和社会的关系从单向度的管控向互动式的合作转变；四是多元化分散式的网络共享结构的确立。硬法和软法构成国家法治体系的"一体两面"，而软法构成乡村柔性治理的法治基础。从乡村治理的实践看，当前我国的软法规范存在诸多问题，这将直接制约乡村柔性治理的实施，因此，软法规范体系的缺位是制约乡村柔性治理体系建构的主要制度性障碍。软法规范体系的缺位主要体现在以下几方面。

（1）软法的立法水平低下。乡村社会的软法应该由以村委会为代表的基层群众自治组织积极引导本村村民参与制定。但是在具体的操作过程中，村级组织和村民之间往往存在不协调的问题，基层自治中村委会的行政化倾向或者说"行政吸纳自治"现象的发生进一步拉近了村干部和乡镇政府的关系，出现乡镇政府直接代替村民代表大会制定软法的事实。由此所制定的软法并不能代表村庄绝大多数人的意志，而仅仅是政府意志的表达，强制性地要求村民服从实际上是在剥夺村民的自治权。程序正义是保证结果正义的基础，软法作为约束广大村民的规范，在制定程序上必须征求村民代表大会的认可，作为基层政权组织的乡镇政府理应在软法制定中起到协调、指导和引导的作用，而不应该成为软法制定的直接干预者。

（2）软法的责任制度缺失。"责任"一般被解读为职责和任务，而责任制度是组织内个体成员必须遵守的条文和规范，带有鲜明的强制性特征。软法和硬法的主要区别在于硬法是依靠国家强制力保证实施的，硬法中有明确的责任制度，如果违反硬法规定就要承担相应的责任。软法的实施主要依靠公民的自觉，没有明确的责任制度作为支撑，特别是没有奖惩制度的规定，这就导致软法的违法成本较低，相较于硬法的刚性的责任制度，其所起到的威慑作用就很有限。在软法实践中常常出现的"有法不依"问题就是软法强制力缺失的表现，事实也证明，单纯依靠软权力难以确保软法的有效实施，软法中责任制度的缺失可通过村民的自主性意识提升来化解。因此，如何提升农村居民的高度自觉是迫切需要探讨的话题。

（3）软法的司法救济缺失。司法救济是宪法和法律赋予社会公民的一项基本权利，指法院要对公民受侵害的权利做出有效的补偿，通过生活救济的途径维护司法公平。在软法规范体系下，农村矛盾的纠纷化解主要是通过村民调解委员会等相关的调解组织去协商解决的，缺少司法救济的途径。① 同时，从软法制定的初衷看，其起初主要的目标是如何规范村民的行为而不是通过司法救济的形式去解决村民纠纷，或者说通过特定的方式给受侵害的群体以物质的补偿。从当前农村法治的实施进展看，软法的司法救济缺失确实是推进法治进程的一种障碍，因此，完善乡村软法治理中的司法救济途径是保障软法有效落地的重要内容。

（4）软法的权力束缚失效。软法规范体系的完善是实现乡村柔性治理，推进村社善治的主要形式。软法规范的提出是在国家管控向公共治理转变的时代背景下展开的，客观上要求赋予乡村社会更多的自治空间，但是软法规范并没有对基层群众自治组织的权力和义务做出明确的规定，也没有对应的责任制度，在权责不对等的条件下极易滋生权力寻租和精英俘获等腐败性问题。对于乡村治理主体中有权力的村干部或者乡镇干部而言，软法中的规范内容同样要求这些权力主体遵守道德规范，但是没有强制性的约束力对于道德素质低下、思想觉悟不高的主体来说依然达不到权力约束的效果。

三　乡村柔性治理的障碍因素诊断

乡村柔性治理的应用落地是乡村善治实现的重要载体，囿于乡村治理转型的时代背景，在现有的制度框架和实践应用中，柔性治理理念的培育、柔性治理制度的建设和柔性治理的实践探索都还处于低级阶段。

---

① 邢鸿飞：《软法治理的迷失与归位——对政府规制中软法治理理论和实践的思考》，《南京大学学报》（哲学·人文科学·社会科学版）2007 年第 5 期。

本书选取具有代表性的豫西北 P 村为研究对象，对 P 村在"水美乡村"建设中遇到的柔性治理难以落地的问题进行分析，在此基础上着重分析柔性治理难以落地的现实原因。本书认为治理结构失衡、治理能力的欠缺和治理体系的弱化是乡村柔性治理实践中遇到的现实问题，也是制约其有效落地的主要困境。柔性治理落地困境的主要因素有价值、文化、法律、信任和空间五个层面。

（一）价值维度：村社变迁历程中公共价值的异化

乡村柔性治理的实践与落地需要一套成熟的价值体系作为支撑，而思想价值在乡村治理模式选择中处于核心地位，也是乡村柔性治理内在架构及其运行逻辑的基础性要素。"水美乡村"是通过项目制实施的一种乡村发展活动，其最终目的是实现村民公共利益。乡村柔性治理能力和治理体系的实现需要通过价值的形塑来夯实社会公众对柔性治理价值的认同基础。封建时期，以儒家伦理为正统思想而形成的士绅文化构成古代乡村柔性治理的价值体系。但是，对当前社会的形塑是在全球化、信息化和现代化的时代背景下展开的，这些元素对乡村柔性治理的价值体系产生影响。这种影响表现在两个方面，一方面是正效应，即现代化元素的嵌入打破了传统的政府治理结构和治理模式，特别是乡村治理现代化体系中基层政府单向度一元权威被消解。乡村社会成员在自主性的背景下拥有更多利益表达的空间和渠道，而互联网在乡村的普及也不断培育村民的多元化思维。另一方面是负效应，即乡村社会的时代变迁导致乡村社会价值理念的分歧和村民思想观念的多元，这主要体现在乡村行为主体对柔性治理价值的评判标准上。豫西北 P 村和中国的广大乡村一样，正处于社会发展变革期，村庄变迁中公共价值的异化主要体现在村民和乡镇基层政权组织这两个行动主体上。

一方面，对于村民而言，改革开放之后，人民公社体制的解体、城镇化中大规模的人口流出和风险社会公共危机的来临都成为加速乡村社会公共价值分化的诱因。同时，建立在村民复杂心态上的社会信任度降低，在新型村社共同体社会空间尚未确立下来的背景下，乡村社会缺乏获取公共精神的资源，陷入了公共精神生活危机。[①] 社会信任体系的弱化和公共价值的异化消耗了乡村柔性治理的能力资源。可见，在现有的社会背景下，探寻一套能够整合传统的乡村治理资源、有效化解村民纠纷、整合村民多元思想的价值体系和信任体系是提高乡村柔性治理能力与实现治理体系现代化的内在根本。另一方面，对于乡镇基层政权组织而言，其权力主要来源于上级政府，在"官大一级压死人"和"下级服从上级"的观念驱动下，乡镇政府在乡村事务治理中往往更多地代表上级政府的意志，农业税的取消更加弱化了其对乡村群众的敬畏之心。由于传统的"官本位"思想的长期存在，在一些偏远的欠发达地区，乡镇政府中的一些干部把干群关系界定为"父母官"和"老百姓"的依附关系。公共价值的缺位不仅淡化了干群之间的血肉联系，而且弱化了村民参与基层治理的意识。实际上，乡镇干部和村干部在乡村治理中特别是在"资源下乡"中容易形成利益共同体，在村务信息不公开透明、集体决策不民主和监管机制不健全的背景下俘获村集体资产。

（二）文化维度：乡村理性建构中传统文化的断层

P村在"水美乡村"建设中，提出要发挥水文化的教化功能，重构村社共同体。这是因为在某种意义，乡村柔性治理的过程就是公众权力向社会回归的过程或者说柔性治理的过程就是柔性权力发挥作用的过程，而柔性治理体系的建构和完善取决于文化与意识形态等价值观的吸引力。乡村柔性治理的实现就是乡村社会中村民认可的文化价值观中所蕴含的公平、民主和正义理念的实现，而不是国家行政机关通过暴力等强制性手段发挥作用。从中国历史发展的角度审视传统意义上国家柔性治理的经验可知，我国传统乡村柔性治理实践中更多的是依靠儒家文化以及与此文化相匹配的制度规则，比如沿袭千年的士绅制度和科举制。

[①] 吴春梅、吕英喆：《村庄治理中的农民公共价值观念分析》，《理论探讨》2015 年第 2 期。

在封建时期或者在民国时期，乡绅文化构成了乡村柔性治理的基础，也是维系乡村社会内部稳定的重要软实力。① 新中国成立以后，乡村治理的文化基础发生变化，形成了以中国共产党为领导核心的乡村治理体系与党、政府和社会相匹配的权力运作逻辑。

　　审视新中国成立后的乡村治理实践我们可以发现，国家通过政党文化和政治文化渗透的方式改造并形塑乡村社会。其中，政党文化构成了乡村社会生产和发展的现实背景，而乡村经济和治理模式的变迁也植根于政党文化的实践中。在文化下乡的实践中，D 乡政府多是向村民传达国家的民族文化、法治文化等，在此过程中，以士绅文化为载体的传统文化体系逐步消融，取而代之的是以政治文化为载体的现代文化体系。传统的士绅文化中更多地涵盖柔性治理的意蕴，特别是乡贤治村以及所依靠的地方性共识。然而，在国家行政主导的现代化文明进程中，我国以乡土文化为基础的乡村治理结构发生了重大变迁，传统的乡村文化体系走向衰落，这就导致传统的以伦理道德和地方性共识为基础的乡村柔性治理体系发生断裂，在现代文化体系还没建构完备的情况下农村又陷入文化危机和秩序危机。与此同时，乡村与城市之间人口流动频繁加速了乡村社会阶层的分化，带来乡村价值观的多样化，也间接导致乡村社会以宗族、伦理和情缘为联结纽带的传统文化体系的消解。在这个过程中，传统文化的凝聚力和号召力也逐步式微，进一步弱化了乡村柔性治理的文化基础。

　　（三）法律维度：农村法治建设中软法建构的滞后

　　作为经济欠发达地区，大力推进农村法治建设也是豫西北农村地区的重要任务。在由传统文明向现代文明转型的过程中，P 村也响应国家的号召，通过法治下乡的方式提升村民的法治素养。实际上，进入 21 世纪，我国农村地区不断推进法治建设，伴随着一系列的普法教育工

---

①　索晓霞：《乡村振兴战略下的乡土文化价值再认识》，《贵州社会科学》2018 年第 1 期。

作，我国广大农村地区居民的法治素养在很大程度上得到提升。但同时我们也发现，在"法律下乡"过程中由于村集体经济基础薄弱、农民文化素质偏低，村民的民主意识和法治意识缺乏。当前，农村软法的制定和执行一直落后于硬法，广大的农村地区尚未建立起完备的软法体系，这为乡村柔性治理体系和治理能力现代化的落地造成一定的阻碍。

首先，软法制定中缺少村民的广泛参与。从农村软法的产生来说，其主要是村民通过村民代表大会将自己的意见进行充分表达，在此基础上制定能够规范村民行为的规则。但是，在农村空心化背景和村民主体性还较为薄弱的情况下，村级组长很难真正发动村民的广泛参与。同时，农村软法创制程序的缺乏也直接导致软法内容的随意性。其次，农村软法在村民纠纷调解中的有限性。农村软法制定主体受教育水平低和专业性不足的制约，所制定的软法水平不高。软法的调解对象主要是在乡村场域发生利益纠葛的矛盾双方，需要注意的是大多数的邻里纠纷具有随时发生的特性。一般情况下需要设立村民调解委员会来作为软法实施的具体执行主体，但是村民调解委员会在村民矛盾纠纷的处理中对于较为复杂的事务难以起到调解的作用，且村民委员会成员的能力也是需要考虑的问题。最后，软法体系建构需要村民高度的自觉为支撑。软法与硬法的最大差异在于软法不依靠国家强制力保证实施，而更多地依靠行为人的高度自觉，这是农村软法的特点也是其缺陷。当前农村软法建设滞后的很重要一点原因就是村民的自主性和自觉性很难达到软法顺利实施的地步，这主要是因为农村地区经济发展还处于比较滞后的阶段，贫富悬殊、产业结构和经济结构配置不合理，农民的生活水平还处于小康社会的初级阶段，对物质的过度追求往往使其无视基层软法的存在，对于诸多义务性的规定不能足够重视。

（四）信任维度：村社共同体成员认同体系的危机

乡村柔性治理概念本身蕴含着身份认同的内涵，乡镇政权组织作为一个完整的政治组织或者说政治共同体在乡村治理实践中的作用不仅体现在其自身的权威和制定的规则被乡村社会所认可上，同时也体现为对乡村社会治理对象的利益诉求能够及时回应。因此，社会成员的认同回应体系建构是乡村柔性治理的重要内容。从另外一个层面讲，乡村柔性治理的作用在于国家通过及时回应群众的诉求，不断地建构社会成员对政府合法性的认同，也通过积极的回应机制提升柔性治理的质量。可见，作为乡村柔性治理体系重要构成的成员认同体系一旦出现危机，势必会消解柔性治理能力，同时也会极大地削弱乡村社会自主调解和自我规范的能力。改革开放以后，随着人民公社体制的解体和家庭联产承包责任制的推行，国家和乡村社会的关系发生重大变化，主要表现为政社分离。特别是20世纪90年代初期，随着村民自治制度的确立，村民个体的自主性逐步增强，而国家对乡村社会管控的放松使得村民的个体化程度逐步提升，多重的身份认同也得以体现。

国家和乡村社会关系的变化以及村民个体自主性增强所带来的结果效应是多方面的，其中最重要的一个方面就是柔性治理中村民成员的认同危机。从认同危机的范围看，既有国家宏观层面的，也有乡村微观层面的，既有原生性的，也有建构性的。社会成员对政府的认同是建立在信任基础上的，这种信任要求基层政府能够对百姓的需求做出及时的回应。当前，村民参与乡村公共事务治理的渠道受到自主性和制度性障碍的制约，如果村民的诉求没有引起基层政府足够的重视和关注，就容易引发群体性的集体行动，甚至是危害社会稳定的非法行动。简言之，后农业税时代村民对基层政府的认同危机给乡村柔性治理的实施带来一系列挑战，对乡村善治的实现带来严重的影响，如何增强社会成员的认同感，如何完善乡村柔性治理体系，充分地挖掘基层柔性治理的调适功能是当前社会各界必须关注的问题。

（五）空间维度：村落在历史长河中的发展和变迁

从人类文明的演进历程看，人类在由狩猎文明向农耕文明的过渡中产生了"村落"。在乡村政治场域，村落具有内生性的权力结构，这种权力结构和行政权力结构的差异在于其根植于本村的宗族组织中，换言之，村落共同体的政权结构是建立在地缘、血缘和情缘基础之上的，同时在漫长的封建帝制发展历程中被儒家文化所形塑。在 P 村调研后笔者发现，根据姓氏，该村形成四个"小亲族"，分别是胡姓亲族、刘姓亲族、李姓亲族和张姓亲族。改革开放后，随着市场经济体制的确立，城市化、市场化和信息化等力量开始嵌入乡村社会导致传统村落共同体空间结构发生变化。具体来说，村落共同体的空间变化主要表现在随着城市地理空间的膨胀，城市郊区的村落被城市化，而工商业的发展使其走向城市型社会的道路。① 很多地区的村庄向城市社区转型，通过建立社区委员会，逐步消解了传统村落集体经济组织的制度基础。

另外，对于远离城市中心的村落共同体而言，大量的农民工进城务工，农村空心化严重，特别是经济严重落后的村庄逐步蜕变为无主体的"熟人社会"。在价值观层面，由于传统的城乡二元格局被打破，消费主义、奢靡主义和功利主义等腐朽价值观不断冲击村落共同体中的原有价值基础，在弱化人民公社时期人伦价值观的同时更不断弱化村落共同体存在的制度基础，这种现象也被学者称为"村庄的终结"。从空间维度审视村落共同体的终结发现，乡村柔性治理所依靠的内生性元素比如地方性共识、习惯法和村规民约等柔性治理工具随着村落的解体而消失，以地缘和血缘为底色的村庄记忆逐步变得模糊。一般来说，村庄记忆是形塑村落共同体的文化载体，是村庄成员形成"我们感"的基础，而乡村空间格局的演变导致村庄记忆的被遗忘。乡村柔性治理是通过弱化行政主导，发挥乡村社会的内生性力量实现村社善治的，但是村庄共同体的解构在一定程度上瓦解了以地缘和血缘为根基的乡村权力文化网络，另外城市化的居住模式也淡化了人们之间的互动动力。

---

① 郎友兴：《村落共同体、农民道义与中国乡村协商民主》，《浙江社会科学》2016 年第 9 期。

第三节 乡村柔性治理落地的路径指向：
现代化的视角

乡村柔性治理的落地化实现关乎"乡村振兴"战略的实现进程和乡村善治的质量，是理论界和政府实践部门高度关注的话题。笔者在理解党的十八届三中全会关于国家治理能力和治理体系现代化的基础上提炼出"现代化"的理论观点并结合党的十九届四中全会关于新型国家治理体系即"中国之治"的阐释，探究乡村柔性治理的实践路径。何为现代化，这要追溯到18世纪理论界对现代化的研究以及截至目前所形成的丰富的理论体系。① 一般来说，现代化是指人类从传统的农业社会走向现代工业社会的过程，涉及人类社会生活的各个方面，比如科技的进步、教育的普及、城镇化进程和社会流动增加等，特别是社会治理中公众的民主参与以及其所形塑的促进社会治理创新的各种体制机制。新中国成立以来，在中国共产党的领导下中国没有全盘接受西方的价值、制度和体制，而是结合中国实际创造出具有中国智慧、中国特色和中国风格的现代化治理模式即"中国之治"。② 国家治理现代化的提出已经超越一直以来由西方世界主导的民主和价值理念，这是在吸收甄别的基础上总结的继"四个现代化"之后的第五个现代化。推进乡村治理体系和治理能力现代化也必须立足中国特殊的制度情景，从基层政权组织运作的行为逻辑和乡村社会的内部结构出发将柔性治理的理念、价值和方式融入现有的乡村治理体系，建构出一个符合中国国情的乡村柔性治理体系。随着乡村公共事务的增多和各种利益矛盾的爆发，基层政府已经不能通过威权方式解决所有的问题，传统的

---

① 董伟玮：《国家治理现代化的基层行政基础》，《理论探讨》2020年第2期。
② 马忠、安着吉：《本土化视野下构建中国特色国家治理理论的深层思考》，《西安交通大学学报》（社会科学版）2020年第2期。

以政府为主导的单向度治理在乡村治理的实践中暴露出诸多积弊，乡村柔性治理的落地化实现必须建构起现代化的思维，通过基层政府和乡村社会的良性互动或者两者关系的进一步调适，促进乡村善治的实现。

一 结构路径：基于政治系统的思路

政府和社会是一个紧密联系的利益共同体或情感共同体，乡村柔性治理不仅对政社的关系提出新要求，也对政治体系内部或者说政治体制改革提供新方向。仍以政治系统论为理论分析工具，笔者在论证乡村治理转型结构困境和三重定位的基础上尝试建构系统的乡村柔性治理结构体系。2020 年 1 月，中央一号文件对县、乡、村的关系以及各自的职能做出明确的界定，对建立柔性化的结构关系提供了启示。文件指出要在乡村治理实践中坚持县、乡和村的三级联动，建立三者之间的耦合共同体。现代化的乡村治理结构要求社会治理和公共服务的重心"下移"，即将更多的发展项目、资源要素、公共产品向乡镇和农村地区倾斜。在县、乡和村的格局中，县级政权主要是做好乡村发展的统筹规划，承担的主要是领导责任。乡镇的主要职能是提供服务，强化服务管理是其工作的核心，同时，乡镇另外一个职能是将更多对乡村发展有利的建设性力量引入到乡村。行政村作为乡村治理的基本场域，应不断强化自治的职能，发挥村规民约的优势，推进乡村治理的制度化（见图 5-3）。

图 5-3 体现的是乡村治理转型后乡村柔性治理结构系统。从政治系统各要素关系来看，各级政府之间的权属关系和角色功能发生了变化：传统的府际博弈变成府际合作，县和乡的合作型体制代替之前的压力型体制，两级政府的功能有明确划分；乡镇政府和农村社会的关系呈现协作共治的局面。在政治系统内部，村民可以通过制度化的渠道表达自身的利益诉求，村级组织更是将村民意见进行整合，通过组织化的集体行

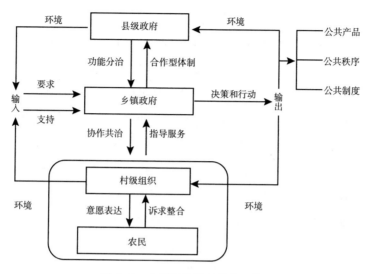

图 5-3 乡村柔性治理结构系统

资料来源：参见陈潭《治理的秩序：乡土中国的政治生态与实践逻辑》，人民出版社，2012。

动和地方政府进行利益的博弈。[①] 由此，通过政治生态系统内部要素的优化整合，草根阶层拥有了自身的话语权，"输入"的要求和支持能够转化成科学的决策和规范的行动，最终促进政治系统的良性运行。中国场景的公共管理就是要针对中国的现实来解决这些实际问题，笔者下面将尝试依据中国现实探讨乡村柔性治理的发展路径。

（一）县—乡结构关系：由"功能分治"代替"府际博弈"

上下级政府间的府际博弈关乎乡村柔性治理的落地生根。县和乡之间是直接的"行政与附属"关系，县级政府控制着乡镇的人事权、财权和事权。[②] 压力达标型体制下县政府将可分配的任务政治化，通过"行政发包"的方式将经济社会的发展指标下划至乡镇。超额"输入"无疑增加了乡镇的压力，在晋升锦标赛机制下，为了获取政绩，乡镇干

---

① 吕德文：《乡村治理 70 年：国家治理现代化的视角》，《社会科学文摘》2019 年第 12 期。

② 杨嵘均：《县乡行政管理层级的结构调整与改革路径》，《南京大学学报》（哲学·人文科学·社会科学）2014 年第 3 期。

部往往采取"策略主义"的行动。要建立新型的民主合作体制,就要让县级政府进行适度的分权,建构相对完备的"乡政村治"制度。基层政府的主要功能是提供公共产品和公共服务,通过"功能分治"原则,改变其传统以乡镇为主体的公共服务供给模式,重新建立以"县为基础,镇为节点,城市辐射农村"的公共服务体系,进而通过科学有效的公共制度提供更加优质的公共产品并形成规范的乡村公共秩序。

(二)镇—村结构关系:由"协商共治"代替"政权悬浮"

党的领导是全面深化改革取得实质进展的根本保证,也是推进乡村治理转型的前提,只有贯彻党的方针、路线和政策,才能全面推进资源型贫困村庄柔性治理的落地生根。因此,要坚持乡镇党委对农村党支部的领导关系,避免地方"分割主义"的滋生,同时,乡镇政府对村委会的工作应当给予指导、支持和帮助,村委会应协助乡镇政府开展工作。在乡村柔性治理的实践中,乡镇政府要明确自身的职责和功能,改变其传统"越位干预"的状态,回归法律明确的指导服务职能上来,通过"协作共治"拓展乡村的自治空间。取消农业税后,乡镇政府的悬浮在一定程度上削弱了政府和底层群众的血肉联系,柔性治理本身体现出"服务型政权"的内涵,在乡村治理转型中,其通过提供更优质的公共服务和信息促进政社良性互动。

(三)村—民结构关系:由"实质自治"代替"形式自治"

20世纪90年代自治制度的嵌入使村民手中的选票成为村庄内生性权力的重要来源,但"民主选举"虽解决了权力的来源问题却并未解决权力的行使问题,在一定程度上导致村民自治形式化。村干部是基层群众组织的代言人,但同时又是国家行政体系的代理人,其工资收入来自乡镇政府,这就导致村委会"行政化倾向"的发生。[①] 乡村柔性治理的重要内容是村委会要成为乡村发展的真正"代言者",能够将民意或

---

① 徐勇:《在乡镇体制改革中建立现代乡镇制度——税费改革后的思考》,《社会科学》2006年第7期。

者诉求通过整合反馈给乡镇政府，确保公共政策供需均衡。为规避村干部"权力寻租"行为的发生，村民代表会议可实现对村委会的有效监督，在面临村务重大决策时，可通过"民主恳谈会"广泛听取群众意见，通过"权利制约权力"的平衡结构，促进乡村政权向现代公共政权转变。

二　能力路径：基于主体能动者视角

（一）强化基层政府治理的协调能力

从运作机理上看，政府是乡村柔性治理过程的中坚力量，或者说政府的态度和行为决定着柔性治理的成效。乡村柔性治理的实施需要中央政府和地方政府的高度重视，主动成为柔性治理的推动者。首先，加强伦理道德建设。政府要成为社会主义核心价值观与乡村传统伦理道德的推动者，探索出符合乡村实际的柔性治理伦理体系，在这个过程中，通过耐心的宣传教育让伦理道德内化为村民自觉的行为规范。在宣传教育中，充分地利用农村现有的文化基础设施并通过丰富多彩的文化活动增强村民的参与感。其次，加强乡村柔性治理的组织体系建设。在乡村自组织体系建设中，政府要有对外开放的积极心态，树立广泛吸纳社会力量参与治理的意识，通过引导的方式支持各治理主体平等地参与乡村治理，同时还要作为监督者对各个治理主体的治理行为和效果进行实时监督。最后，政府理应成为乡村柔性治理的践行者。柔性治理理念的转变要靠行为去体现，这就要求政府把柔性治理中包含的伦理道德纳入行政伦理中去，通过示范性的引领成为践行柔性治理的楷模。另外，政府在推行乡村柔性治理中要有强制力，这种强制力体现在采取"文明评选""奖优惩劣"的方式保证并推动柔性治理的有效落地，进而充分发挥乡村治理主体多元、非强制性实施、治理方式多样等优势。

（二）提升对乡土文化价值的认同能力

在漫长的历史变迁中所积淀的乡土文化是推行乡村柔性治理的文化

因子。乡村治理主体重视并有效地利用乡土文化，在此过程中提升对文化价值认同的形塑能力是乡村治理转型中提高柔性治理能力的核心举措。从乡村发展的历史中不难发现，我国的乡村社会是农业文明构筑的命运共同体，内含着"土"和"乡"的文化元素，这是乡村社会区别于城市社会以及国外其他国家乡村的典型特征。换言之，以乡土文化为特质的价值体系是村社共同体成员势必遵守和认同的行为准则，对乡土文化价值的认同也是维系乡村社会有序的强大动力。[①] 首先，尊重乡村的历史文化传统。乡村行为主体要认同历史传承下来的乡村文明礼俗，在与现代法治精神不违背的情况下尊重"长老权威"，基层政府和村委会通过定期举办"道德讲堂"，在潜移默化中形塑乡村社会的权力文化网络。[②] 其次，充分挖掘土地的文化价值。土地是凝聚村庄共同体的物质基础，农民对土地有天然的情感，应以乡村记忆为纽带不断形塑离乡村民对"落叶归根"土地传统的依赖。总之，村社共同体建构是乡村柔性治理的主要目标，而以乡土文化为基础的价值认同能够增强村民对村庄的情感，因此需要提升乡村治理主体对乡土文化价值认同。最后，加大对乡土教育的政策支持力度。乡土文化价值认同能力的提升离不开乡土教育的发展，这与国家的教育制度相关，为此，政府的教育机构应通过教育制度的设计为乡土教育谋取提升的空间，特别是在农村九年义务教育阶段积极地推广乡土教育，从小让孩子树立尊重乡土文化的意识，使其在教育成长中提升对乡土文化价值的认同能力，为实现乡村柔性治理奠定价值基础。

（三）强化对社会公众的心理疏导能力

从广义的层面讲，乡村柔性治理是对人心或者说情绪的治理，这就需要基层政府提升对广大村民的心理疏导能力。首先，政府要加强

---

① 索晓霞：《乡村振兴战略下的乡土文化价值再认识》，《贵州社会科学》2018 年第 1 期。

② 傅琼、曹国庆：《乡村"权力文化网络"影响因素的实证分析——基于 6 省 560 户样本的调查》，《江西社会科学》2016 年第 12 期。

对村民心态的监测。村民自治主体密切联系群众就要做到准确地筛选心理疏导的对象，将具有不良心理动机的村民纳入提前制定的预警系统中，特别是在处理农村群体性事件中，不能采取"冷处理"的方式。农村基层党组织和政府在践行群众路线中应该建立畅通的公众交流渠道，为村民寻求"发泄"的平台，帮助村民达到心理的平衡。①通过现代传媒工具宣扬基层治理的价值理念，充分发挥政党的柔性治理力量。其次，建立全方位的心理疏导渗透机制。在后物质治理时代，政府在加强农村物质治理的同时更加需要加强对"民心"的治理，通过乡村心理咨询网络基础设施的建设，尽可能地在有条件的农村地区开设心理辅导班或者心理咨询室。针对当前农村地区常见的农民心理问题进行矫治。媒体作为社会的第四种治理力量在应对群众心理问题时，要充分发挥自身及时高效的技术优势正确引导村民行为，及时向社会公布真实信息。最后，创新以人为本的疏导机制。村委会应通过定期的排查走访、开展心理健康讲座等形式宣传法律常识，乡村治理主体特别是基层政府应该充分认识到密切联系群众的重要性，将爱心关怀作为践行服务型政府的首要任务，在乡村公共事务治理中，对村民最关注的现实问题，有效做好心理疏导工作，满足广大群众的政治、经济、文化和生活需求。

（四）重构多元主体合作的共治能力

乡村柔性治理要求基层政府在乡村治理中发挥多元共治的"黏合剂"作用，或者说成为公众参与治理的协调者、促进者以及引领者。随着乡村社会的快速发展，广泛兴起的农民合作社等经济组织、各种志愿者协会、新闻传媒、新乡贤等力量在乡村治理中的优势越来越明显，可见，未来乡村治理的主体不仅仅局限于政府部门。首先，治理方式的转变。在日常的基层公共决策和公共治理中，基层政府要改变传统的"一

---

① 赵旭东：《社会情绪治理"宜疏不宜堵"》，《人民论坛》2019 年第 23 期。

肩挑"的角色，改变依靠"暴力"或"强制力"进行的命令式治理，更多地通过对话协商机制为其他的治理主体提供参与的渠道和平台，寻求乡村公共事务解决的最佳方案。其次，为社会组织提供成长的沃土。农村各社会组织的培育关乎多元共治能力的提升，需要在基层党组织的领导下通过规范的经费保障、人力投入和物质投入促进各种社会组织的健康发展。最后，正确处理好秩序与活力的关系。从国家的权力结构设置看，乡镇政权组织位于公权力的末端，是严格意义上的国家权力的代言人。在"上面千条线，下面一根针"的结构框架内，迫切需要基层政府做好多元治理的协调工作。多元主体合作共治能力的提升必须建立在有序合作的基础上，不能只强调活力而忽略秩序，也不能只注重秩序而忽略活力，需要发挥政府的主导作用成为秩序的维护者和活力的推动者，同时还需要积极宣扬乡村公共精神，充分体现"共建、共享、共治"中"共"的特征。合作共治能力的提升是乡村治理能力现代化的重要体现，作为一种不可或缺的治理技术或者工具，合作共治能力的提升也关乎乡村柔性治理的推进效果和乡村善治的进程。

（五）增进村民民主参与的表达能力

乡村柔性治理强调参与主体身份的平等性和地位的基础性，注重基层政府和村民的良性互动，是村民自治制度运行中民主治理的具体体现。在乡村治理实践中，民主管理、民主选举、民主监督和民主决策的实现是建立在村民有效的表达能力的基础上的。民主是村民维护自身合法利益的制度安排，体现了国家政权的基本价值。首先，夯实民主表达的基础。乡村民主文化的培育是村民民主表达能力提升的内在动力，这是因为村民自治的制度设计初衷是保障村民的民主权利。因此，需要建构一整套完备的民主程序、民主规则和民主秩序，通过广泛的村集体活动来锻炼村民的民主表达能力，在民主文化的熏陶和感染中赋予村民民主表达的新内涵。其次，提高民主表达的质量。乡村柔性治理实践中村民民主表达能力的提升需要借助一定的民主技能，民主技能的提升在很大程度上可以提高民主表达的质量。从乡村治理实践看，民主表达质量的提升需要与农民的生活紧密结合起来，只有这样才能让村民真切地感受到民主表达给生活带来的积极影响。与此同时，村民对于村庄共同体的民主认同以及对自身的政治效能感的高度认同也能够提高民主表达的质量。最后，畅通民主表达的渠道。乡村柔性治理客观上要求基层政府能够通过一定的渠道聆听村民的利益诉求，需要在乡村治理体系中建立反馈—回应机制。民主表达的渠道有政府建立的正式渠道也有通过村庄精英建立的非正式渠道，多样化的渠道能够为村民民主表达能力的提升提供可靠保障。

三　体系路径：基于"三治"融合的架构

（一）增权赋能：乡村柔性治理落地的自治路径

1. 强化基层党建，形塑村民秩序认同

农村基层党组织是一切农村工作和理论实践的落脚点，也是党沟通人民群众的纽带和实现政社互动的桥梁。乡村柔性治理的实现要发挥好农村基层党组织的功能，在基层权力深入乡村社会的过程中，农村基层党组织要发挥"润滑剂"的作用。柔性治理理念的树立需要通过农村基层党组织建设来塑造村民的公共精神和公共价值，对于有利于国计民生的公共事业，要充分发挥其协调和处理各方面利益和矛盾的能力，维护基层社会秩序的稳定。乡村柔性治理体系的建构需要建立在村民自治制度的基础上，充分发挥基层党组织在农村社会中的核心作用，广泛吸纳农村体制内外力量的加入。作为农村各项事务的领导核心，基层党组织在长期的社会建设中积累了丰富的治理经验，其政治觉悟和学习意识要明显地高于基层社会中的其他组织团体。乡村柔性治理的实施也同样需要发挥基层党组织的政治引领作用和先锋模范作用，真正地践行"从群众中来，到群众中去"的工作方针，全身心地践行为人民服务的宗旨。从以往的历史发展中看，农村基层党组织也不断地践行柔性治理的理念，比如，在开展工作中注重示范引导、宣传教育和民主协商的方式，这都包含着乡村柔性治理的内容。换言之，在现有的国情背景下，乡村柔性治理的落地必须要强化党的核心领导地位。通过加强农村基层党组织的政治、思想和组织建设，夯实乡村柔性治理的组织基础，发挥其在乡村公共事务治理中的协调复杂关系和组织群众进行自治的作用。

2. 完善自治制度，壮大自治组织力量

人民公社解体后，我国农村地区实行村民自治制度，而村民自治组织构成该制度的组织基础。村民自治与行政治理的根本性差异在于其非强制性的特征，更多地依靠村规民约等非正式资源，采取劝导、示范和软约束的方式，这和乡村柔性治理的价值理念相吻合。村民自治制度经过近30年的发展，基本上已经实现对村民自主能力的培养，特别是现时代背景下，随着乡镇政府组织行政权力的上移，乡村治理越来越依靠村民的自治能力。壮大乡村社会中的自组织力量首先要弄清有哪些具体的群体，笔者在文献梳理的基础上将其概括为三种类型，一是《中华人民共和国村民委员会组织法》规定的村委会，二是随着农村经济发展逐步成长起来的经济组织，比如农民合作社，三是基于地缘或血缘关系建立起来的传统力量，比如南方的宗族和北方的小亲族。各村民自组织在参与乡村治理中应该在柔性治理理念的指导下顺应现代化发展的潮流，逐步去除行政强制干预的政府管控因素，积极通过自身力量的壮大回归"自治"本质。在农村自组织的发展中，民政部门要放低其准入的门槛，在其发展过程中可以有效地监督，但不直接干预，尽可能确保村民自组织的独立性。

3. 重视外部力量：实施"乡贤回归"工程

乡村振兴背景下，有一种新的力量逐步引起人们的关注，他们是乡村中有威望的老人、会赚钱的能人、退伍的军人或者是退休的老干部，这些群体有丰富的社会资本，能成为乡村治理中的中坚力量，被称为

"新乡贤"，他们组成的介于官方和民间的中间组织叫作"乡贤理事会"。[①] 没有工资待遇只有服务意识的新乡贤是乡村柔性治理中的重要力量，而"去行政化"的乡贤理事会更容易受到村民的拥戴。乡村柔性治理的实施要充分发挥新乡贤的力量优势，通过"乡贤回归"工程让有家乡情怀的农村精英回归故土。在这项工程实施过程中，地方政府主要起到引导、支持和协调的作用，不能直接命令或者强制干预乡贤理事会的运作，真正促进该组织成为后农业税时代弥补政府行政治理不足的力量。具体来说，乡贤在乡村柔性治理中主要扮演"守夜人"的角色，所针对的群体一般是村庄中的弱势群体。在乡村治理实践中，乡贤凭借自身的见识、资源和渠道可以组织一些公共性的活动。他们作为村庄的精英，拥有一定的话语权，在化解干群矛盾或处理村民群体性事件中可有效发挥作用，尽可能维系乡村社会的稳定。[②] 浙江省近几年大力实施"乡贤回归"工程并取得不错的效果，这对其他省份乡村治理提供了有益的借鉴。需要注意的是，在"乡贤回归"工程中，地方党委和政府机关也要建立相应的约束机制，防止个别力量打着新乡贤的旗号干预村庄事务，损害村集体利益。

（二）德性回归：乡村柔性治理落地的德治路径

1. 丰富柔性治理的价值存量

乡村公共秩序的建构和乡村善治的实现必须有某种或者某些核心价值观来作为凝结广大村民和乡村社会各类行为主体的重要纽带。因此，突出人文关怀和文化塑造的柔性治理价值观念扮演着特别重要的角色。在村庄碎片化、农民原子化和信息流动化的乡村社会，柔性治理的价值理念能够内化为村民的精神追求和对制度的认可，从而形成村民的自觉行为。从乡村发展的实践看，不管是村民个人还是集体化的村庄整体，

---

① 张兴宇、季中扬：《"消极村务"背景下新乡贤参与村治的逻辑、方式及意义》，《浙江社会科学》2020 年第 2 期。

② 李晓斐：《当代乡贤地方精英抑或民间权威》，《华南农业大学学报》（社会科学版）2016 年第 4 期。

其价值观的碎片化现象严重，特别是主流价值的缺失难以形成凝聚力。农村传统文化的滞后性与现代文明的价值冲突导致农村现有的价值观念与乡村振兴的某些理念背道而驰。因此，在社会治理转型背景下要发挥乡村柔性治理的作用就必须加强对核心价值观的学术研究并进一步挖掘其存量。一方面，理清柔性治理价值与传统文化之间的关系。中国乡村社会在几千年的历史演变中构筑了自身的文化传统即"乡土文化"，乡土文化是乡村发展的精神基因，根植于中华民族的血脉之中。乡村柔性治理价值观的树立必须与优秀的"乡土文化"一脉相承，或者说从传统的乡村文化中汲取养分，在继承的基础上寻求创新。另一方面，柔性治理价值观要汲取人类发展历史中的优秀成果，我国是社会主义国家，但并不代表要抵制资产阶级价值观中的所有内容，实际上，资本主义中的科学和理性都可以拿来夯实乡村柔性治理的价值基础。因此，核心价值体现了乡村柔性治理的本质，是柔性治理落地化的内在基础。新时期，要大力弘扬柔性治理价值观理应关注群众的利益诉求，批判地继承中华文明和人类历史上优秀的价值因子，从而使乡村柔性治理落地具有坚实的基础。

2. 粘连传统乡村的伦理精神

无论是宏观意义上的全球公共治理，还是微观意义上的基层乡村治理，其治理困境的化解都需要伦理精神作为支撑，乡村柔性治理的落地化实现同样需要发挥乡村的伦理精神。实际上，乡村柔性治理就是要更多地利用乡村社会内生的治理资源特别是非正式的诸如村规民约、地方性共识和宗族伦理等软性的精神力量。在封建时期的"简约治理"中，乡村社会能够稳定延续的根本就在于其依靠一整套完整有效的伦理精神体系。该体系通过伦理约束规范村民的行为，进而改造乡村的社会关系，是一种深刻体现中国传统文明和国人智慧的治理技术。作为维系乡村公共秩序的基础，乡村伦理精神作用的发挥是夯实乡村柔性治理的重要内容。毋庸置疑，传统乡村社会中家庭、家族或者村庄形塑的伦理体系仍然在现代化的乡村治理中发挥作用。[1] 审视中国农村的变迁历程后可以发现，20世纪初期到改革开放之前，国家政权通过权力体系重构改变了乡村社会的治理结构和现实形态并确立国家权力的核心地位，这一时期乡村中的伦理精神处于边缘化地位，引发诸多的社会矛盾和现实问题。伦理精神在不与国家权力发生冲突的前提下才能更好地发挥作用，随着服务型政府的建构以及基层政权组织与乡村社会的分离，乡村伦理精神可发挥作用的空间越来越大。乡村柔性治理是在国家权力体系与乡村社会逐步分离的时代背景下展开的，这个时候就迫切需要粘连传统的乡村伦理，通过挖掘传统伦理中的积极因子促进社会的良性治理。

3. 培育村民的公共性追求

培育村民的利他精神是凝聚乡村社会共识和夯实村社共同体的关键，柔性治理的可持续性发展不能够简单地依赖一个领导者或者一个组织，而必须在"去中心化"的治理理念上培育村民的公共性追求。治理概念的引入和理念的深入促进了社会多中心治理浪潮的兴起，在改变我国社会治理结构的同时也倒逼政府反思传统的治理逻辑。乡村柔性治理打破了国家"全能主义"在乡村社会中的主导地位，在此背景下单纯依靠行政权威和法治精神难以实现政府在乡村治理中的统摄性功能，从而迫使人们去反思作为村庄绝对主体的村民个体如何通过公共精神的重塑促进社会善治。乡村振兴战略的落地需要依托以公共精神为代表的内生力量，这也是由乡村公共生活的本质决定的。乡村柔性治理深刻体现村民个体对乡村社会的"终极关怀"，也涵盖着精神文化和伦理道德对乡村公共秩序的内在追求。乡村柔性治理模式的治理对象不仅包含物质的个体还包含"人心"，因此，对村民的公共精神的塑造成为乡村柔性治理落地的重要抓手。首先，基层政府要积极主动地推动村民公共意识的觉醒。加快推进管理型政府向服务型政府的转变，在转型的过程中

---

[1] 唐皇凤、王豪：《可控的韧性治理：新时代基层治理现代化的模式选择》，《探索与争鸣》2019年第12期。

让村民催生社会公德和责任意识。其次，从传统文化中汲取公共追求的优质因子，比如挖掘"正心、修身、齐家、治国、平天下"中关于公德心的阐释，促进村民的接受。最后，发挥村庄精英的带动作用，通过构建网状化的乡村治理结构，积极发挥村中政治精英、经济精英和文化精英等力量在乡村柔性治理中的表率作用。

（三）软硬协同：乡村柔性治理落地的法治路径

1. 厘清软法与硬法之间的效力位阶

乡村软法制定与实施构成了乡村柔性治理的法治基础，需要正确处理好其与硬法之间的关系，避免两者在治理实践中的冲突。① 乡村软法具有导向性和碎片化的基本特征，这些特征能有效弥补硬法的漏洞，为确保法治体系的健全，乡村软法在制定中应该注意以下三方面要求。第一，在我国现行的法律框架内架构。在我国的体制背景下，乡村软法的制定必须置于宪法的框架体系内，认可国家最高法的权威和效力，不能与其价值和内容相违背，尊重宪法的根本法地位。同时，硬法制定的规范性和程序性要比软法更加严谨，乡村软法的制定不能突破硬法的规定，特别是硬法中禁止性的规范。② 第二，乡村软法的制定要遵守基本的法治精神和法治原则。乡村的异质性和复杂性决定乡村软法的多样性与地缘性等特征，但是并不意味着乡村软法不受任何约束。乡村软法作为法治体系的重要组成部分，必须具备公平、民主、秩序等基本的法治精神，在制定或实施过程中同样需要遵守科学民主、公开透明等基本准则，做到结果正义和程序正义的统一。第三，获取硬法的授权。乡村软法制定的边界在于不要同硬法发生冲突，硬法是国家立法机关或者权威部门在科学论证的基础上制定的，乡村软法制定绝对不能突破硬法对其制定主体的授权。实际上，从法治实施的理路上看，获取硬法的授权不

---

① 徐崇利：《全球治理与跨国法律体系：硬法与软法的"中心—外围"之构造》，《国外理论动态》2013 年第 8 期。

② 廖丽、程虹：《法律与标准的契合模式研究——基于硬法与软法的视角及中国实践》，《中国软科学》2013 年第 7 期。

仅可以使得乡村软法拥有合法性，同时也有效地规避了乡村软法对国家行政权威的僭越。

2. 政府全面支持软法的制定和实施

在乡村自治组织发展不成熟的现实条件下，乡村软法的制定需要加强政府的指导和支持。政府的支持程度决定以软法为基础的乡村柔性治理的推进进度。乡村软法实施获取政府全面支持的好处在于不仅可以保证国家行政权力对乡村发展的领导，也可以有效避免行政治理主体在乡村社会中的权力真空。支持乡村软法的实施是政府的本职工作，因为政府执政的目的和乡村软法实施的目的都是为人民服务，作为乡村治理的主体之一，基层政府在乡村公共治理中也要做到尊重乡村的公序良俗和传统的伦理道德，做到法治和德治相统一。在乡村振兴背景下，加强对乡村软法实施的全面支持也是政府治理方式的转变即由传统的干预向保障转型的具体体现。首先，加强对乡村软法发展的规范。软法的起草、协商、制定、执行和评估等多个环节需要政府全面的引导，在这个过程中，政府理应成为协调者和推动者。其次，关注乡村软法治理现象。政府在推进乡村善治进程中要善于学习和借鉴发达国家与地区的先进经验，明确乡村软法的运作机制，做好全面支持工作。最后，加快治理理念的转变。注重发挥软法在乡村治理中的功效就是政府治理转型的具体体现，需要政府部门不断地转变职能，为村民自治组织的发展提供经费和服务，确保软法推进乡村柔性治理的实现。

3. 夯实软法和硬法相结合的共治基础

软法和硬法是法治建设的"一体两面"，在乡村治理中需要考虑治理的成本问题，治理主体在推进农村法治建设进程中尽最大努力发挥软法的作用。国家将浙江的"枫桥经验"作为基层治理的典范并在广大的乡村地区进行推广，实际上从"枫桥经验"的治理模式看，以传统的乡村伦理道德规范为基础的软法在乡村治理中起到主导作用，但是以劝导、协商和调解为主导手段的软法规范也存在问题，为促进乡村软法的良性运行，必须建构起软硬法相结合的法治体系。第一，健全硬法治理体系。共治模式的建构必须充分地发挥硬法的刚性约束功能，科学地划定乡村软法和硬法的边界，确保硬法和软法的动态平衡。第二，提升乡村软法的约束力。在软法治理中需要注意软法倦怠的问题，因为软法的内卷化会降低对乡村治理对象的约束效果。软法规范约束力的降低不利于柔性治理的落地，需要通过村民监督的方式提升治理实效。第三，合作共治要坚持利益导向。无论是软法还是硬法，其存在的主要目的都是约束治理对象的行为，维护其自身的合法权利，或者说用法治来进行乡村治理是为了很好地协调村庄行为主体的利益矛盾。由于软法与硬法的产生方式和实施机制有所不同，在调解利益纠纷时它们的侧重点也有差异，需要建构以利益协调为基础的共治模式。

本章小结

本章着重探讨乡村柔性治理的应用落地问题，或者说作为化解刚性治理失灵的一种途径，柔性治理是如何发挥作用的。在现有的制度架构内，柔性治理的落地会面临哪些难题，如何通过路径的创新推进应用落地的实现。在哲学思辨层面，按照事物的发展规律可以将"破"、"立"和"用"作为一条主线，也是根据这种思维模式，在前两章论述乡村柔性治理的来源性问题、运作性问题的基础上，本书试图从路径创新层面回答乡村柔性治理的应用性问题。在第四章，本书通过引入两个柔性治理实践比较成功的案例，进而透视乡村柔性治理运作的内在逻辑。但是，有很多村庄在柔性治理实践中并非都能取得很好的效果，或者说在全面推进柔性治理过程中遇到一些制度性的难题。乡村柔性治理概念的提出为乡村治理能力和治理体系现代化的实现提供了一种方式，其应用落地能够有效地推进乡村善治。本书认为柔性治理应用落地能够形成推进乡村善治的层级合力。按照跨层级的分析思维，在国家层面，作为国家治理的重要组成部分，柔性治理范式能有效地推进国家治理的现代转型。在地方层面，柔性治理范式的嵌入能够产生公平正义的民主秩序，通过发挥非制度性权力的力量让大多数村民自愿地维护乡村的公共秩序，进而增强基层政权组织的公共性。在乡村社会层面，通过发挥乡村的内生性治理力量，能够促进乡村公共秩序的良性化运转。在微观的个体层面，柔性治理的应用落地为农户话语权建构提供了很好的平台，改变了传统刚性治理中基层政府的绝对"话语权"地位。

　　党中央明确提出治理体系和治理能力现代化的概念，并通过"三治融合"治理体系建构等多种方式推进基层治理由自治向善治转变。乡村善治是现代文明的重要标志，也是国家和社会通过合作共同努力的方向。乡村柔性治理的理论和实践符合中国基层社会现代化和民主化的发展趋势，本书结合现实的案例对其进行了系统的解读。当前，根据笔者的观察，在乡村治理转型背景下，柔性治理的实践并未在更大的范围内展开。如何推进乡村柔性治理的有效落地呢？本书仍以村域为基本单位，选择在柔性治理实践中失败的案例，进而探究柔性治理的落地困境。本章所选取的豫西北 P 村具有一定的代表性，因为在 P 村的长期发展中，其过度强调行政权威的"刚性治理"模式导致村民长期无法摆脱贫困的状态。在"水美乡村"项目的实施过程中，基层群众自治组织建立了柔性化的治理策略，虽然在一定程度上取得了成效，但并没有从根本上推进柔性治理的落地。乡村柔性治理难以有效落地主要表现在三个方面：治理结构的失衡、治理能力的欠缺和治理体系的消解。政治系统论认为政权组织作为一个系统与外界环境不断发生能量的交换，地方政府和乡村社会是乡村治理结构中的两大行动主体，在治理实践中，各级政府组织内部因为压力型体制的存在而出现治理失灵的现象，在与村民的互动中出现结构的断裂。柔性治理体系和治理能力是乡村柔性治理有效落地的"一体两面"，柔性治理能力的欠缺主要体现在价值形塑能力的欠缺、心理疏导能力的薄弱、沟通协商能力的弱化上。柔性治理体系的消解主要体现在自治体系中能人治村的普遍化、德治体系中德性建构的薄弱化和法治体系中软法建构的滞后性上。

可见，乡村柔性治理的广泛运用或者落地化实现在现有的制度条件下还面临很多问题，这也是治理转型期需要攻克的地方。本章最后以豫西北的 P 村为一面镜子，结合当前我国农村发展的现实情况，试图为乡村柔性治理的落地提出一些建议。在研究框架的设计上，仍然依据"结构—能力—体系"的基本框架，在治理结构上，本书认为柔性化的乡村治理结构需要优化基层政府之间、基层政府和乡村社会、乡村社会和村民之间的结构关系。在县和乡的关系上，应该赋予乡镇政府更多的权力，或者说由传统的"府际博弈"转变为当前的"功能分治"，镇—村结构关系由"协商共治"代替"政权悬浮"，村—民结构关系由"实质自治"代替"形式自治"。所建构的柔性治理结构主要是科层制架构内不同层级政府之间关系的调和与优化，正如结构—行为理论所言，组织结构影响组织成员的行为，即通过治理结构关系的优化改变治理的方式。党的十九届四中全会明确提出将治理能力作为新时期干部队伍建设的重要内容，柔性治理能力也是治理能力的一种表现形式。笔者认为乡村柔性治理能力是一项系统工程，涉及多个方面。在柔性治理能力的提升上，主要涉及强化基层政府治理的协调能力，提升乡土文化价值的认同能力，强化社会公众心理的疏导能力，重构多元主体合作的共治能力和增进村民民主参与的表达能力。国家治理体系是对政治、经济、文化和社会等各个方面存量和增量的概括与总结，在乡村治理领域，国家提出"自治、德治、法治"相结合的治理体系，这也为柔性治理体系的建构指明了方向。依据自治、德治和法治的"三治融合"架构，在自治层面主要是增权赋能，拓展乡村社会自主发展的弹性空间；在德治方面，重视德性回归；在法治层面，强调软法和硬法的协同。在路径的探讨中，坚持的是"治理现代化"的理念，将国家关于基层治理现代化的政策和规定等结合起来，最终目的是实现乡村善治。

第六章
走向善治：乡村柔性治理的本土化建构

在中国社会的传统文化里，"善"有吉祥的意思，《说文解字》言："善，吉也"，后多被引申为友好和赞许。善治是对良好治理的表达，在公共治理场域，善治所表达的核心思想是通过政府和公民的合作，实现公共利益最大化。在基层治理转型背景下，随着村民民主意识的觉醒和自主能动性的提升，乡村善治的概念被提出并得到广泛的运用。乡村善治是乡村民主化进程的必然结果，意味着政府和公民关系的重塑，也是国家行政权力向乡村社会回归的一种体现。① 从柔性治理和乡村善治的关系看，前者是手段，后者是目的，而如何通过柔性治理范式的嵌入推进乡村善治的实现是本书所关注的重点。乡村善治的主体未必是政府，柔性治理无须依靠政府公权力强制性来实现；乡村善治强调地方政府和基层社会的合作，这和柔性治理强调政府与社会的良性互动相契合；乡村善治认为治理的过程是双向的，这和柔性治理注重内生性力量的价值是一致的。俞可平教授认为合法性、法治、透明性、回应、有效性和参与等是善治的基本要素，笔者认为这与柔性治理的价值和内涵一脉相承。

本书通过建构"发生—运作—应用"的分析框架详细地阐释乡村柔性治理范式的来源性问题、运作性问题和落地性问题，为全面了解乡

---

① 郑茂刚：《通过乡村善治构建和谐乡村》，《科学社会主义》2007 年第 4 期。

村柔性治理打开一扇窗口。在以上研究的基础上，笔者尝试从乡村柔性治理的构成要素层面进行学理的总结和凝练。从整体和部分的关系看，治理环境、治理主体、治理工具和治理对象构成完整的乡村柔性治理系统。在这里，为了便于理清各个要素之间的关系，本书将治理环境视为柔性治理实施所处的制度范围和所具备的外在条件，将治理主体确定为治理实践中与乡村社会互动紧密的基层政府，将治理工具视为乡村柔性治理的手段和方式，而治理对象指广大的村民，从这四个方面试图为乡村善治的本土化理论建构提供借鉴。

第一节　柔性治理环境的场域逻辑：
公共能量场营造

一　场域：互动博弈的公共能量场

场域作为人类行为的概念模式起源于 19 世纪中叶的物理学研究领域，由格式塔心理学的代表人物库尔特·考夫卡提出。20 世纪 70 年代，法国著名社会学家皮埃尔·布迪厄将其引用到社会学领域，成为分析社会现象和社会问题的重要理论工具。场域是社会成员参与社会活动时按照固有的逻辑来建构的空间场所，是集中的符号竞争和个人策略的表达。场域理论产生后被广泛运用于教育、文化、媒体及医疗等领域，场域的表现形式不仅包括物理环境还包括他人行为及与此相关的诸多因素。[①] 实际上，考夫卡和勒温均认为主体的行为环境与活动空间是由心理和环境两种因素构成的，这与库尔特·考夫卡的场域理论存在共性。在理论界，场域对个体行为的作用在相当长的时间内被讨论，包括政治生态环境对政治人的行为模式有强烈的影响，为他们参与政治活动提供了

---

① 张斌：《场域理论与媒介研究——一个新研究范式的学术史考察》，《新闻与传播研究》2016 年第 12 期。

行为依据。场域理论表明在由社会行为主体构成的公共空间内，成员可按照自己的利益诉求进行民主化表达，进而形成互动博弈的"公共能量场"。作为后现代公共行政话语理论的主流范式，"公共能量场"的概念最先由福克斯和米勒在《后现代公共行政——话语指向》一书中提出，笔者认为"公共能量场"是场域的形象表达。由此可见，"公共能量场"是政治活动的发生场所，影响着场域内成员的行为选择，因此，为促进乡村政治系统的良性运行，必须建构政社良性互动的公共能量场。

二 从虚置到重构：乡村公共能量场的历史变迁

基于历史制度主义的分析思路，通过梳理不同历史阶段、不同乡村治理下公共能量场的变迁轨迹，我们可总结出影响乡村公共能量场发展的重要因素和关键变量，为乡村柔性治理的环境重塑提供学理辩护。

（一）封建时期的"简约治理"：乡村公共能量场的虚置

封建时期的金字塔型社会层级和权力结构对我国基层治理体系的建构影响深远。在等级森严的科层制体系内，帝王通过逐级控制的方式，将统治权力延伸到基层社会的诸多领域，形成层级化的政权运作结构。但是，中央和地方信息的非对称性、小农经济的分散性以及经济剩余的有限性决定了王权在农村社会必须依靠代理人来实施统治，这种乡村治理行政支配权力模式被黄宗智称为"简约治理"。"简约治理"并非王权的弱化和虚置，这种特殊的"国家经济体制"实际上是强化王权的有效工具，"权力宰割理性"成为封建时期乡村治理的基本现实，形塑了特有的历史环境。在高度中央集权的封建时期，乡贤治村的范式更催生了农民原子化和疏离化状态，弱化了农民参与乡村政治的内在需求。"简约治理"的乡村治理结构使乡绅权力囿于国家权威的有限让渡，虽然国家行政权力未直接触及乡村社会，但是其以扶植"行政代理人"的方式，通过胥吏和乡绅进行赋税徭役的征收。

胥吏虽然不是国家行政体系中的核心人员，却具有行使国家行政权力的职能，而乡绅作为乡村社会矛盾调解和社会维稳的力量实际上维护了皇帝的权威，因为乡绅始终处在封建社会的清议派和统治集团的在野派位置，他们获得的各种社会地位是封建统治结构在乡村社会组织运作中的典型体现。同时，在长达几千年的皇权统治中形成了以儒家思想为核心的封建正统思想，其"君君臣臣，父父子子"的治理理念也培育了农民的"奴性"思维。因此，封建时期的乡村公共能量场实际上处于虚置状态，农民在各种场域的权力角逐中处于失语的境地。最终，乡村公共能量场的虚置导致简约治理以"国家政权内卷化"的形态走向终结。

（二）人民公社时期的"全能治理"：乡村公共能量场的真空

1958 年，受"左"倾思潮的影响，党和政府错误地估计当时农村生产力的发展水平而在全国范围内展开人民公社化运动。在将近 20 年的人民公社化实践中所形塑的政治体制兼具集权主义和全能主义特色，社会结构的分化程度较低，国家和社会的权力边界模糊，乡村社会自治功能弱化，社会的主体性逐步丧失。从新中国成立到改革开放这段漫长的历史中，"命令—服从"的人民公社体制使政治权力渗透到乡村社会的各个领域，乡村治理呈现"泛政治化"的趋势，学界将人民公社时期全能主义的治理范式称为"全能治理"。人民公社时期的乡村公共能量场中，国家行政权力的深度介入导致基层政府和乡村社会呈现"高度融合"状态，乡镇政府和农民群体对话双方由于所处的社会地位和阶层的差异，导致政社互动中作为边缘群体的农民理性质疑的消解。在具体的全能治理实践中，人民公社体制对乡村社会空间的挤压必然消解或者侵蚀农户的主观能动性，公共对话的平台被边缘化，社会组织的功能分权化程度降到最低。[①] 全能治理造成了乡村公共能量场的真空状态，在

---

① 张建荣：《"全能主义政府"的公共危机治理困局》，《学术界》2015 年第 7 期。

加重基层政府治理负担的同时弱化了其他社会主体依靠自身力量的联合来共同解决乡村公共事务的能动性，间接影响了乡村治理的绩效。全能主义的乡村治理模式带来乡村公共能量场的真空，同时过分依赖政治权力，导致这种治理模式的边际收益不断降低，其正当性也备受质疑。但是，人民公社制度是特定历史时期的产物，具有阶段性和动态性特征。

（三）乡政村治时期的"刚性治理"：乡村公共能量场的失范

家庭联产承包责任制的实行标志着人民公社体制的解体和"乡政村治"体制的诞生。制度变迁的路径依赖效应使"乡政村治"体制并没有从根本上摆脱人民公社时期"单轨政治"的运行逻辑，村民自治的行政化倾向实际上也是这个时期刚性治理模式的直接反映。20 世纪90 年代民主化的制度嵌入虽赋予乡村社会一定的自治空间，但旧有的乡村治理结构并未改变，仍发挥着组织的功能，"行政吸纳自治"并未使农村社会实现完全意义上的自治。在"乡政"和"村治"相对分离的二元治理结构中，公共政策的落地很少考虑基层村民的意愿和真实诉求，农民对政策的执行或评估也缺乏有效的监督，造成政社互动失衡。在乡村治理实践中农民的话语权易被当地政府官员"剥夺"，行政权威的至高无上导致了行政决策的"内卷化"。农村公共政策制定是多元主体话语充分博弈的结果，而基层政府的绝对"话语权"和农村精英的决策垄断导致多元主体博弈结构的失衡。同时，固有的科层制体系以及按资排辈的话语表达惯例均会阻碍农民在公共事务治理中的话语表达，这也是实现村社善治的制约性因素。因此，从当前乡村治理实践看，乡镇政府行政权力的过度干预在一定程度上压制了村民自治的发展空间，作为乡村治理主体的村民意志受到控制，在乡村公共能量场中极易退出公共对话的空间，单一话语的"伪公共场域"随之出现，乡村公共领域也随之异化为少数人的私人领域。① 但是，

---

① 胡卫卫、辛璟怡、于水：《技术赋权下的乡村公共能量场：情景、风险与建构》，《电子政务》2019 年第 10 期。

"乡政村治"的制度安排为乡村公共能量场的运行提供了政策支持，可通过治理模式的创新和治理方式的优化促进乡村公共能量场的有效运行。

（四）乡村善治时期的"柔性治理"：乡村公共能量场的重构

从乡村公共能量场的变迁轨迹中我们可以发现，不同历史时期的乡村治理模式能形塑公共话语场的不同形态。在国家治理体系和治理能力现代化背景下，乡村善治是国家追求的终极目标，善治理路也是乡村治理科研工作者理论研究的重点。2006 年，在全面取消农业税后，国家不仅通过"资源下乡"的方式夯实乡村治理的物质基础，还通过"权力上移"的改革拓展村民自治的制度空间，而且强调乡镇政府的主要职能就是向农村提供公共产品和公共服务。后农业税时代的到来伴随着乡村治理环境的变革。柔性治理的引入为乡村公共能量场的重构打开了一扇门，或者说乡村善治理念指导下的柔性治理范式内在地契合乡村公共能量场的价值理念，奠定了重构的基础。同时，乡村善治的实现必须建立起公众利益诉求能够得到充分表达的公共能量场。乡村治理转型背景下，柔性治理因其内在的价值性和创新性成为 21 世纪乡村治理变革的重要走向。乡村柔性治理的价值意蕴在于：第一，在治理目标上，柔性治理改变了传统刚性治理以"经济增长和社会稳定"为导向的制度安排，强调乡村社会的主体性培育；第二，在政社关系上，柔性治理强调的是政府与乡村社会的进一步分离，并有明确的权力边界；第三，在政府职能定位上，柔性治理要求基层政府由原来的管控者向服务者转变，强调政府部门高度的放权和分权，在治理过程中尊重村民的利益诉求。

三 环境场域理路：乡村公共能量场的营造

乡村柔性治理是村社善治背景下提出的面向未来的乡村治理范式，基于历史制度主义框架下乡村治理模式的演变及乡村柔性治理范式与公共能量场之间的耦合性，本书认为乡村柔性治理的场域逻辑在于乡村公共能量场的营造。①

（一）表达能力提升

农民不仅是乡村治理的对象，也是营造乡村公共能量场的核心主体，为更好地实现农户话语权，应着重强调话语表达能力的提升。首先，通过内外结合的策略增强农户话语表达意识，农民要自觉地认识到自身在乡村治理中的主体地位，同时，村级党组织要发挥政治先锋的优势，通过广泛开展村民自治活动唤醒农户公共精神，激发话语表达的积极性和主动性。其次，加强农村社会组织建设。基于共同利益的村级组织是农户话语表达的物质载体，通过完善现有的法律法规降低农村社会组织的准入门槛，以基层治理创新为契机为其培育壮大提供制度保障和技术支持。再次，完善农村的信息网络。话语表达能力的提升也需要培育农户的信息汲取能力，借助农村基础设施建设，健全网络覆盖面积，确保农户及时获取基层政府发布的文化信息。最后，进一步提升科学文化素质。当地政府在保障农民九年义务教育的同时，充分利用文化下乡、法律下乡、乡村大讲堂及开办农民夜校等形式提升农户知识水平，以增强其话语表达逻辑。

（二）语言文化重构

平等包容的语言文化是政府和农民博弈双方言论自由的社会基础，而现有的文化体制导致双方话语地位在对话伊始便处于失衡状态，因此，培育平等透明和开放兼容的语言文化是乡村公共能量场建构的重要内容。首先，大力推进服务型政府建设。在"放管服"体制改革的宏观制度背景下，中央政府要在顶层设计中通过制度化建构逐步弱化"官本位"思想，地方政府在服务型政府建设中高度树立"民本位"思想，以思想教育活动为契机强化基层公职人员的公共精神和服务意识。其

---

① 胡卫卫、于水、杜焱强：《赋权理论视域下乡村公共能量场建构的三重维度》，《华中农业大学学报》（社会科学版）2019年第4期。

次，建立"投诉—反馈"机制。针对农村公共事务治理中存在的绝对"话语权"情况，相关的监督部门要在加大惩戒力度的同时建立农户的"投诉—反馈"渠道，鼓励农村居民就话语表达受操控等问题积极反映，通过"投诉—反馈"的良性互动促进对抗性话语文化的建设。最后，实现农户需求的精准对接。随着农户需求的个性化和多样化，地方行政机关应尊重和维护农户的话语权，通过自由平等的对话交流建构以农户需求为导向的话语体系，实现对农户现实需求的精准对接。

（三）良好氛围营造

基于地缘、血缘和亲缘的农村社区是一个相对独立的公共空间，村民之间联系较为紧密。农村基层组织是农村公共事务治理的组织载体，应发挥其组织动员的职能优势，以法律为工具，提升村民的法治观念，营造良好的法律氛围。① 首先，培养法律宣传的"先锋"。通过定期培训的方式提高基层干部的法律意识和法治素养，特别是在基层公务人员下乡开展工作的过程中，应提高其依法办事的水平，将法律渗透到村级事务治理中。其次，突出法律宣传的重点。法律宣传的重点应该放在农民迫切关心的与实际权益紧密结合的事务上去，诸如当前农村发展中出现的土地整治、房舍拆迁、家畜侵权及邻里宅基地纠纷等问题，找到宣传的重点可有效提升法律普及的效果。最后，创新法律宣传的形式。法律宣传形式的创新可增强农民的获得感，在普法宣传中可采取"点对点"推送法治宣传知识，"面对面"提供法律咨询，"手拉手"创作法治作品及"肩并肩"设计普法机制等手段提升宣传的实效。

（四）法理秩序完善

乡村社会的复杂性和异质性决定了法理秩序的建构必须采取外部力量嵌入和内生资源整合的方式进行。一方面要借助国家的行政力量进行高位推动。以高位推动为表征建构的乡村法理秩序已经取得了实质性进

---

① 梁田：《美国农业旅游立法对我国"乡村振兴"法治建设的启示》，《财经科学》2019年第2期。

展,依靠国家行政权威可有效发挥政治动员优势,准确地把握依据农村整体实际制定的目标和规划,确保"依法促农"工作沿着正确的方向发展。在农村法治建设中,各地要在中央政府的统一领导下,通过跨地区、跨部门的整体性合作协同推进。同时,对农村法治建设中取得突破性进展的先进经验借助政府的信息发布渠道惠及全国。另一方面要完善村庄内生性法理秩序。从乡村治理变迁的历程中我们发现,村庄内部诸如村规民约、传统习俗及宗法礼规等内生性法理元素对农村公共秩序的维护意义重大。[①] 因此,应传承并发扬优秀的乡土文化,同时摒弃旧有消极的乡土秩序,实现传统乡土秩序与现代法律的深度耦合。最终,通过政府主导和内生培育的方式推进农村法治进程,建构良性的乡村法理秩序。

(五)法治文化培育

农村法治文化涵盖公平、正义和秩序的价值理念,作为一种特有的精神内核规范着村庄治理主体的行为。强化农村法治文化建设是乡村公共能量场建构中新型农民文化培育的最基本方面,可通过如下策略得以实现。第一,发挥村级党组织的战斗堡垒作用。农村基层党组织是农村法治文化建设的推动者,这就要求党员自身除了自觉学习法律知识外还应将其运用到日常的工作中,通过责任倒逼机制和绩效考核机制等凸显法治文化的实施效果。第二,大力发展农村教育,健全法制文化市场体系。基层政府通过财政政策加大对农村教育的投入力度,在提升农民科学文化水平的基础上增强他们对法律知识的理解。[②] 同时,通过政策优惠、财政补贴等方式鼓励更多的企业与个体参与农村法治文化产品的销售,完善农村法治文化市场环境。第三,提升农民法治文化培育的主体意识。农民作为农村法治文化建设的主体,可通过"线上+线下"的方式提升法治素养。基于民主和法制辩证统一的逻辑关联,通过完善现有

---

① 徐晓虹:《农村法理秩序与礼治秩序冲突探究——当前农村事实婚姻分析》,《青年研究》2005 年第 11 期。

② 徐铜柱、杨海莺:《乡村治理中法治文化的缺失与建构——兼论村干部腐败的治理》,《湖北民族学院学报》(哲学社会科学版) 2017 年第 6 期。

的村民自治制度，在充分维护村民自治的基础上推动农村法治文化建设。

（六）人才队伍建设

专业技术人才是乡村公共能量场建构中网络信息平台搭建的关键，针对乡村治理中技术人才短缺的问题，应通过一系列的制度创新推进人才队伍建设。第一，完善评价机制。克服"唯学历"的评价倾向，提高实践水平和业务能力的评价权重，对于长期驻守农村并做出杰出贡献的专业技术人员，可在职务晋升中破格提拔。第二，提升素质能力。当地政府部门可通过继续教育不断提高基层专业技术人员的能力素质，用人单位要保障技术人员在教育培训期间的福利待遇。同时，农村的技术人员要充分利用教育机构和远程教育等形式的教育资源，自觉地提升实践能力。第三，实施柔性引才策略。以柔性引才为策略，通过对口支援、挂职锻炼、项目合作及短期兼职等多种方式，调动并组织各类技术人才到农村社会中开展服务型工作。第四，建构多元保障机制。将专业技术人员下放基层不仅需要将人才队伍建设经费纳入各级政府人才工作经费预算，更需要用人单位及社会各界的共同参与。

第二节　柔性治理主体的权力逻辑：政府软权力建设

一　政府软权力：一个概念性框架及解释

（一）软权力与硬权力：两种不同属性的权力观

权力的属性之辨和类型划分一直都是政治学研究关注的焦点。马克斯·韦伯认为权力是在交往中一个行为者即使在遇到抵抗的情况下，也能实现其意志的可能性，而不管这种可能性以什么为基础。为此，根据权力的合法性来源可将其划分为传统型权威、魅力型权威和法理型权威三种类型，这就是政治学领域著名的"权威类型说"。A.S.麦克法兰认为权力是在特定的场域和空间内，各种力量相互较量的结果，权力的界定是一种力与另一种力作用与反作用时产生的力的差异，较强的力量就是较强的动因，或者说是有更大的权力。之后在很长的时间内，诸多学者基于不同的研究视角对权力的内涵和外延进行了详细的探讨，最终达成基本的共识即权力是社会关系的产物，也是行为者之间在相互作用过程中发生的关系。20 世纪 80 年代后期，美国著名政治学家约瑟夫·奈在研究马克斯·韦伯权力类型说及其他学者对权力划分的基础上将权力界定为社会结构中一个行为者把自己的意志强加于另一个行为者的能力，为此提出"软权力"和"硬权力"的概念。[1] 约瑟夫·奈认为"硬权力"是一种带有压制性和命令性的权力，通过劝诱或者强迫的方式改变他人的行为。"软权力"是建基于文化和价值的吸引力之上，通过诱惑性和柔性化策略影响他人的行为。从两种权力的关系看，二者同属于权力谱系的两端，而非处于断裂分离的状态[2]，或者说"硬权力"和"软权力"之间不存在分明的界限。

具体而言，两者的差异性体现在：前者指国家未经与社会进行机制化的协商而采用暴力等强制方式来达到治理目的的能力；后者指国家通过与社会建立稳定的沟通机制，得以渗透社会及落实政治决策的能力。约瑟夫·奈认为"硬权力"的优势在于能够在短时间内执行国家意志，是国家高位推动下公共政策得以落实的关键，但也指出单纯依靠暴力来维持社会秩序的政权，在消耗更多的资源的同时也会受到社会力量的抗争。与"硬权力"不同的是，"软权力"能够与社会进行持续的沟通，通过协商的方式使政治决策尽可能地获得利益相关群体的认可和支持，从而使政治决策的推行获得有利的社会基础。[3] 可见，约瑟夫·奈所提

---

① 包先康：《农村社区"微治理"中"软权力"的生成与运作逻辑》，《南京农业大学学报》（社会科学版）2018 年第 5 期。

② 张凯：《单位管理中硬权力与软权力融合并用的艺术》，《领导科学》2018 年第 10 期。

③ L. M. Aleksanyan, "The 'Soft Power' Policy of Turkey towards Georgia," *Vestnik Mgimo-Universiteta*, Vol. 47, 2017.

出的两种权力具备不同的运作方式。笔者认为"硬权力"体现的是专断任性的国家意志，这种权力运行是以国家暴力机器为后盾，弱化甚至无视公众的意愿；"软权力"则是一种贯彻意志的实际能力，以后勤技术的支持和基础设施来表达国家意志，进而实现国家目标。从两种权力的历史轨迹和运行机制看，"软权力"的社会控制和动员能力更强，也更可持续。

（二）基层政府软权力：理解村社善治的一个新视角

作为古典现实主义的代表性人物，汉斯·摩根索（Hans J. Morgenthau）是当前学术界公认的最早阐述"软权力"的学者。汉斯·摩根索认为，在处理国际关系时，文化帝国主义策略是一种最高明的国家策略，其所表达的核心思想是以心灵控制而非暴力掠夺的方式作为处理国家权力关系的工具。在社会学研究领域，对国家"软权力"的阐释主要体现在建构主义理论中，建构主义者认为在国家关系的处理中，国家之间的交往互动应强调社会结构而非物质结构，遵循同化、平衡和认同的原则。无论是古典现实主义抑或建构主义，文化和社会基础形塑了软权力的运作逻辑。我国学者在研究软权力时也指出，约瑟夫·奈的软权力理论中所谓的新的权力源泉，准确地说就是文化。在基层治理转型背景下，村社善治是在政府引导下，辅以市场化运作和社会协同，建构一个包容、民主、开放和协作的乡村治理体系。乡村善治的价值意蕴就在于以下几方面。首先，建构"善治"的框架体系在一定程度上改变了国家权力向乡村社会渗透的逻辑，实现"硬权力"向"软权力"的转变，最终形成以"软权力"行使为主，"硬权力"行使为辅的权力格局。其次，乡村治理能力和治理体系现代化为建立良性的公共秩序奠定了基础。软权力对客体的作用具有自愿性、非强制性和合作性的特点，这本身就体现了乡村善治的基本特征，即通过自愿和合作的方式实现基层政府与农民的良性互动。最后，以参与式治理为契机，通过完备的公众参与机制不断突破传统体制的束缚。传统的乡村治理模式缺乏公共广泛参与的基础，国家通过软权力的实施，借助亲情化的话语体系、多元化的治理技术和人本化的治理理念为乡村公共事务治理中公众参与奠定了基础。

二　从硬权力到软权力：乡村权力结构的演变趋势

（一）税费改革前的刚性治理："硬权力"的实践逻辑

从新中国成立到改革开放的近 30 年时间内，国家遵循总体性支配原则，以群众性规训、政治性动员和运动式治理等方式对乡村的生产生活进行严格管制。在高度集权的政治经济体制背景下，国家对乡村社会采取刚性治理的模式，在"硬权力"的控制下，乡村社会紧紧依附国家政权体系而存在，国家在统摄乡村社会各个领域和掌控乡村社会话语体系的同时也形塑国家权力在乡村社会的现实形态。从 1982 年人民公社体制解体到 2006 年农业税全面取消期间，发生在乡村社会的重大变革是家庭联产承包责任制的推行和"乡政村治"体制的确立。家庭联产承包责任制对我国农村社会的发展具有划时代意义，从权力的结构上看，它的实施在一定程度上弱化了国家权力对农村生产方式的控制，由原先的"统包统揽"到"个体分化"实现农村经济的快速发展。同时，"乡政村治"的实施进一步促进基层政府权力的"上移"。但是这一时期的制度变革仍处于国家社会管控和财税积累的宏观背景下，实际上仍未改变人民公社时期"单轨政治"的运行方式，仍然遵循以"硬权力"为基础的"刚性治理"逻辑。从国家现代化建设乡村历史变迁的角度考量，农业税改革前"硬权力"占主导的权力运行有其存在的合理性和必然性。新中国成立后的很长一段时间内，我国的乡村社会可谓"百废待兴"，在农村经济基础薄弱、社会力量培育不足的现实背景下，国家行政权力的介入和渗透可有效弥补传统乡村治理中乡绅缺失带来的治理"真空"。从社会学的角度审视新中国成立初期的乡村权力结构我们可以发现，由于乡村社会自身培育能力的欠缺，需要国家这个强有力的组织力量作为依托进行统一的社会管控。在党全面领导国家的体制确定后，逐步形成党、国家和乡村社会的权力分布格局。行政主导的乡村治理结构为基层政治权力的高度集中化提供了经济、社会和政治支持，高度集中的政治经济体制形塑了乡村治理场域"硬权力"的土壤环境，构成了乡村刚性治理的制度逻辑。

（二）后农业税时代的柔性治理："软权力"的实践逻辑

2006 年 1 月，《中华人民共和国农业税条例》正式废止，在我国沿袭 2000 多年的农业税制度宣告终结，标志着我国进入后农业税时代。在农业税费改革之前，收税是乡镇政权组织在乡村社会的主要活动和核心职能，而农业税全面取消后，乡镇政权组织逐步"退出"乡村社会，此时的乡镇政权组织也被国内学者称为"悬浮型乡镇政权"。国家权力在乡村治理场域从"台前"走向"幕后"，引发乡村治理模式的变迁，我国乡村社会进入柔性治理时代。在全面取消农业税之前，国家对乡村社会的治理主要是围绕着"管制"和"利益"展开的。本质上讲，国家治理现代化背景下的乡村治理应该摒弃冷冰冰的权力维度，更多地将道德和文明的理念融入其中。

政社良性互动是国家软权力的根本特征，在乡村治理场域，就是通过柔性治理模式的嵌入，推动基层政府这个核心治理主体和村民这个治理对象之间通过柔性化的机制设计、包容性的治理理念和共生式的治理目标，迎合整个时代治理的潮流和理念的。进入 21 世纪，在政治民主化、经济全球化和治理现代化时代浪潮的推动下，我国的乡村社会变得更加多元和理性。后农业税时代，为解决"三农"困局，国家通过项目制和财政转移支付的方式向农村输入大量的发展资源，"资源下沉"预示着乡镇政府和乡村社会之间的以财税积累为核心的矛盾转化为公共产品和公共服务供给的矛盾。政社间矛盾的转化在很大程度上体现了国家"软权力"的理性回归，这与后农业税时代乡村社会以建构良性社会秩序为重心的历史使命相辅相成。乡村柔性治理是乡村治理转型和治理现代化背景下提出的新的学术命题，软权力构成了柔性治理实施的行动逻辑，从传统的刚性治理到现代的柔性治理，深刻体现了国家行政权力在结构、制度和体制上的转变。同时，合作共赢、平等协商和柔性包容的乡村柔性治理理念与软权力的人文关怀及以人为本的本质高度耦合。需要指出的是，深刻反映乡村柔性治理的"软权力"并不意味着对硬权力的否定，乡村柔性治理较好地实现了与刚性治理的融合，通过在刚性的制度框架下夯实柔性的治理内容，进而将刚柔并济的治理策略运用到乡村治理的宏观架构中，也使现代协商民主政治的新思维走上了契合之路。

三 主体权力理路：强化软权力建设

乡村柔性治理的实现需以"国家在场"作为根基，强化基础性权力是其具体体现，这就需要对国家治理结构和权力运行机制做出调适，笔者下面从优化"纵向治理结构"、提升国家权力"嵌入性"等六个方面进行论述。

（一）从宏观集权到微观放权：优化"纵向治理结构"

中央集权和地方分权的矛盾问题是任何历史时期国家治理变革中都有的难题。现实中，以权力范围错位、权力作用错位以及关系错位为主要特征的"纵向治理结构错位"问题导致中央的"表面权力"很难落实，甚至出现"泡沫化"。[①] 国家治理能力和体系现代化的实现不只是要强调中央"表面权力"，而应通过微观放权提升地方的治理实效。我国宪法中关于央地关系的处理原则就是遵循在中央的统一领导下，充分发挥地方的主动性和积极性，微观放权和宪法的理念相一致。依据乡村社会的异质性和非均质性，通过分权的方式分担治理责任恰恰是在维护中央的政治权威。改革开放以来，在分权治理的实践中出现"一放就乱、一收就死"的局面，究其根本是国家在"放"的时候采取激进策

---

① 胡萧力、王锡锌：《基础性权力与国家"纵向治理结构"的优化》，《政治与法律》2016 年第 3 期。

略，而在"收"的问题上强化的是"专断性权力"，弱化的是基础性权力。提升政府的"实效权力"，应以"在地化"和"辅助性"为依据，重构纵向府际关系。其中，"在地化"指在对当地事务治理中，地方政府应有足够的制度空间和执行权力；"辅助性"表示的是央地的序位关系，即坚持地方自主治理优先，只有出现地方治理失灵时，中央或上级方可干预。两者的结合较好地回应了中央统治和地方自治的需求，是基层政权现代化建构的重要走向。

（二）从碎片化到整体性：提升国家权力"嵌入性"

"嵌入式自主性"是彼得·埃文斯（Peter Evans）提出的重要概念，是理解乡村柔性治理中国家基础性权力建设的重要方面。自主性表明国家权力嵌入乡村社会时是作为独立的行动主体而存在的，这就要求国家政府内部实现高度整合。[①] 实际上，治理事务的复杂性和社会分工的精细化导致政府机构内部的"碎片化"，所带来的治理困境就是国家不能形成一个有机的统一整体嵌入到基层社会，或者说形不成治理的合力，这不仅降低了治理成效，同时衍生出"部门本位主义"。当前乡村治理中出现的"群体性事件"、"邻避冲突"和"抗争性上访"等政社互动失衡问题恰恰反映的是国家对乡村社会的"脱嵌"，这种脱嵌直接导致国家政策难以融入基层社会并施加有效影响，也即公众口中的"政令不出中南海"。因此，在我国乡村治理实践中，应通过推行"整体性治理"模式来强化基础性权力建设，进而提升权力的"嵌入性"。首先，以结构整合为前提，通过强化高层领导权威实现对下属部门的统筹；其次，通过横向机构合并，实现职能合并和政策整合；最后，通过建立跨部门协调机制消除部门之间的壁垒，推进协同治理。

（三）外部嵌入与内生性整合：乡村治理主体多元化

"乡政村治"的治理模式在具体的实践中出现"行政吸纳自治"的现

---

① 卢学晖：《中国城市社区自治：政府主导的基层社会整合模式——基于国家自主性理论的视角》，《社会主义研究》2015 年第 3 期。

实后果，国家强制性权力干预在一定程度上压制了村民自治的弹性空间，村委会的行政化倾向导致政社互动中协商机制的虚化。基础性权力强调的是渗透社会的能力和落实政策的能力，这种"实效权力"的实现需要政府和社会之间建立稳定的沟通渠道和机制化协商平台。从国内外学术理论前沿来看，奥斯特罗姆夫妇的"多中心治理理论"被广泛地运用到乡村治理模式建构的研究中，也为本书提供了借鉴。① 基于此，乡村柔性治理可通过外部嵌入和内生性整合的方式，实现治理主体多元化。首先，发挥乡村内部的建设性力量，如通过挖掘和发挥农村基层组织、"庄里公家人"、退休干部和老教师等农村主体的力量作为消解村民集体行动困境的重要举措。其次，通过外部嵌入第一驻村书记、农技推广员、包村干部和各类社会组织等力量给乡村发展提供更加多样的技术支持和信息咨询。最终，通过乡村内生性治理力量的有机整合和外部支持性力量的有效嵌入，促进基础性权力的强化。

（四）规范性裁决：法律和道德的双重约束

规范性裁决是个体规训实施中特有的微观处罚机制，乡村柔性治理实施中需要一系列科学有效的纪律、准则和制度来规范农村社会主体的行为。在农村政治场域，约束机制的弱化或缺失是小微权力腐败的外因，而法律和道德的双重约束是农村软权力的重要保障。第一，推进农村法治建设进程。首先，构建系统完备的农村法治体系，特别是健全乡村建设和治理方面的基本法规；其次，通过完善涉农执法经费财政保障机制，从经济源头上遏制农村执法乱象和寻租、设租的腐败行为；最后，完善农村法律服务和司法救助制度，为农村法治体系建设提供司法保障。第二，强化对农村权力主体的道德教育。首先，要将廉洁教育作为农村党风和政风廉政建设责任制的"龙头"，贯彻在村干部日常生活和工作始终；其次，开展责任教育，让村干部明确权责关系，守住道德

---

① 陆聂海：《多中心治理视阈下商会参与地方治理研究——以义乌异地商会为例》，《浙江社会科学》2020 年第 3 期。

的底线；最后，大力弘扬廉洁文化，充分挖掘当地村落的廉洁典范和良好的民俗家风，为农村政治生态优化提供"软实力"支持。①

（五）权力重组：由"功能分权"代替"行政集权"

从县乡两级政府的府际关系看，县级政府控制着乡镇的人事权、财权和事权，而压力达标型体制直接诱发县级政府对乡镇政府的超额"输入"。在此情况下，与乡村社会互动紧密的乡镇政府在乡村治理实践中不可避免地会进行"负担转移"，导致公共对话中"话语主导权"的发生，乡村公共话语场则因府际权力的失衡而处于失范状态。因此，解构支配性治理格局的关键是要建立新型的民主合作体制，即让县级政府进行适度分权。第一，强化"功能分权"的理念。在"放管服"的行政体制改革理念指导下，县级政府要逐步加大权力下移的力度，通过"权力下沉"来提升乡镇政府的治理绩效。第二，通过"功能分权"原则，重新建立"县为基础，镇为节点，城市辐射农村"的公共服务体系，在降低对乡镇政府过度依赖的同时，通过科学有效的公共制度，提供更加优质的公共产品并形成规范的乡村公共秩序。第三，扩大乡镇政府的财政支配权。乡镇政府的财政不足掣肘并弱化了乡村治理的绩效，县级政府要改变"只给政策不给钱"的做法，通过财政转移支付激发乡镇政权组织的运作活力。而乡镇政府可借助选择性激励的方式提升乡村公共话语场中农民的政治热情和话语交流的积极性，不断激发农民参与政治活动的热情。

（六）文化因子挖掘：政治生态环境的优化

挖掘我国传统优秀文化能够为乡村治理环境的优化奠定思想基础，进而促进乡村软权力系统的良性运行。中华传统文化中的积极因子可以培育乡村治理主体的政治美德，成为软权力建设的思想载体。第一，培育新型乡贤文化。通过建立乡村精英回流机制培育新乡贤成长的环境。

---

① 胡卫卫、于水：《场域、权力与技术：农村政治生态优化的三重维度》，《河南社会科学》2019 年第 11 期。

退休的老干部、老教师、老党员等都是乡村振兴的主体，他们具备良好的科学文化素质和思想政治素质，发挥这些群体的积极性能够孕育出乡村政治生态需要的现代文化场域。[1] 第二，促进村社文化回归。乡村优良的政治价值是村民自治制度健康运行的保障，必须重塑以集体主义为核心的思想价值形态，通过价值感化培育村民有序参与、尊重权利、团结互助的乡村治理理念。倡导促进乡村经济进步和文化建设协同发展的理念，在乡村市场经济制度不完善的背景下，通过发挥文化的深层次力量，形成诚实守信、互利共赢的经济发展格局。第三，重视主流文化建设。应建构网络化的党组织发展结构，为整合政治文化载体提供便利。乡村生态文化发展需要强有力的财政支持，加大乡村健康文化的资金投入，能有效增强党组织思想宣传的效力。主流文化建设也需要基层党组织介入乡村思想文化的塑造过程之中，彻底深入基层，扎根农村。

第三节　柔性治理工具的技术逻辑：
智慧化手段实施

一　技术支持：理解乡村柔性治理的新视角

（一）治理技术：乡村治理的工具变量

公共治理层面的技术往往用来指一套强调治理效率的程式，也指可用来推广或扩散的治理流程。治理技术作为一种治理的工具在很大程度上摆脱了"人格化"的特征，因为它完全是针对特定的事务而言的。一般来说，治理技术主要指的是行政活动，体现"去政治化"的特征，也即社会治理的主体不再仅仅关注政治行动的本身，而是强调治理的过

---

[1]　胡鹏辉、高继波：《新乡贤：内涵、作用与偏误规避》，《南京农业大学学报》（社会科学版）2017 年第 1 期。

程是否有效。对于公共政策的制定者来说，通过治理技术，治理主体能够超越公共治理环境中具体和琐碎的微观现象，进而通过有规划、有步骤和有目的的技术推进公共政策的落地，其优势在于减少信息不对称和权力寻租带来的治理失灵问题。法国科学家狄德罗将技术（Technology）看作为某一目的共同协作组成的各种工具和规则体系。[①] 近年来随着先进科技的普遍推广，治理技术化的思想得到传播和认可，治理技术的基本内涵体现在两个方面，一是政府的治理方式或手段正在变得越来越"技术化"，二是政府利用现代科技提升治理效率。

首先，柔性治理本身就蕴含"技术"的意蕴，这是因为在国家治理能力和治理体系现代化背景下，面对日益复杂的乡村公共事务，政府需要改变以往依靠行政刚性的治理，通过"技术化"的操作即借助柔性化的治理策略诸如心灵治理技术、情感治理技术和缘情治理技术的运用实现基层治理。其次，作为一种面向未来的政府治理模式，柔性治理本身就体现出技术的意蕴，这是由时代的发展所决定的。在现代化的公共治理场景中，"大数据"、"互联网＋"、"电子政务"和"网络化治理"等词的出现体现了这个时代公共治理的特征，我们暂且称这一时代为"数字化治理"时代。实际上，柔性治理理念和数字化治理模式是高度耦合的，不同于传统政府治理的路径，通过网络平台进行社会治理，更需要坚守平等、协商、指导和包容的治理思维，通过柔性化的人本关怀实现社会的和谐稳定。简言之，在微观治理场域，治理能力的提升需要以有效的治理技术为支持，而治理效果的体现也不能规避治理技术在整个治理体系中的重要位置，地方政府治理技术在实践中有着更为微观的情景、条件和功能。

（二）治理格局重组：科层制下的"策略主义"与"关系控制"

新中国成立后，为了完成现代化国家政权建设、巩固基层政权和积

---

① Nancy J. Hirschmann, "Diderot's Letter on the Blind as Disability Political Theory," *Political Theory*, Vol. 48, 2019.

累工业化与城市化发展所需要的资本，国家将离散的乡土社会高度整合到政权体系中。这一时期的政治体制兼具集权主义和全能主义特征，社会结构的分化程度较低，国家和社会的权力边界重叠，乡村社会自治功能弱化，社会的主体性丧失，被学者称为"总体性支配"。改革开放后，随着"乡政村治"体制的确立，村民自治制度得以实现，进一步拓展了乡村治理的结构空间。在乡村治理转型的驱动下，地方政府通过构建柔性化的运作机制，将多样化技术支撑的行政科层作为经济建设和社会建设的重要保障，逐渐形成了乡村治理的新形态——柔性治理。当前，中央确立了乡村振兴战略的"政治任务"，在压力型体制的"倒金字塔"式的治理体系中，地方官员必须懂得开展工作的方法和技巧。在乡村振兴的实践过程中，乡村治理主体根据治理情景主动采取精密化的、理性化的治理技术化解"三农"困局是治理工具不断演进的重要体现。

在乡村治理体系和治理能力现代化背景下，政府面临着日益复杂的乡村公共事务，国家政策的有效落地不能一味依靠刚性的制度、行政命令和规定，需要考虑我国乡土社会特有的文化底蕴和风俗习惯，因此"治理技术"的本质是借助"关系"这一关键变量，更好地控制和整合乡土社会，达到善治的目的。简言之，在乡村治理的微观层面，任何善治的实现都不可回避"治理技术"之审视，在国家的整个治理体系中，既需要刚性的治理规则，也需要柔性的治理策略。从开展乡村治理研究的学者看，也有很多学者越来越关注科层制行政体系下，地方政府如何通过智慧化的治理策略实现国家政策和乡土社会的兼容，这为"治理技术"的登场提供了学理辩护。从现有的研究路径看，其基本上遵循"策略主义"和"关系控制"两条逻辑主线。"策略主义"主要用来阐述在压力达标型体制下乡镇政府如何通过策略化的柔性治理解决"钉子户"、"群众上访"和"邻里纠纷"等棘手问题。而"关系控制"主要是指地方政府如何利用乡村社会的宗族观念、地方性传统和熟人社会等乡土元素动员农民实现国家大政方针和国家战略。"策略主义"和"关系控制"是与国家正式治理策略相异的治理技术，深刻折射出地方政府柔性治理的运行逻辑。

（三）社会治理转型：互联网下的"治理转型"与"技术赋权"

在每年的中央一号文件中，党中央都会将"三农"工作列为重中之重，这迫使乡镇政府必须利用智慧化的技巧开展工作。同时，在"放管服"体制改革背景下，央地关系因分权化改革得到一定的调整，地方政府有更多的公共事务治理自主性和能动性。从改革开放 40 余年政策调整和制度演进历程看，国家治理模式呈现由"总体性支配"到"技术治理"的转变，在科层制体制下辅之以多样化的技术支持，也是"技术治理"产生的根源。实践证明，完全依靠"自上而下"单向度的科层体制，公共政策的有效落地会面临诸多的困境，这是由科层制所体现的"刚性"特征所决定的。在"科层刚性"的制度框架下，地方基层政府根据治理情景的需要或者说为了更好地实现基层治理现代化会主动通过技术性的手段化解基层治理中单纯依靠行政命令而无法解决的难题。通过审视地方政府的治理工具我们可以发现：这是一种带有明显的高度目标导向的操作系统，是在不违背法律法规前提下带有明显"策略主义"特征的治理模式，因此将其称作"治理技术"。互联网技术的普及逐步改变了基层政府的治理模式，传统的治理理念和思维已经不能适应互联网时代社会治理的客观需求。"以人为本"的柔性治理是应对信息时代互联网治理的有效手段，这是因为互联网是一个虚拟的公共空间，政府依靠公权力的强制性在应对网络空间中身份的隐匿性、观点的无中心化、信息来源的多样化、信息数量的激增性时往往显得很无奈，刚性的治理易激发民众更多的非理性情绪。柔性治理作为一种有温度的治理范式，通过激励、引导和疏导的方式尊重网民的自由，通过良性平等的互动让社会公众洞悉政府的人文关怀和权利保障，进而促进网络社会的和谐发展。

二 技术赋权：乡村柔性治理的工具变量

（一）技术赋权：媒介的权力下放

赋权也称"充权"或"增能"，意为权力的媒介下放，在 20 世纪 80 年代后期被广泛应用于社会弱势群体的研究中。[①] 所谓技术赋权是基于数字资源的社会关系网，孵化出以话语表达为基础的社会网络秩序，进而提升社会弱势群体的权力和能力，因此又被称为"新媒体时代的权力大转移"。在乡村治理语境中，技术赋权的对象特指处于底层社会的村民，旨在借助互联网技术建构一个互动博弈的公共对话空间。技术赋权又被称作"媒介的权力下放"，是指通过媒介传播打破精英的话语垄断，重塑平等协商的话语体系。尼古拉斯·尼葛洛庞帝说过数字化生存天然具有赋权的本质，这一特质将引发积极的社会变迁。[②] 从运作的逻辑看，赋权是一个社会行动的过程，社会成员被广泛地鼓励参与到社会行动中，在这一过程中逐步获取自主权，赋权的目的是实现社会成员更好的生存和发展。在政治学领域，赋权主要被用来表达权力回归、权力分享和权力分配，从这个意义上讲，赋权是一个权力重组的概念。因此，狭义上的赋权是指将公共决策的责任和资源的控制权转移到获益群体的手里；广义上的赋权是指提升个人或群体的社会支配能力，赋予他们更多对生产或生活资料的支配权。"互联网＋"不仅是经济发展的工具性驱动力量，还涉及其他领域的效率提升与组织变革。互联网技术在乡村社会的普及导致虚拟世界和现实社会构成彼此嵌入的镜鉴关系，原子化农民可利用手中的网络媒介和政府进行交互式协商，进而形塑乡村治理的基本形态。

---

① Archna Pant, Manju Sharma, "Technological Empowerment of Women: NASI's Initiatives," *National Academy Science Letters*, Vol. 40, 2017.

② David Fano, Daniel Davis, "New Models of Building: The Business of Technology," *Architectural Design*, Vol. 90, 2020.

（二）权力、空间与信息：技术赋权形塑乡村治理的三重解析

1. 技术赋权解构了行政权力的专断性

村民自治制度实行后，行政权力的过度干预导致"行政吸纳自治"抑或"村委会的行政化倾向"等乡村治理内卷化现象的发生。"技术下沉"改变了基层政权组织的运作模式，实现了社会权力的重新分配，因此，技术赋权是对传统专断性行政权力的解构。信息或话语的垄断实质上是权力的垄断，而技术赋权拓宽了信息资源传播的渠道，在一定程度上实现了农户的话语权回归。在传统的乡村治理场域，基层政府凭借手中的行政权力控制着信息传播的媒介，对于负面新闻往往采取掩盖或规避的策略，实际上剥夺了农民的知情权。同时，技术赋权实现了传播权力的社会化，打破了自上而下信息传播的科层化结构，削弱了政府在话语表达上的主导地位。比较发现：Web 1.0 时代更多地体现政府单个行为主体对信息传播和公共对话的主导，而随着 Web 2.0 时代的到来，乡村社会的权力结构被网络技术所解构，权力的知识谱系也正在为新媒体技术所重写。可见，技术赋权改变原有乡村治理的权力结构，逐步建构出一个多中心、扁平化和开放性的权力形态，也正如刘向晖教授所说的网络化的社会结构天然涵盖"草根"和"民主"的特质，或者说互联网技术天然具备与国家行政权力"相对抗"的功能。[1]

2. 技术赋权拓展了乡村空间的公共性

郑永年教授认为数字化的公共领域是高度分权的[2]，互联网技术产生的意义不亚于人类社会民主实践初期的雅典公民广场，因此，技术赋权具有推进民主政治发展的潜能。从新中国成立以后乡村社会的变迁历程中可以发现，无论是人民公社时期的"全能治理"还是乡政村治时期的"刚性治理"，乡村社会的公共空间因现代化政权建设的推进不断萎缩，农民在乡村

---

[1] 刘向晖：《〈中国互联网协会企业网站建设指导规范〉评析——国际比较视角》，《电子商务》2013 年第 4 期。

[2] 郑永年：《技术赋权：中国的互联网、国家与社会》，邱道隆译，东方出版社，2013，第 113 页。

政治舞台上成为"沉默的大多数"。在移动互联网时代，技术赋权使农民获取更充足的信息资源，实现了话语权、知情权和表达权的统一，从而改变了整个社会空间结构的实践状态。进一步讲，技术赋权意味着技术作为一种新的治理工具使农民这个受动对象在乡村公共空间的权力关系网络中变成能动者，在技术进步的推动下，弱势群体有了更多的话语和权力空间，他们试图通过各种渠道获取信息，从而参与到乡村社会的治理变革中。实际上，村庄是集经济、文化和政治于一体的空间共同体，但家庭联产承包责任制的推行和城镇化的推进加快了农民的原子化趋势，分散的小农对村庄公共事务治理缺乏积极性，而互联网技术的嵌入使得离散化的农民通过微信群、微博空间等媒体平台获得了交流对话的渠道，在一定程度上重构了乡村空间共同体，使乡村社会的公共性得到进一步延伸。

3. 技术赋权克服了信息传播的单向性

在传统媒体时代，政府通过掌控信息的发布权进而控制着乡村社会的舆论，农民几乎处于被动获取信息的边缘地位，因此，传统的乡村治理场域呈现"强政府、弱社会"的状态，也形塑了"全能型政府"的特质。第四次信息技术革命虽然催生了电视、电报和电话等现代化通信工具，但是仍未改变基层政府的"垄断性"信息管控职能，这是由于电视、电报等设备依然是信息单项传递的媒介工具。在 Web 1.0 时代后期，随着互联网技术的渗透和蔓延，作为社会弱势群体的农民可以在网络公共平台集体发声，这为 Web 2.0 时代的到来奠定了"物质基础"。曼纽尔·卡斯特认为"网络不仅是去中心化的，而且还共同分享做决定的权力"，在现有的技术水平下，农民可随时利用手中的手机等移动设备登录政府网站和政府部门进行交流和对话。① 从媒体变迁的角度看，传统媒体组织是一个专业性很强的机构，除了需要专门的设备和专业的人员，更需要规模资金的投入，可以说是政府进行政治统治和社会管理

---

① 骆正林：《传媒技术赋权与人类传播理念的演变》，《现代传播（中国传媒大学学报）》2020 年第 2 期。

的工具。进入移动互联网时代，农民既是信息的接收者，也是信息的发布者，不需要专业化的技术就可以在网站、微博及微信等媒体上发布评论，打破了传统信息自上而下传播的单向性。同时，自媒体的特点可以使农民对涉及自身利益的公共事务及时发布评论，实现事件和社会舆论的无缝衔接。

（三）双向互动：技术赋权与柔性治理间的内在关联

约书亚·梅罗维茨认为，新媒介的引进和使用能够重建大范围的场景，并适应新的社会场景。① 21 世纪，互联网技术的嵌入打破了乡村社会的封闭性，在解构国家行政权力专断性、拓展乡村空间公共性和克服信息传播单向性的同时，通过增能或赋权的形式增强农民的民主意识和政治热情。技术赋权下的乡村公共能量场通过多元化治理主体的加入，打破了乡村公共事务治理中基层政府的"话语主导权"，在增强自治民主性的同时增进了村庄公共利益。具体来说，政社对话及公共政策的生成不会受到绝对权威的干扰，传统行政人员的核心职能在于推动村社共同体建立并维护公共秩序，参与者之间是一种平等性和对抗性的结构化关系。从近几年乡村治理的实践看，技术赋权不断影响并建构新型的乡村治理模式，如"村社协作型"治理模式、"幸福村落"模式、"党建+"治理模式、"政社互动"模式等。其中，以"枫桥经验"为代表的综治模式影响全国各地，并逐渐发展出合作治理、整体性治理、协同治理和网络化治理等模式。互联网技术产生的意义和推广拓展了乡村公共能量场中不同利益主体话语博弈和公共对话的渠道，为乡村公共事务中民众行使自治权提供了便利条件。在移动互联网的大环境中，我国地方政府积极推进电子政务建设，通过"互联网+"促进治理能力的提升和治理范式的转化，使越来越多的农民群体开始参与网络问政和行政决策。

---

① 何梦祎：《媒介情境论：梅罗维茨传播思想再研究》，《现代传播（中国传媒大学学报）》2015 年第 10 期。

三 工具技术理路：智慧化技术运用

乡村柔性治理要改变传统乡村"全能治理"或"刚性治理"中基层政府过度依靠强制性权力、刚性的制度和硬性的规则治理的实践逻辑，而是以心灵、价值观和思维等为治理手段，通过智慧化的治理技术提升乡村治理实效。

（一）网络治理技术的普及

科技的进步使互联网的呈现方式更加立体化和智能化，网络技术在惠及社会公众的同时，也对传统乡村治理模式进行技术化重构，成为透视乡村治理创新的基本维度。乡村治理的主体应改变传统自上而下的单向度社会沟通方式，利用现代化通信工具如微博、微信、QQ 等互联网平台，拓展乡村治理的实体空间，打造多元网络交流主体的协同模式，实现高质量政社互动。[①] 笔者在农村地区调研时发现：微信群已经成为乡村社会公众对话的公共空间，促使村民交流由"私人领域"走向"公共领域"，成为建构乡村公共秩序的黏合剂。可见，在治理主体和治理对象的互动中，作为媒介的互联网为农民群体情绪表达、心理疏导和心态调整提供了可能，微信群和朋友圈这些虚拟的网络空间为乡村治理主体提供了一对多、点对面的互动平台。因此，网络社会的具象化与感性化对传统以科层制为核心的治理体系构成了全新的挑战，加强互联网技术的推广和应用成为当前乡村治理的模式选择。

（二）数字治理平台的搭建

健全大数据辅助社会治理机制是推进基层治理创新、实现乡村治理精准化和公共服务高效化的重要途径。针对农村公共事务治理中村民与基层政府互动失衡的问题，可以通过建立"数字化+政务服务"的支撑平台，打造收集问题、分配任务、解决问题的综合服务系统。村集体"三

---

① 何阳、汤志伟：《互联网驱动的"三治合一"乡村治理体系网络化建设》，《中国行政管理》2019 年第 11 期。

资"的监管与使用、扶贫资源的分配公平、民主选举的程序正义以及村企合作的诸多事项均可借助平台管理系统进行公示。以"晒任务"的形式将村庄党员干部所负责的项目晒上网，最终形成反映—受理—督查—处理—反馈的连贯环节，为乡镇纪委监督执纪提供了一条崭新的、方便的渠道。数字技术赋予农民利益表达权，将普通群众真正吸纳进乡村治理体系，提升其参与治理的主动性。地方政府通过"数字化+政务服务"平台的搭建，在突破传统治理信息不对称的同时，极大地突破了现有政治整合方式的局限性，这成为"乡村振兴"战略顺利实施的工具保障。

（三）地方财政资金的助推

塞缪尔·亨廷顿和琼·纳尔逊认为高水平的政治参与总是与更高水平的发展相伴随，而且经济更发达的社会也趋向于赋予政治参与更高的价值。[1] 同样地，现代性技术的扩散及其在乡村治理中功能的发挥需要一定的资金投入和财政支持。我国地域辽阔，但是各地的经济发展水平差异很大，就政务微博的开通及使用效果排名来看，广东、浙江和江苏等沿海经济发达地区要远远高于河南、山西及云南等经济相对落后地区，这就是"数字鸿沟"[2] 对乡村公共能量场建构的制约因素。在技术已经成为乡村治理现代化的重要手段的趋势下，政府机关更应有效地利用网络平台建构公众话语表达的乡村公共能量场。针对经济水平较差的乡村地区，在村集体资金匮乏的情况下，乡镇基层政府作为乡村数字治理的主导者和推动者，通过资金投入和制度安排，运用互联网技术将网络和农村公共事务大数据串起来，形成公开透明的政务服务渠道，以数字化的样态推进乡村治理绩效的提升。

（四）缘情治理技术的应用

社会学家认为中国乡村社会是情理性的，乡村柔性治理应该围绕着

---

①　〔美〕塞缪尔·亨廷顿、〔美〕琼·纳尔逊：《难以抉择——发展中国家的政治参与》，汪晓寿、吴志华等译，华夏出版社，1989，第 174 页。

②　邱泽奇等：《从数字鸿沟到红利差异——互联网资本的视角》，《中国社会科学》2016年第 10 期。

"情感"做文章。首先,基于熟人社会的特质,要重视"面子"在乡村治理中的价值。如果说乡村社会是由一个个农民组合而成的社会网络,那么地方性共识和习惯法就是联结乡村社会关系的纽带,通过发挥熟人"面子情感"的功能约束村民的行为,进而夯实村庄共同体的凝聚力,形塑稳定的乡村治理秩序。其次,强化对负面情绪群体的关怀。我国乡村社会中,家庭留守人员极多,极易产生生活和生存的无助感与失落感,乡村治理应该把这些群体作为社会关怀重点群体。最后,实施"送温暖下乡"活动。作为我国特有的政治现象,"送温暖下乡"有深厚的历史传统和政治渊源。干部"送温暖下乡"不能片面地理解为"形式主义",对普通老百姓来说,政府送的是感觉,更是情感。要改变取消农业税后基层政权组织的"悬浮"状态,通过"送温暖下乡"活动建构出一条沟通国家与民众情感的渠道,以此开启治理者与民众的良性互动。

（五）治理主体的分工与协同

乡村治理成效取决于治理主体之间的协同,政府、社会组织、村委会和村民作为乡村数字治理的主体,其自身的职责和权力决定了农村公共事务的治理格局。第一,乡镇政府的"垫脚石"角色。在现有的"乡政村治"体制下,为拓展乡村治理的弹性空间,减少行政干预,乡镇政府应该在数字治理中充当"垫脚石"角色,维系村务公开、行权监督、村民参与在农村社区中的有效落实。第二,社会组织的有效参与。农村政治生态环境的清正是建立在开放的政治系统上的,社会组织的积极参与是在厘清政社边界的基础上,确保对村庄权力主体的真实有效监督,提升数字治理的持续性。第三,村委会的积极配合。农村公共事务治理实质上是对村委会的监督和制约,而数字治理模式的打造需要村干部的积极配合。信息技术在给村务管理方式带来深刻变革的同时,也倒逼村"两委"成员提高自身信息技术运用能力和参与能力。第四,村民的核心地位。数字治理体系的建构及在农村政治生态优化中作用的发挥需要村民自治和数字治理的深度耦合,必须将村民置于核心地位。

（六）价值理念的人本化关怀

互联网技术在推进社会变革的同时，也拓展了乡村治理的概念内涵，成为乡村柔性治理中必须考虑的工具元素。技术嵌入在给农民增能和赋权的同时，也客观上要求基层政府实现"官本位"向"人本位"的执政理念的转变。第一，推进基层政府执政理念的转变。在"放管服"改革的政策背景下，基层政府或地方官员必须重视乡村治理中农户个体在新媒体时代的重要性，弱化"官本位"思想，将"人本位"作为技术赋权下基层政府的执政理念。第二，树立数字政府的建设理念。建设数字政府是技术赋权下面向未来的乡村治理范式，要求基层政府将庞大的农民网民群体作为政府治理的重要构成。因此，可通过资金的投入、政策的引导和价值的认同等方式积极推进数字乡村、数字农业和数字民生的建设，让乡村公共能量场中更多地体现数字化元素。第三，提升政府的网络话语权。在传统的乡村治理场域，基层公职人员与村民之间的互动往往以"官话"为主，极易造成政社互动中对话双方的距离感，而借助网络平台进行公共对话需要适应网络的特点，建构非官方的话语体系，客观上需要基层公职人员学会并使用村民容易接受的网络用语，进而提升对话协商的质量。

第四节　柔性治理对象的话语逻辑：
农户话语权回归

农户是乡村社会主要的行动主体，在政社互动下的乡村治理场域，更多的是作为治理对象而存在。柔性治理的价值意蕴在于治理主体和治理对象之间的平等性，就作为治理对象的农户而言，需要通过制度化的设计赋予农户更多的话语权，增强农户自身的主体自觉性和主观能动性，这是发挥农户内生性力量的关键。农户的主体地位可通过话语权的赋予和提升得到体现。

一 农户话语权：村社善治的重要面向

（一）话语：交流互动的一种符号呈现

"话语"一般用来指语言，由人们通过表达或者书写的形式展现出来，由于"话语"是人们在互动交流中呈现的一种符号，因此具有社会性的特征。法国著名思想家福柯认为语言由"话语"和"言语"两部分组成，主要用来表达一种相互缠绕的社会权力关系。[①] 从社会学的层面讲，话语用来编导某一特定社会情境中行为主体之间沟通交流的具体行为，由话语的发出者、话语的接收者、语境和文本等元素构成。话语对人类文明的进程有推动作用，虽然在日常的生活实践中缺乏对话语的关注，但是并不意味着我们可以脱离话语而生活。从历史变迁的角度看，无论科技如何发达，社会如何发展，话语的功能和价值永远很重要。从话语与时代发展的关系看，随着社会的快速进步，话语的形式与内容、内涵与外延都在不断地拓展。[②] 从话语对人类日常社会的重要性看，当话语从生活中被剥离出去后，人类的精神、思想和价值观就失去了可以呈现的载体和支撑。可见，话语是一种人类生存和发展中不可或缺的元素，也是语言学、社会学和人类学研究中的重要内容。从当前学界对话语的研究可知：话语和人是一个紧密的共同体，而且话语也是一个比较开放的、动态的和权变的系统，特别是宏观社会学者认为话语关乎民族和国家的衍变，甚至关乎人类的命运。简言之，话语是一种较为基本的人类交际和思维表达的工具，并在社会互动的实践中具备了丰富的社会语境的意义，成为社会互动重要的载体和媒介。

（二）话语权：话语权利和权力的双重属性

话语权（the right to speak）作为社会学和管理学中的一个重要概念最

---

① Emily R. Anderson, "The Narrative that Wasn't: What Passes for Discourse in the Age of Trump," *Media*, *Culture & Society*, Vol. 42, 2020.

② 任锋：《公共话语的演变与危机》，《社会》2014 年第 3 期。

早产生于 20 世纪 70 年代中后期，当前已经逐步蔓延到各个学科领域，并在人文社会科学领域形成强大的影响力。话语权往往用来表达人的一项基本权利，同时其也具备"权力"的属性，通俗地说，话语权是一种用来表达、交流和互动的权利。在福柯看来，权力往往意味着关系，一种通过组织化渠道形成的具有等级特征的协调关系，因此话语权不仅包含"能力"和"权力"的内涵，还涉及被聆听即产生一定的影响力。[1] 马克思主义话语观体现了"为他性"与"为我性"的辩证统一。在具体的实践中，话语博弈的场景普遍存在，话语权的大小直接关乎话语博弈双方对抗的结果。从话语权的内容看，不同的群体在话语场域的表达能力、权力大小和实现程度存在差异；在话语权的形态上，话语产品作为一种媒介或者资源在具体的生产、交换和分配环节都存在着不均的现象，因而，话语权是话语的题中应有之义。

在社会发展过程中为实现权力配置的均衡化，可以通过强势群体的权能转移缓解弱势群体的乏力感并增强效能感。阿玛蒂亚·森将弱势群体的贫困、饥荒和痛苦视为"权利失效"的结果，作为赋权的一种形式，话语赋权强调社会各类群体平等自由地表达利益诉求，是公民的一项基本权利。[2] 赋予社会弱势群体话语权，有助于凝聚集体智慧，提升主体责任意识并矫治脱贫供给侧结构性失灵问题，是铲除"权利贫困"的根本策略。法国著名哲学家福柯在《话语的秩序》一书中较早阐述了话语权的内涵，认为话语是人们争斗的手段，将其看作权力的一种形态。[3] 然而，哈贝马斯从不同于福柯的观点角度出发将话语权理解为一种权利，在他的"话语民主论"中有这样的描述：话语权即人们围绕

---

[1] 黄华：《论"话语的秩序"——福柯话语理论的一次重要转折》，《北京行政学院学报》2006 年第 2 期。

[2] 朱培丽：《主流意识形态话语权面临的挑战及其建构》，《中国特色社会主义研究》2015 年第 6 期。

[3] 黄华：《论"话语的秩序"——福柯话语理论的一次重要转折》，《北京行政学院学报》2006 年第 2 期。

公共事务展开自由、平等的辩论与商讨并最终达成政治共识。① 综合两位学者的观点，笔者认为话语赋权具备话语权利和权力的双重属性，其中，话语权力指话语的表达具备支配力和影响力，而话语权利表明社会成员均具有言论自由的基本权利。从两者的关系看，话语权利是话语权的本质属性，权力话语是话语权的重要属性，即公民有资格说话是必要前提，说话有回应则是最终目的，两者相辅相成。

（三）农民话语权：一种面向特殊群体的话语权利

农民话语权是指农民作为一个利益群体，以话语的方式进行利益表达，作为影响他人乃至政府决策的权力、手段。以行政权力为主导的刚性治理模式掌控着乡村社会的变迁格局，由此带来精英俘获与资本掠夺、供需脱节与项目孤岛、内源式微与扶贫致贫、法治弱化与职业倦怠等治理失灵问题。乡村治理失灵为村庄"农户话语权"的建构提供理论辩护，作为弱势一方的农民与乡镇政府、村干部等农村公共场域中的主要力量进行对抗性交流，可促进公共政策的完善，这是村社善治的直接体现。随着社会转型的持续深入，政府和农村社会之间的关系发生重大变化，这主要体现在公民人格的确立上，即农民的主体性地位不断提升，私人的自主性不断完善，国家的公权性愈加凸显。政府话语权的让步或者说农民社会性底蕴的增强是现代社会发展的主要趋势。换言之，在国家意识形态话语权逐步弱化的时代背景下，农民的话语权表达特征越来越明显，那么，传统的以刚性的思想输入和单向度的政策制定为表征的乡村治理模式显然难以适应新时代的发展需求，而寻求民主、柔性和科学的话语表达方式才能真正促进乡村治理转型。

---

① 黄华：《论"话语的秩序"——福柯话语理论的一次重要转折》，《北京行政学院学报》2006 年第 2 期。

二 话语权缺失：乡村善治中的结构性难题

乡村治理最核心、最基本的目标就是要维护村民的基本权利，只有建构以"集体主义本体论"和"人民主体性目的论"为核心的话语权才能实现真正意义上的治理体系和治理能力现代化。乡村柔性治理是以各利益方平等协商、互惠互利为基础的，这要求农民要有足够的话语权。然而，基于我国特有的制度现实和国情体制，农户的话语权缺失成为乡村柔性治理中的深层次难题。

（一）话语主导权：基层政府"支配型"和"管制型"的话语主导

在基层政府和农民群体的话语博弈格局中，政府长期占据主导地位，农户处于边缘化的地位，这种局面的形成有其特有的历史根源。新中国成立后的很长一段时间特别是十年"文革"时期，个别国家领导人对当时国情的错误研判导致"个人专断"和"盲目崇拜"现象的发生，这种强制性的意识形态色彩给占绝大多数的农民群体的话语权带来伤害。实际上，出于巩固国家政权和社会维稳的需要，国家加强对新闻媒体的管控，这种支配是绝对性的。有学者认为，公共政策的制定者总是习惯性地把舆论引导看成政府单方面的意志体现，往往忽略其他社会主体特别是社会弱势群体的目标诉求。实际上，作为国家行政体系末梢的政权组织，乡镇政府主要负责国家政策的贯彻和执行，其主要职能是向农村提供公共产品和公共服务。相较于村级组织和村民，乡镇政府拥有绝对的话语权威，表现为在农村公共事务治理中往往以"发言者"或者"代言者"的姿态出现。受现有财税体制及事权制度的影响，乡镇政府在执行国家政策时易表现出自利性的一面，被学者称为"政权的逐利倾向"抑或"盈利型政权建设"，自利性也为基层政权组织的腐败埋下隐患。

（二）政治冷漠：农民主观效能感的丧失与资源获取能力的弱化

"资源下沉"带来的负面效应使乡村社会的权力主体"单向度独白"普遍化，在政社互动中形成垄断性的话语体系，同时又导致公共对话交流之间的张力被严重遮蔽。就农民而言，他们被迫选择政治冷漠①，在村民自治的实践中集体"失声"，成为"沉默的大多数"。政治冷漠指农民在农村政治场域表现出的心理及行为上的冷漠现象，也包括政治参与的功利性及权利受侵害时的消极反应。农民是乡村自治中绝对的资格主体，而政治冷漠的发生导致其自身主观效能感的丧失和资源获取能力的弱化。在此情景中，农村公共政策的生成衍化为基层政府抑或行政体系代理人村干部自说自话的过程，而具有不同意向性的政策话语被置于边缘地位。在行政主导的封闭式话语体系中，指令被逐级执行，农民缺乏讨价还价的机会和平台，其主体意识不断淡化，基本上被独白式话语所支配。同时，由于缺乏农民的有效参与，在"独白式对话"基础上产生的公共政策在很大程度上反映行政主体和农村精英的利益偏好，这种与民主治理相违背的话语体系降低了农民对发展资源的获取能力。现实中，导致农民政治冷漠的原因主要有以下几方面。

第一，农民话语主体意识的缺乏。农村空心化背景下农户处于"原子化"状态，组织化程度低增加了政治参与的行政成本，在"行政吸纳自治"的乡村治理实践中成为"沉默的大多数"。在城镇化的背景下，大量的农村精英进入城市，农村所剩下的多是留守老人和儿童，对于年龄大的农民群体来说，其思想观念较为保守，民主意识和权利观念比较淡薄。② 同时，农村教育资源缺乏，特别是对于经济欠发达地区的农村居民而言，受文化教育水平的制约，其对国家的"三农"政策或法律的认知不清，无法准确地表达自己的利益诉求，这是农民话语权缺失的内在原因。意识是行动的前提，意识的缺乏直接关乎行动的实施，因此，农民话语权主体意识的缺乏导致农民在村庄的政治舞台上处于"失语"状态。

---

① 郭倩倩、秦龙：《政治冷漠与积极公民重塑》，《探索与争鸣》2016 年第 3 期。
② 李翔宇、周春晓：《论我国农民话语权的缺失与保障——基于农村群体性事件频发的分析》，《领导科学》2013 年第 14 期。

第二，农村经济发展水平的制约。亨廷顿等指出，"高水平的政治参与总是与更高水平的经济发展相伴随，经济和社会越发达的社会越倾向于赋予公众政治参与更高的价值"[①]。经济条件的制约使农民丧失参与公共事务的机会，这是农民话语权缺失的根本原因。当前，虽然我国已成为世界第二大经济体，但是城乡之间、地区之间发展极其不平衡。经济基础决定上层建筑，经济落后地区的治理模式更多地采取刚性的行政干预，市场化的元素较为欠缺，这就导致在国家和社会的互动中，政府的行政化色彩过于浓厚，普通的村民处于被动的地位，在乡村政治舞台上没有更多的话语权表达自己的利益诉求。

第三，农民利益代言人的虚置。农民在分配与再分配中主体性缺失的主要原因是没有自己的"利益代言人"，我国现有的农村社会组织由于没有法律、制度的支持，导致农民对村庄公共事务的参与缺乏自组织途径，在一定程度上压制了农民语言的表达空间，这是农民话语权缺失的直接原因。村庄治理模式基本上沿袭了人民公社时期"单轨政治"的运行逻辑，乡镇政府成为乡村发展的"代言者"抑或"主导者"。由于掌握着农村公共产品和公共服务的分配权，加上自身的"逐利性倾向"，乡镇政府极易出现以"官利"代替"民利"现象。在碎片化的乡村治理格局中，农民很难通过组织化的渠道寻找自己的代言人，在农村经济合作组织形式化的前提下只能通过村委会向国家反映自身的利益诉求，但是村委会的双重代理身份往往不能够真正代表群众的利益。

第四，农村公共对话平台的缺位。无论是哪一层级的国家政权组织，现有的人民代表大会制度人员构成中农民代表的比例相对较少，而且所选取的农民代表多为农村精英，并不能真正反映普通农民的诉求；农村矛盾纠纷在很多情况下需要借助"信访"的形式向政府反映，表达诉求，但是从基层信访的实践看，基层的信访部门更多的是负责将群

---

① 〔美〕塞缪尔·亨廷顿、〔美〕琼·纳尔逊：《难以抉择——发展中国家的政治参与》，汪晓寿、吴志华等译，华夏出版社，1989，第174页。

众意见上传,对督促、检查和反馈环节缺乏落实①;同时,村民自治中村民代表大会的虚置以及新闻媒体"报喜不报忧"的市场化运作造成农村公共对话平台的缺位。话语平台是话语权建构的物质载体,没有这个载体,农民的话语权只能停留在表面。② 农村公共对话平台的搭建是一个制度性的问题,也是一个漫长的历程。

三 对象话语理路:农户话语权的形塑

在乡村柔性治理场域,农户是治理的主体之一,但更多的是作为治理对象而存在,话语权的赋予是柔性治理实施的内在要素。农户话语权赋予和乡村柔性治理之间的内在逻辑关系在于话语权赋予村民"说话"的权利。在传统的政社关系中,农民实际上处于边缘的地位,受行政权威的影响处于"沉默"状态,这就为刚性治理的发生形塑了外部环境。话语权赋予了村民更多的话语表达的权利,农户能够尽情地表达自身的利益诉求。政社的良性互动是国家权力对基层社会的外向辐射,也是基层社会向国家内向辐射的体现,建构农户话语权才能真正实现政社互动。村委会的行政化倾向意味着"代言"就是"剥夺",村民在农村政治舞台上基本处于失语状态。因此,乡村治理转型要改变农村社会"低素质、没文化"的语言结构,逐步转变村委会"代言者"的角色功能。农户话语权的重构离不开政府、学者、媒体和社会组织的共同努力,更需要社会公众的广泛参与。后现代公共行政论者查尔斯·J. 福克斯和休·T. 米勒的"话语理论"为研究乡村柔性治理的话语路径提供了启发,作为农民话语权表达的重要载体,介于私人领域和公权力领域之间的"公共话语场"成为农民建议、诉求和谈论的空间场域。在乡村柔性治理场域,农户话语权的形塑理路在于以下几方面。

---

① 赵永红:《国家治理中的信访治理:演变、矛盾与发展》,《行政论坛》2019 年第 4 期。
② 胡宁生、魏志荣:《试论社会政治沟通的话语分析路径》,《江苏社会科学》2013 年第 3 期。

（一）软实力培育

托克维尔认为，只有使所有人和平地行使一定权利，才能让人们养成权利观念[1]，可见，话语权观念的养成依赖农民的文化素质和参与能力的提高。通过发展农村文化，培养村民的主人翁意识、权利观念和法治思维，可以在提升民智和民力的基础上将农民话语权内化为村民的自觉行为。同时，加强农村精神文明建设，消除农民的"特权思想"和"官贵民贱"等级观，倡导农民进行重复性的话语表达实践提升农民的主体意识和话语能力。要实现"公共话语场"的有效运转还必须加强农村公共精神的培育，通过加强农民的诚信建设和培育农民"积极的公民资格"促进主体意识觉醒，进而增强其参与农村政治活动的能力。

（二）制度化建构

完善和创新农民话语权的制度机制，能够为公共对话的顺利进行提供良好的平台。首先，健全政治参与机制，人民代表大会制度是农民政治参与的重要载体，应增加农民代表的数量，实现城乡居民的"同票同权"。其次，创新农民权利救济的信访制度，把公民的权利救济功能从信访制度中分离出去，增强司法救济的权威性。最后，消除对农民的歧视性制度，当前农民工的法律身份仍未发生改变，在社会发展中仍处于边缘化地位，应进一步推进户籍制度改革，使农民工群体尽可能地享受城市的公共服务，改变传统社会将农民视为"二等公民"的错误观念。

（三）组织化保障

于建嵘教授认为建立农会是解决农民话语权问题的重要途径。[2] 实际上，分散化的利益表达往往会弱化政治参与的实际效果，无论是个体还是小团体的利益诉求都难以引起公共决策者的重视，提高农民话语权表达诉求能力和整体效能的关键是培育农民群体的利益代言人。首先，

---

① 段德敏：《托克维尔论自由与权威》，《学术月刊》2016 年第 10 期。

② 于建嵘：《从刚性稳定到韧性稳定——关于中国社会秩序的一个分析框架》，《学习与探索》2009 年第 5 期。

推崇开放性思维。后现代公共行政认为政府不是唯一的"元话语"主体，基层政府应该改变"权力控制话语"的治理逻辑，赋予乡村社会更多的自治空间。其次，加快农民自组织建设。建立与"工会"和"共青团"相类似的农会组织，形成能够与政府对话的建设性力量。最后，借助农村基层党组织、集体经济组织和其他民间组织的力量，通过组织协同增强农民对政策的影响力。

（四）舆论式支持

社会舆论具有公开性，是能被直接感知的存在，已经成为推动社会和谐的重要力量，农民"公共话语场"的建构需要社会舆论的支持。首先，增强大众传媒的社会责任感。作为信息传播和民情表达的主要阵地，大众传媒要更多地关注农民的心声，为政社互动提供博弈平台。其次，强化学者的学术责任感。发挥专家学者的作用，通过高端论坛、学术争鸣等形式帮助农民建构话语权，宣传农民的农业创新技术和乡土文化，营造一个公平和谐的话语场域。最后，互联网媒体作为现代科技的产物已经成为当前的主流媒体之一，应借助互联网开放、多元、互动和创新的优势，发挥大众传播的媒介作用，增强农民话语权对政府决策输入的影响力。

（五）畅通化渠道

农户话语权的回归需要语言表达渠道的畅通作为支撑，农村公共能量场建构需要优化传统渠道并拓展新型渠道。第一，传统话语渠道的优化。针对乡镇人大代表中各类群体的比例失衡问题，上级政府部门应该出台相应的政策和措施适当地增加农民代表的数量，打破其他精英群体的话语垄断，为乡村公共事务治理中村民自主决策权的实现提供制度保障。在村级层面，村委会可通过选择性激励抑或政治动员的方式提高村民参与村民代表会议的积极性，进而实现村庄集体事务决策的民主化。第二，新型话语渠道的拓展。乡村公共能量场的建构可以是实体的亦可是虚拟的，借助互联网平台，利用 QQ、微信和微博等大众传媒方式实现信息快速、高效的传递以及农民意愿和心声的表达。新型话语渠道的建设需要基础性条件的配合，在村集体资金缺乏的情况下，乡镇政府或相关部门可以通过财政补贴的方式进行农村的政治民主建设，确保公共对话平台的良性运转。

（六）公共性塑造

农户话语权的形塑与公共精神的培育紧密相关。对公共性的追求可以为农户话语权的实现奠定基础，也是培养农民"民主品格"的关键因素。[①] 首先，强化农民的公共参与意识。在乡村公共事务治理实践中，需要借助现代传媒力量、志愿者组织、村级政治经济共同体等向农民输入必要的政治知识，通过学习型农民的培育激发政治参与的情感，转变"事不关己、高高挂起"的政治冷漠观念。其次，塑造公民理性参与精神。当地政府在村民公共理性的培育中需要发挥其鼓励、引导和协商的作用，重点是通过激励机制让农民真切地感受到政治参与的意义和价值。最后，开展公众参与的实践活动。亲自参与是培育公共性最直接的途径，比如通过制度化设计让村民积极监督村集体资产的使用情况，进而帮助其树立公正正确的权利观和角色观。

本章小结

本章主要是在前文研究的基础上，试图对乡村柔性治理范式进行学理性的阐释和总结。本书所建构的"发生—运作—应用"的分析框架，回答了乡村善治进程中柔性治理的来源性问题、运作性问题和落地性问题，但并没有对其进行学理的提炼和升华。当前，学界对柔性治理或者软治理已经有所关注，也尝试对柔性治理进行概念性的解读，但是只停留在宏观概念层面，未形成比较完备的理论体系。在本书中，笔者将柔

---

① 张良：《"资本下乡"背景下的乡村治理公共性建构》，《中国农村观察》2016 年第 3 期。

性治理的概念引入到乡村治理场域，探究乡村柔性治理的运作机理和内在逻辑，旨在促进乡村柔性治理理论体系的建构。笔者认为，在乡村治理转型背景下，中国的乡村社会正经历一个由"自治"向"善治"迈进的过程，而这个观点实际上和华中师范大学邓大才教授出版的专著《中国乡村治理：从自治到善治》所表达的核心思想是一致的。善治是政府和社会进行合作治理的新型模式，体现了国家发展正由"善政"走向"善治"的过程，核心是强调还权于社会，还政于民。21世纪以来，在国内外形势发生重大变化的情况下，在中国共产党的领导下，我国的"三农"工作取得较大进展，乡村柔性治理是实现乡村善治的一种手段或者说是善治进程中的一种有效的途径。"学理"一般被认为是科学上的法则和原理，用来揭示事物的本质和内在特性。本书以善治为核心，结合中国乡村社会现有制度架构和发展方向，尝试从学理层面对柔性治理的内在逻辑进行阐释。

基于此，根据柔性治理环境、主体、工具和对象的四大结构要素，笔者采取解构式的方法对其进行提炼。首先，在柔性治理环境方面，结合后现代公共行政话语理论提出乡村公共能量场的概念，认为乡村公共能量场的变迁过程就是农村治理环境的演变过程，乡村公共能量场在不同的制度情景下呈现不同的形态，分别是封建时期的虚置、人民公社时期的真空、乡政村治时期的失范、乡村善治时期的重构。乡村柔性治理的环境理路在于公共能量场的营造，这就涉及农户表达能力的提升，良好氛围的营造，法理秩序的完善等。其次，在柔性治理主体方面，结合"软权力"理论，认为柔性治理主体的权力逻辑在于基层政府软权力建设。软权力对治理对象的作用具有自愿性、非强制性和合作性的特点，这些特征符合乡村善治的基本理念，在走向善治的进程中，权力作为关键变量，本身也在发生着转型，大致经历了一个由"硬权力"向"软权力"的转变过程。因此，治理主体权力理路在于优化"纵向治理结构"、提升国家权力"嵌入性"、实现乡村治理主体多元化、由"功能分权"代替"行政集权"等。再次，在柔性治理工具方面，运用技术赋权理论，认为治理技术是乡村柔性治理的工具变量。在经历了国家总体性支配的制度境遇后，技术治理是未来乡村发展的主要方向，治理技术的运用是乡村治理格局重组的内在要求，互联网下的"治理转型"与"技术赋权"为柔性治理的实施提供了现实的可能性。技术治理强调治理技术的重要性，特别是网络治理技术的价值，因此，柔性治理工具的技术理路在于智慧化技术的运用。最后，在柔性治理对象方面，结合后现代公共行政话语理论中的"话语正当性"概念，认为乡村柔性治理对象的话语逻辑在于农户的话语权回归。话语权具有"权力"和"权利"的双重属性，是社会弱势群体的一种基本权利，农户话语权形塑的基本理路在于软实力培育、制度化建构、组织化保障、畅通化渠道和公共性塑造等。概言之，治理环境的场域逻辑、治理主体的权力逻辑、治理工具的技术逻辑和治理对象的话语逻辑，系统地揭示了乡村柔性治理的内在特质，为全面理解其本质内涵提供了一种解释。

第七章
研究结论与研究展望

　　治理的出现改变了公共行政的运作模式，不仅形塑了行政管理的基本生态，也影响着基层社会的发展格局。21 世纪是一个以新自由价值为典型特征的时代，政府与其他的社会主体一同介入政策制定过程是治理的本质要求，可见，由"以公众为中心"的管理模式代替"以政府为中心"的管理模式是现代化进程的必然要求。治理的本质在于不再过多强调公共权力，以及以公权力强制性为载体形成的组织和制度，而是强调政社之间的良性互动。乡村治理研究的基本理路之一是探讨基层政府和乡村社会的互动关系，注重在政府治理的逻辑架构下通过治理模式的创新、治理制度的优化和治理水平的提升来形塑政社良性互动的基本格局，最终促进乡村善治的实现。从宏观层面讲，乡村善治是国家现代治理转型下的基本要求，作为国家治理的微观领域和基础载体，乡村治理现代化是国家治理现代化的重要组成部分；从中观层面讲，乡村善治是地方政府公共治理实践中的制度创新，在有着高度集权体制历史的中国寻求民主的"钥匙"；从微观层面讲，乡村善治是乡村刚性治理失灵下的理性选择，也是乡村振兴战略落地的基本目标。

　　党的十九届四中全会提出要坚持和完善"共建共治共享"的社会治理制度，就是要建构符合中国国情的政府主导、社会协同和公众参与的基本治理格局。从历史制度主义的角度审视中国共产党领导下的乡村社会制度变迁轨迹后我们可以发现：从新中国成立初期的"资源汲取"到后农业税时代的"资本下乡",中国逐步形成行政权力主导乡村社会的发展格局,基层政府是乡村治理中的核心主体。不可否认,在社会主义初级阶段生产力水平比较低的情况下,依靠公权力强制性的刚性治理手段能够很好地促进基层社会的稳定和公共秩序的维系。但同时,随着村民自治制度的完善、社会组织的不断成长和村民主体意识的不断提升,多元化治理力量的"出场"使得当前的乡村社会成为学者口中的"公共能量场"。质言之,基层政府在社会治理中的"刚性权威"受到社会自治力量的挑战,外部嵌入和内生性整合的治理主体在推动基层治理转型中发挥了重要作用。总之,无论是乡村治理制度的变迁还是乡村治理模式的演变抑或基层政府内部的运行逻辑,基本上都是围绕着政府和乡村社会的关系展开的,乡村善治是乡村治理模式创新的基本指向。面对日益复杂的乡村社会环境,传统的以公权力为核心的乡村刚性治理体系应当根据社会环境的变迁做出调适,以便更好地促进国家治理现代化的实现。在这样的价值理念指导和实践发展背景下,乡村治理转型的实现或乡村治理秩序的建构需要以一种依靠内生性资源而非外部强加的行政权力干预的柔性治理范式才能实现。

第一节 研究结论

首先,乡村柔性治理的产生是刚性治理失灵的一种结果。新中国成立后,随着现代化国家政权建设进程的推进,国家行政权力开始介入并渗透到乡村社会。在新中国成立后的很长一段时间内,国家公权力主导着乡村社会治理的格局变迁,乡村社会构成国家公权力的秩序基础,呈现"总体性支配"的特征,这是我国乡村刚性治理发生并长期存在的主要原因。以公权力中的强制性为依托的刚性治理和乡村社会内生的礼治规范之间的结构化张力导致现代化政权建设中国家权力难以真正渗透至社会,这也是迈克尔·曼提出的"表面权力"的局限性。在现有的制度架构内,行政主导的乡村治理体制虽然能确保基层政权和乡村公共秩序的稳定，但是行政权威的过度嵌入打破了村民自治的原有基础，其凭借行政权力的刚性治理方式在很大程度上造成乡村治理"内卷化"的发生，也最终导致国家公共政策的落地困境。比如，在中央大力推行的倡导移风易俗的"绿色殡改"中，部分地区的基层政府在推行国家政策时采取强制性的刚性治理方式，造成极其恶劣的社会影响。"绿色殡改"是中央在推进现代文明建设中的一项重要举措，理应受到社会公众的支持和认可，但是基层政府在执行中忽略了乡村社会的"乡土性"，采取强制性的治理策略，最终导致政策执行受阻。在乡村治理实践中，个别地方政府的强制执法是乡村刚性治理的具体体现，其根源在于地方政府"中心工作"下的压力型体制和行政发包制，以及由压力型体制催生的地方官员晋升锦标赛的行为逻辑。总之，行政权威主导下的乡村治理格局往往导致乡村治理陷入"行政吸纳自治"的困境，这也是当前乡村治理实践中常常出现的精英俘获、内源式微和扶贫返贫等问题的主要根源。乡村柔性治理的应用在一定程度上改变了传统乡村治理的刚性结构，形塑了基层政府的运作方式，实现了政府和社会的良性互动，极大地提升了地方政府的公信力，为公共政策的执行奠定了良好的社会基础。

其次，乡村柔性治理的运作具有制度的优越性和现实的可操作性。乡村柔性治理学术命题的提出是中心工作制下刚性治理失灵的结果，在国家治理体系和治理能力现代化理念的驱动下，契合了当前乡村社会转型的需要，迎合了国家治理变革的主流方向。同时，乡村柔性治理内含"中国之治"的价值底蕴，符合中国发展的实际，有深厚的理论价值和政策影响力。从乡村生产实践的角度看，后生产主义乡村的到来赋予柔性治理更多的价值底蕴，而乡村功能的变迁引发社会治理模式的变革，这就为乡村由"刚治"到"柔治"的转变提供了成长的环境。从农民身份的转型看，我国的农民经历了新中国成立初期的"革命小农"、集体化时代的"社员小农"、改革开放后单向输入的"流动小农"、后农业税时代的"市场小农"和互联网时代的"信息小农"的变化过程，这也是传统农民向现代农民转变的过程，农民身份的多样化带来生计模式的丰富化，进一步弱化了乡村刚性治理的权威，形塑了柔性化的乡村治理结构。从农村法治进程的层面看，其推动力量主要依靠国家权力机关制定的硬法，但是往往忽略软法的功效，以软法建构为法治基础的柔性治理意味着农村法治化的发展不再单纯地依靠国家的强制力，而是积极地探寻基于乡村的柔性治理资源。因此，无论是农业的功能变迁、农民的身份转变，还是农村的法治推进都为乡村柔性治理的落地化提供了支持。实际上，作为乡村善治的一种实践方式，柔性治理已经在很多地区得到广泛的运用并且取得很好的效果。从制度和机理的逻辑关系来看，制度位于社会体系的宏观层面，侧重于社会的结构，而机理位于社会的微观层面，侧重于社会的运行。基于新制度主义的分析思路，从正式制度和非正式制度入手，在比较两者相互关系及相互作用的基础上可以了解乡村柔性治理在实践操作中的运作情况。乡村柔性治理是否拥有可操作性，意味着我们能否透视乡村柔性治理的运行机理，通过分析两种不同发展模式下村庄的柔性治理实践，可以汲取乡村柔性治理的共识性因子，其中包括自觉认同的公众参与、开放透明的利益表达、文化重塑的联动、不拘一格的引才和满足需求的服务。可见，现有的制度环境为乡村柔性治理提供了良性发展的土壤，现有的治理实践也为其深化发展提供了实践支持。

最后，乡村柔性治理的落地化实现需要一定的路径创新。乡村柔性治理的可操作化和落地化仍要置于国家宏大的体制框架下即"国家在场"，一方面要坚持和贯彻党的全面领导，这是根本保障和前提条件；另一方面，在具体的应用实践中需要和其他的制度设计相结合。作为一种乡村善治进程的"助推剂"，柔性治理应用落地的价值主要体现在其所形成的跨层级合力上。就中央层面讲，乡村柔性治理是国家治理现代化的体现；就地方层面讲，乡村柔性治理能有效地促进基层政权组织的公共性重塑；就乡村社会层面讲，乡村柔性治理有利于公共秩序的再生产；就村民个人层面看，乡村柔性治理能够推动底层群众话语权的建构。但同时研究发现，乡村柔性治理的落地化实现在现有的制度条件下还面临一系列的问题，主要体现在柔性治理结构、柔性治理能力和柔性治理体系三个方面。一是乡村柔性治理结构的失衡，从政治系统结构运转的情况看，主要体现在地方政府系统内部及其与社会发展环境互动中的结构性问题；二是乡村柔性治理能力的欠缺，主要表现在价值形塑能力的欠缺、心理疏导能力的薄弱和沟通协商能力的弱化等；三是乡村柔性治理体系的薄弱，其主要表现为村民自治体系失衡、乡村德治体系的缺位和软法规范体系的缺失。村社变迁历程中公共价值的异化、乡村理性建构中传统文化的消解、农村法治进程中软法建构的滞后等是导致柔性治理难以落地的根源。当前我国在乡村治理的实践和理论研究中形成了较为完备的"三治融合"治理理论，该理论基于结构、能力和体系的三维框架从基层政权组织运作的行为逻辑和乡村社会的内部结构出发将柔性治理的理念、价值和方式融入现有的乡村治理体系中，促进了柔性治理的有效落地。

第二节　研究展望

在公共管理场域，柔性治理的基本逻辑在于打破传统官僚制的单一权威治理模式，强调政社良性互动和社会的内源式发展。乡村柔性治理是乡村治理转型背景下极具创新性的学术命题，因为它涉及乡村治理主体、政府权力结构、乡村治理目标及治理方式等要素的变革。同时，乡村柔性治理的研究也涉及政治学、社会学、生态学和心理学的内容，从不同的视角解读有不同的意蕴，是面向未来的一种乡村治理范式。但在研究的过程中笔者也发现，乡村柔性治理的建构和解构所涉及的学科体系较为复杂，知识面也比较广泛，加之自己在田野调查和社会实践中经验的欠缺以及知识结构体系的不够完善，依据递进式的思维，尝试建立的"发生—运作—应用"的逻辑分析框架只是粗浅地对乡村柔性治理的来源性问题、运作性问题和落地性问题进行分析，仍然有很多研究问题值得探究，这也是笔者后续研究需要关注和深化的地方。

首先，柔性治理在实践中带来新的治理失灵问题。从哲学辩证法层面讲，"柔"和"刚"是一组对立统一的概念，刚性治理的失灵为柔性治理的产生提供了可能，但是乡村柔性治理的实践同样面临着失灵的问题。第一，在村民主体意识和自觉意识还比较薄弱的情况下，过分地强调协商、指导、民主和对话等柔性治理方式极易陷入"隐形强制"的藩篱。第二，作为民主治理的一种特有形态，乡村柔性治理强调协商的重要性，但是协商会增加"时间成本"和"机会成本"，也易产生村民集体行动的困境。在一些突发的群体性事件中，弱化刚性权威容易导致社会秩序的失范。第三，乡村柔性治理的实施重视农村非正式制度资源的利用，比如村规民约、宗族伦理和地方性知识等，但是这些非正式制度资源的某些方面和现代法治的理念或者内容是相违背的，因此，过分强调柔性治理也会在某种程度上阻滞农村法治的建设进程。第四，乡村柔性治理的实施会弱化刚性的制度权威。在社会流动性大和利益分化严重的情况下，乡村社会公共秩序的稳定主要靠政府部门刚性的制度法规进行维系，柔性治理的应用可能为个别公民的"非法活动"提供便利，在乡村社会自控力发展程度较低的情况下产生危害农村社会稳定的不确定因素。

其次，柔性治理和刚性治理制度之间的衔接问题。柔性治理符合国家治理现代化的理念，迎合未来公共治理的发展趋势，是推进乡村善治的一种公共治理范式。但是，乡村治理主体在很多情况下难以把强制性的刚性治理和非强制性的柔性治理之间的应用边界弄清楚。第一，柔性治理的主体是多元的，村民也是软法制定的核心主体，因此，乡村共同体作为基层社会的一个"私域"，在缺乏有效监管的情况下有可能制定出违背国家公共领域准则的软法规则，使这些规范带有行业保护主义的偏好，与国家现行的法律法规相冲突。第二，中国的小农天然具有趋利性，在与基层政府的互动中过多地倾向于追求自身的利益最大化，这就弱化了政府部门的制度权威性，也是部分柔性治理规范正当性不足的主要原因。第三，乡村柔性治理的相关规范载体是复杂多样的，但规范载体的多样性也有随意性的一面，极易造成公众认知和辨别上的困难，从实施效果来看，其权威性在一定程度上被弱化。因此，在当前行政权威主导的乡村范式治理中正确地理清柔性治理和刚性治理制度的衔接问题是后期需要探讨的重要学术命题。

最后，柔性治理在其他研究领域中的拓展性问题。从当前国内柔性治理的研究内容来看，其所涉及的领域和范围比较狭窄，对柔性治理概念和内涵的界定也存在差异。因此，能否在全面系统把握其内涵的基础上科学地揭示柔性治理的本质，并在其他的学科得到拓展性应用是笔者所考虑的。柔性治理从学科属性上属于公共管理学的范畴，笔者将其运用到乡村治理场域，除此之外，是否能将其拓展应用到心理学、社会学和政治学等领域，在研究对象上，是否可以将其运用到城市治理、公共危机治理、国际安全治理和环境治理等研究领域是未来学者需要考虑的问题。同时，笔者认为将柔性治理理念和技术应用到其他社会治理领域可促进柔性治理理论体系的完善，也可以实现对其实践性和可操作性的检验。再者，在绩效考核领域，如何通过科学的指标体系设计、专业的权重计算和规范的评价标准对乡村柔性治理实施的效果进行评估也是需要考虑的问题。柔性治理的拓展性研究实现是一个渐进的过程，作为政社良性互动的善治模式，柔性治理效果的体现涉及社会的主体性培育和公众话语权建构等问题，或者说柔性治理对治理主体和治理对象来说是一次思想的变革，其社会效果也不一定能立竿见影，其影响更多的是潜移默化的，需要一个理解、接受、参悟和融合的过程。但是笔者相信，在国家大力推进"放管服"体制改革的浪潮下，柔性治理作为一种治理范式一定能够在其他的研究领域得到很好的运用。

参考文献

中文文献

〔美〕B. 盖伊·彼得斯:《政府未来的治理模式》,吴爱明、夏宏图译,中国人民大学出版社,2001。

〔美〕E. S. 萨瓦斯:《民营化与公私部门的伙伴关系》,周志忍等译,中国人民大学出版社,2002。

〔美〕埃莉诺·奥斯特罗姆:《公共事物的治理之道——集体行动制度的演进》,余逊达、陈旭东译,上海三联书店,2000。

白现军、张长立:《乡贤群体参与现代乡村治理的政治逻辑与机制构建》,《南京社会科学》2016年第11期。

拜茹、尤光付:《自主性与行政吸纳合作:乡村振兴中基层社会治理模式的机制分析》,《青海社会科学》2019年第1期。

蔡文成:《基层党组织与乡村治理现代化:基于乡村振兴战略的分析》,《理论与改革》2018年第3期。

曹锦清:《黄河边的中国:一个学者对乡村社会的观察与思考》,上海文艺出版社,2000。

曹现强、张霞飞:《刚柔并济:社区冲突视域下地方政府治理的双重逻辑——基于配建"共享小区"冲突的多案例对比研究》,《中国行政管理》2019年第12期。

曹召胜：《从"力治"到"柔治"——基于武陵民族地区 Y 村治理实践的考察》，《湖北民族学院学报》（哲学社会科学版）2018 年第 5 期。

〔美〕查尔斯·林德布洛姆：《决策过程》，竺乾威、胡君芳译，上海译文出版社，1988。

巢小丽：《乡村治理现代化的建构逻辑："宁海 36 条"政策绩效分析》，《中国行政管理》2016 年第 8 期。

陈成文、陈静：《习惯与新时代基层社会治理》，《探索》2020 年第 1 期。

陈锋：《分利秩序与基层治理内卷化：资源输入背景下的乡村治理逻辑》，《社会》2015 年第 3 期。

陈寒非：《嵌入式法治：基于自组织的乡村治理》，《中国农业大学学报》（社会科学版）2019 年第 1 期。

陈家建、张琼文：《政策执行波动与基层治理问题》，《社会学研究》2015 年第 3 期。

陈明：《"家户"：中国农村治理研究新视角的建构》，《内蒙古社会科学》（汉文版）2015 年第 6 期。

陈荣卓、刘亚楠：《共建共享：十八大以来农村社区治理机制的优化路径》，《社会主义研究》2016 年第 4 期。

陈潭：《第三方治理：理论范式与实践逻辑》，《政治学研究》2017 年第 1 期。

陈涛、李华胤：《"箱式治理"：自治、法治与德治的作用边界与实践效应——以湖北省京山市乡村振兴探索为例》，《探索》2019 年第 5 期。

陈振明：《公共管理的实践变化与学科转型》，《公共管理评论》2019 年第 3 期。

池建华：《道德"红黑榜"与"三治结合"乡村治理体系的健全》，

《农业经济问题》2019年第9期。

仇叶：《富人治村的类型与基层民主实践机制研究》，《中国农村观察》2017年第1期。

〔美〕戴维·奥斯本·特德·盖布勒：《改革政府：企业家精神如何改革着公共部门》，周敦仁等译，上海译文出版社，2006。

〔英〕戴维·冈特利特主编《网络研究：数字化时代媒介研究的重新定向》，彭兰等译，新华出版社，2004。

党国英：《我国乡村治理改革回顾与展望》，《社会科学战线》2008年第12期。

邓大才：《中国乡村治理研究的传统及新的尝试》，《学习与探索》2012年第1期。

邓大才：《走向善治之路：自治、法治与德治的选择与组合——以乡村治理体系为研究对象》，《社会科学研究》2018年第4期。

邓建华：《构建自治法治德治"三治合一"的乡村治理体系》，《天津行政学院学报》2018年第6期。

狄金华、钟涨宝：《从主体到规则的转向——中国传统农村的基层治理研究》，《社会学研究》2014年第5期。

丁煌、陈晓方：《整体性政府视角下市县政府职责体系构建研究——以汕头市濠江区行政体制改革为例》，《中国行政管理》2017年第8期。

丁志刚、王杰：《中国乡村治理70年：历史演进与逻辑理路》，《中国农村观察》2019年第4期。

董娟：《基层治理研究文献的统计分析——以中国期刊网篇名为"基层治理"的文献为考察对象》，《理论与改革》2014年第3期。

房正宏、王冲：《互联网时代的乡村治理：变迁与挑战》，《电子政务》2017年第1期。

费孝通：《乡土中国》，人民出版社，2008。

〔美〕佛雷德·雷格斯：《行政生态学》，金耀基译，台湾商务印书馆，1985。

付春：《软治理：国家治理中的文化功能》，《中国行政管理》2009年第3期。

高奇琦、陈建林：《大数据公共治理：思维、构成与操作化》，《人文杂志》2016年第6期。

高艳芳、黄永林：《论村规民约的德治功能及其当代价值——以建立"三治结合"的乡村治理体系为视角》，《社会主义研究》2019年第2期。

耿国阶、王亚群：《城乡关系视角下乡村治理演变的逻辑：1949～2019》，《中国农村观察》2019年第6期。

龚长宇：《新的社会阶层统战工作与柔性治理——基于苏州市G区的调研》，《社会建设》2019年第4期。

桂华：《面对社会重组的乡村治理现代化》，《政治学研究》2018年第5期。

郭丽兰：《农村基层治理的主体变迁与机制创新——对广东省珠三角地区的考察与分析》，《中州学刊》2016年第11期。

郭苏建、王鹏翔：《中国乡村治理精英与乡村振兴》，《南开学报》（哲学社会科学版）2019年第4期。

韩前广：《城市社区柔性治理的人心濡化之道——基于上海市J区"客堂汇"的个案研究》，《四川行政学院学报》2018年第1期。

何阳、孙萍：《"三治合一"乡村治理体系建设的逻辑理路》，《西南民族大学学报》（人文社科版）2018年第6期。

何哲：《从硬治理到软治理：国家治理体系完善的一个趋势》，《行政管理改革》2019年第12期。

何植民、陈齐铭：《中国乡村基层治理的演进及内在逻辑》，《行政论坛》2017年第3期。

贺雪峰：《村治的逻辑：农民行动单位的视角》，中国社会科学出版社，2009。

贺雪峰：《乡村治理研究的三大主题》，《社会科学战线》2005 年第 1 期。

贺雪峰、刘岳：《基层治理中的"不出事逻辑"》，《学术研究》2010 年第 6 期。

胡税根、翁列恩：《构建政府权力规制的公共治理模式》，《中国社会科学》2017 年第 11 期。

黄君录、何云庵：《新时代乡村治理体系建构的逻辑、模式与路径——基于自治、法治、德治相结合的视角》，《江海学刊》2019 年第 4 期。

霍军亮、吴春梅：《乡村振兴战略下农村基层党组织建设的理与路》，《西北农林科技大学学报》（社会科学版）2019 年第 1 期。

姬超：《城乡结构演变视阈下的乡村治理体系优化研究》，《农业经济问题》2018 年第 8 期。

季丽新、张寒：《农村社会稳定视阈下的农村民主协商治理机制创新》，《中国行政管理》2015 年第 11 期。

贾海薇：《县乡治理中的国家管理控制与乡村基层自治的互动——基于公共权利与私人权利博弈的分析》，《农业经济问题》2013 年第 3 期。

姜晓萍、许丹：《新时代乡村治理的维度透视与融合路径》，《四川大学学报》（哲学社会科学版）2019 年第 4 期。

姜玉欣、王忠武：《我国乡村治理的趋势、问题及其破解路径》，《理论学刊》2016 年第 6 期。

金江峰：《服务下乡背景下的基层"治理锦标赛"及其后果》，《中国农村观察》2019 年第 2 期。

井世洁、赵泉民：《新型乡村社区治理模式构建——基于苏南 Y 村

"村社协作型"的个案》，《南京社会科学》2015年第4期。

景跃进：《中国农村基层治理的逻辑转换——国家与乡村社会关系的再思考》，《治理研究》2018年第1期。

〔哥〕凯瑟琳·奎塞：《体改所与政策制定：毛以后中国的专业化研究》，方冶立译，台湾大风出版社，2008。

〔英〕克里斯托弗·胡德：《国家的艺术：文化、修辞与公共管理》，彭勃、邵春霞译，上海人民出版社，2004。

郎友兴：《走向总体性治理：村政的现状与乡村治理的走向》，《华中师范大学学报》（人文社会科学版）2015年第2期。

雷望红：《基层党员在乡村社会转型背景下的身份重塑与功能再造——以湖北Z县党建工作为例》，《北京工业大学学报》（社会科学版）2019年第6期。

李博、杨朔：《乡村振兴中"治理有效"的实践路径与制度创新——基于陕南汉阴县"321"乡村治理模式的分析》，《云南社会科学》2019年第3期。

李华胤：《农村基层治理体制实践与发展70年：有效的视角》，《中国农业大学学报》（社会科学版）2019年第5期。

李辉、蔡林慧：《论基层治理的制度变迁与基层协商治理》，《社会主义研究》2015年第4期。

李洁：《农业"去集体化"过程中的乡村治理与底层政治 对一段乡村历史的分层解读》，《社会》2013年第2期。

李文钊、蔡长昆：《政治制度结构、社会资本与公共治理制度选择》，《管理世界》2012年第8期。

李宜钊、孔德斌：《公共治理的复杂性转向》，《南京农业大学学报》（社会科学版）2015年第3期。

李增元：《农村基层治理单元的历史变迁及当代选择》，《华中师范大学学报》（人文社会科学版）2018年第2期。

李卓、郭占锋、左停：《"后乡村精英"时代的乡村如何治理？——对既有研究文献的梳理与反思》，《西北农林科技大学学报》（社会科学版）2017 年第 5 期。

李祖佩、钟涨宝：《项目制实践与基层治理结构——基于中国南部 B 县的调查分析》，《中国农村经济》2016 年第 8 期。

梁漱溟：《乡村建设理论》，上海人民出版社，2006。

林耀华：《金翼：中国家族制度的社会学研究》，生活·读书·新知三联书店，2008。

刘红凛：《基层服务型党组织建设的困境与进路》，《探索》2015 年第 3 期。

刘金海：《中国农村治理 70 年：两大目标与逻辑演进》，《华中师范大学学报》（人文社会科学版）2019 年第 6 期。

刘守英、熊雪锋：《中国乡村治理的制度与秩序演变——一个国家治理视角的回顾与评论》，《农业经济问题》2018 年第 9 期。

刘淑兰：《乡村治理中乡贤文化的时代价值及其实现路径》，《理论月刊》2016 年第 2 期。

刘义强、胡军：《村户制传统及其演化：中国农村治理基础性制度形式的再发现》，《学习与探索》2014 年第 1 期。

刘祖云：《十大政府范式：现实逻辑与理论解读》，江苏人民出版社，2014。

刘祖云、李烊：《在乡村振兴语境下培育"情感共同体"》，《江苏行政学院学报》2019 年第 1 期。

娄成武：《浅议国家治理体系和治理能力现代化》，《中国高校科技》2014 年第 11 期。

鲁可荣、金菁：《从"失落"的村民自治迈向有效的协同共治——基于金华市乡村治理创新实践分析》，《广西民族大学学报》（哲学社会科学版）2015 年第 3 期。

陆学艺：《"三农"新论：当前中国农业、农村、农民问题研究》，社会科学文献出版社，2005。

陆益龙：《乡村社会治理创新：现实基础、主要问题与实现路径》，《中共中央党校学报》2015 年第 5 期。

〔瑞〕马茨·阿尔维森、〔英〕休·维尔莫特：《理解管理：一种批判性的导论》，戴荼译，中央编译出版社，2012。

〔美〕米切尔·K. 林德尔等：《应急管理概论》，王宏伟译，中国人民大学出版社，2011。

〔德〕米歇尔·鲍曼：《道德的市场》，肖君、黄承业译，中国社会科学出版社，2003。

〔美〕尼古拉斯·亨利：《公共行政与公共事务》，张昕等译，中国人民大学出版社，2001。

欧阳静：《策略主义——桔镇运作的逻辑》，中国政法大学出版社，2011。

欧阳静：《论基层运动型治理——兼与周雪光等商榷》，《开放时代》2014 年第 6 期。

〔英〕帕特里克·敦利威：《民主、官僚制与公共选择——政治科学中的经济学阐释》，张庆东译，中国青年出版社，2004。

钱全：《"多元善治"：基层网格化多元共治及实践限度——以苏南涉农社区个案为例》，《新疆社会科学》2019 年第 3 期。

〔美〕乔尔·S. 米格代尔：《社会中的国家：国家与社会如何相互改变与相互构成》，李杨、郭一聪译，江苏人民出版社，2013。

曲延春、王成利：《政策演进与乡村治理四十年：1978—2018——以中央一号文件为基础的考察》，《学习与探索》2018 年第 11 期。

任敏：《"四直为民"机制：基层整体性治理的新探索》，《探索》2018 年第 2 期。

沈费伟：《传统国家乡村治理的历史脉络与运作逻辑》，《华南农业大学学报》（社会科学版）2017 年第 1 期。

宋连胜、白启鹏：《农村基层协商民主的时代价值》，《理论探讨》2016 年第 1 期。

孙柏瑛、武俊伟：《"双向建构"中的城市政府基层社会治理转型——路径、困境与未来展望》，《公共管理与政策评论》2018 年第 1 期。

孙萍：《中国社区治理的发展路径：党政主导下的多元共治》，《政治学研究》2018 年第 1 期。

孙萍、邓小川：《从行政指导视角论我国信访救济的完善》，《东北大学学报》（社会科学版）2018 年第 1 期。

谭九生、任蓉：《大数据嵌入乡村治理的路径创新》，《吉首大学学报》（社会科学版）2017 年第 6 期。

谭兴中：《新农村治理模式探讨》，《行政论坛》2010 年第 6 期。

〔瑞典〕汤姆·R.伯恩斯等：《结构主义的视野：经济与社会的变迁》，周长城等译，社会科学文献出版社，2000。

〔美〕特里·L.库珀：《行政伦理学：实现行政责任的途径》，张秀琴译，中国人民大学出版社，2010。

田杰、陈彬森、靳景玉：《合作社内部信用合作风险管控与治理改进：柔性治理或刚性治理——以山东佳福合作社为例》，《农村经济》2019 年第 6 期。

田先红：《基层信访治理中的"包保责任制"：实践逻辑与现实困境——以鄂中桥镇为例》，《社会》2012 年第 4 期

田雄、郑家昊：《被裹挟的国家：基层治理的行动逻辑与乡村自主——以黄江县"秸秆禁烧"事件为例》，《公共管理学报》2016 年第 2 期。

王文彬：《自觉、规则与文化：构建"三治融合"的乡村治理体系》，《社会主义研究》2019 年第 1 期。

王文龙：《结构功能主义视角下乡村治理模式嬗变与中国乡村治理政策选择》，《现代经济探讨》2019 年第 10 期。

王向阳：《新双轨治理：中国乡村治理的旧制度与新常态——基于四地乡村治理实践的考察》，《甘肃行政学院学报》2017 年第 2 期。

王亚华、高瑞、孟庆国：《中国农村公共事务治理的危机与响应》，《清华大学学报》（哲学社会科学版）2016 年第 2 期。

温铁军、张俊娜、邱建生、董筱丹：《国家安全以乡村善治为基础》，《国家行政学院学报》2016 年第 1 期。

温铁军等：《八次危机：中国的真实经验 1949—2009》，东方出版社，2012。

〔德〕乌尔里希·贝克：《风险社会》，何博闻译，译林出版社，2004。

吴理财、刘磊：《改革开放以来乡村社会公共性的流变与建构》，《甘肃社会科学》2018 年第 2 期。

吴晓燕：《精细化治理：从扶贫破局到治理模式的创新》，《华中师范大学学报》（人文社会科学版）2016 年第 6 期。

吴毅：《小镇喧嚣：一个乡镇政治运作的演绎与阐释》，生活·读书·新知三联书店，2007。

项继权、刘开创：《城镇化背景下中国乡村治理的转型与发展》，《华中师范大学学报》（人文社会科学版）2019 年第 2 期。

肖唐镖：《近十年我国乡村治理的观察与反思》，《华中师范大学学报》（人文社会科学版）2014 年第 6 期。

肖唐镖等：《村治中的宗族：对九个村的调研与研究》，上海书店出版社，2001。

谢小芹：《"接点治理"：贫困研究中的一个新视野——基于广西圆村"第一书记"扶贫制度的基层实践》，《公共管理学报》2016 年第 3 期。

熊万胜：《试论乡村社会的治理振兴》，《中国农业大学学报》（社会科学版）2019年第3期。

徐春光：《公共文化服务的"软治理"要义与发展逻辑》，《学习与实践》2016年第8期。

徐林、宋程成、王诗宗：《农村基层治理中的多重社会网络》，《中国社会科学》2017年第1期。

徐明强、许汉泽：《新耦合治理：精准扶贫与基层党建的双重推进》，《西北农林科技大学学报》（社会科学版）2018年第3期。

徐勇：《"分"与"合"：质性研究视角下农村区域性村庄分类》，《山东社会科学》2016年第7期。

徐勇：《乡村治理与中国政治》，中国社会科学出版社，2003。

许源源、左代华：《乡村治理中的内生秩序：演进逻辑、运行机制与制度嵌入》，《农业经济问题》2019年第8期。

薛美琴、马超峰：《技术夹层：嵌入基层社会结构中的治理机制》，《学习与实践》2019年第6期。

严泽鹏：《柔性治理：基层政府防治邻避型环境群体性事件的一种尝试》，《贵州省党校学报》2018年第4期。

颜俊儒、梁国平：《乡村治理视角下新时代农村基层党组织组织力的提升》，《理论探讨》2019年第2期。

杨华、王会：《重塑农村基层组织的治理责任——理解税费改革后乡村治理困境的一个框架》，《南京农业大学学报》（社会科学版）2011年第2期。

杨嵘均：《论正式制度与非正式制度在乡村治理中的互动关系》，《江海学刊》2014年第1期。

杨帅、温铁军：《乡村治理劣化对新时期扶贫开发的影响及对策研究》，《探索》2014年第5期。

杨新荣、杨勇军、黄大乾：《乡村社会治理的框架、模式与路径研究——以广东省为例》,《农业经济问题》2019 年第 8 期。

叶林、张光明:《城乡基层协同治理的难题与化解:顺德改革的探索》,《公共行政评论》2014 年第 2 期。

叶敏:《城市基层治理的条块协调:正式政治与非正式政治——来自上海的城市管理经验》,《公共管理学报》2016 年第 2 期。

殷民娥:《多元与协同:构建新型乡村治理主体关系的路径选择》,《江淮论坛》2016 年第 6 期。

印子:《乡村基本治理单元及其治理能力建构》,《华南农业大学学报》(社会科学版)2018 年第 3 期。

游碧蓉、吴东阳:《刚性治理与柔性治理:农村合作金融的选择》,《福建农林大学学报》(哲学社会科学版)2018 年第 6 期。

于建嵘:《社会变迁进程中乡村社会治理的转变》,《人民论坛》2015 年第 14 期。

于水、王亚星、杜焱强:《异质性资源禀赋、分类治理与乡村振兴》,《西北农林科技大学学报》(社会科学版)2019 年第 4 期。

俞可平:《治理与善治》,社会科学文献出版社,2000。

俞可平、徐秀丽:《中国农村治理的历史与现状——以定县、邹平和江宁为例的比较分析》,《经济社会体制比较》2004 年第 3 期。

郁建兴:《社会治理共同体及其建设路径》,《公共管理评论》2019 年第 3 期。

袁方成、罗家为:《十八大以来城乡基层治理的新方向、新格局与新路径》,《社会主义研究》2016 年第 1 期。

袁金辉、乔彦斌:《自治到共治:中国乡村治理改革 40 年回顾与展望》,《行政论坛》2018 年第 6 期。

原超:《新"经纪机制":中国乡村治理结构的新变化——基于泉州市 A 村乡贤理事会的运作实践》,《公共管理学报》2019 年第 2 期。

原贺贺:《产业扶贫中提升型激励项目的基层治理逻辑》,《青海社会科学》2020 年第 1 期。

〔美〕詹姆斯·R. 汤森、〔美〕布兰特利·沃马克:《中国政治》,顾速、董方译,江苏人民出版社,2007。

张必春、许宝君:《整体性治理:基层社会治理的方向和路径——兼析湖北省武汉市武昌区基层治理》,《河南大学学报》(社会科学版)2018 年第 6 期。

张诚、刘祖云:《乡村公共空间的公共性困境及其重塑》,《华中农业大学学报》(社会科学版)2019 年第 2 期。

张春华:《大数据时代的乡村治理审视与现代化转型》,《探索》2016 年第 6 期。

张国磊、张燕妮:《新时代乡村振兴主体的角色定位》,《农村经济》2019 年第 12 期。

张晶:《正式纠纷解决制度失效、牟利激励与情感触发——多重面相中的"医闹"事件及其治理》,《公共管理学报》2017 年第 1 期。

张静:《基层政权:乡村制度诸问题》,浙江人民出版社,2000。

张康之:《政策问题建构:从追求共识到尊重差异》,《社会科学研究》2015 年第 5 期。

张立荣、冉鹏程:《社会资本视角下乡村治理的困境分析与出路探寻——以恩施州利川市律师事务所参与乡村治理为例》,《华中师范大学学报》(人文社会科学版)2018 年第 4 期。

张良:《"资本下乡"背景下的乡村治理公共性建构》,《中国农村观察》2016 年第 3 期。

张露露、任中平:《乡村治理视阈下现代乡贤培育和发展探讨》,《广州大学学报》(社会科学版)2016 年第 8 期。

张小劲、于晓虹:《中国基层治理创新:宏观框架的考察与比较》,《江苏行政学院学报》2012 年第 5 期。

张新文、戴芬园:《权力下沉、流程再造与农村公共服务网格化供给——基于浙东"全科网格"的个案考察》，《浙江社会科学》2018 年第 8 期。

周常春、刘剑锋、石振杰：《贫困县农村治理"内卷化"与参与式扶贫关系研究——来自云南扶贫调查的实证》，《公共管理学报》2016 年第 1 期。

周根才：《走向软治理：基层政府治理能力建构》，《学术界》2014 年第 10 期。

周庆智：《改革与转型：中国基层治理四十年》，《政治学研究》2019 年第 1 期。

周庆智：《县政治理：权威、资源、秩序》，中国社会科学出版社，2014。

周少来：《乡村治理：制度性纠结何在》，《人民论坛》2019 年第 3 期。

周少来：《中国乡村治理结构转型研究——以基层腐败为切入点》，《理论学刊》2018 年第 2 期。

周学馨、李龙亮：《以"三治"结合推动乡村治理体系整体性变革》，《探索》2019 年第 4 期。

朱启臻：《村落价值与乡村治理关系的探讨》，《国家行政学院学报》2018 年第 3 期。

竺乾威：《新公共治理：新的治理模式?》，《中国行政管理》2016 年第 7 期。

英文文献

Derek Fine, Tamarie Johnson, "Digital Asset Management in the Public Sector," *Journal of Digital Asset Management*, Vol. 1, 2005.

Haiyan Helen Yu, Mike Edmunds, "Governance of the Irrigation Commons under Integrated Water Resources Management-A Comparative Study in

Contemporary Rural China," *Environmental Science and Policy*, Vol. 55, 2016.

Liu Chengfang, Zhang Linxiu, "Project Design, Village Governance and Infrastructure Quality in Rural China," *China Agricultural Economic Review*, Vol. 2, 2013.

Lynette Molyneaux, Brian Head, "Why Information and Transparency about Electricity Matter: Fragmentation of Governance and Accountability under New Public Management," *Australian Journal of Public Administration*, Vol. 1, 2020.

Paul Collins, "Book Review: Public Management Reform: Comparative Experiences from East and West," Edited by David Coombes and Tony Verheijen European Commission, Brussels, *Public Administration and Development*, Vol. 5, 1997.

Pradip Kumar Sarker, Md Saifur Rahman, Lukas Giessen, "Regional Governance by the South Asia Cooperative Environment Program (SACEP)? Institutional Design and Customizable Regime Policy Offering Flexible Political Options," *Land Use Policy*, Vol. 77, 2018.

Rory Shand, "The Role of Ethics and Targets in Environmental Governance and the Enduring Importance of New Public Management," *Political Studies Review*, Vol. 10, 2018.

Sandra Lavenex, "Concentric Circles of Flexible 'European' Integration: A Typology of EU External Governance Relations," *Comparative European Politics*, Vol. 4, 2011.

Sandra Lavenex, "Concentric Circles of Flexible 'European' Integration: A Typology of EU External Governance Relations," *Comparative European Politics*, Vol. 9, 2011.

Shuna Wang, Yao Yang, "Grassroots Democracy and Local Governance:

Evidence from Rural China," *Procedia-Social and Behavioral Sciences*, Vol. 5, 2010.

Soonhee Kim, Jooho Lee, "Gender and E-Participation in Local Governance: Citizen E-Participation Values and Social Ties," *International Journal of Public Administration*, Vol. 13, 2019.

Steven Crawford, Ying Huang, "Customer Concentration and Public Disclosure: Evidence from Management Earnings and Sales Forecasts," *Contemporary Accounting Research*, Vol. 1, 2020.

Su Dinh Thanh, "Fiscal Decentrallzation and Economic Growth of Vietnam Ese Provinces: The Role of Local Public Governance," *Annals of Public and Cooperative Economics*, Vol. 1, 2020.

Zhang Yiwen, Shashi Kant, Jinlong Liu, "Principal-agent Relationships in Rural Governance and Benefit Sharing in Community Forestry: Evidence from a Community Forest Enterprise in China," *Forest Policy and Economics*, Vol. 107, 2019.

图书在版编目（CIP）数据

乡村柔性治理研究 / 胡卫卫著 . --北京：社会科
学文献出版社，2023.3
ISBN 978-7-5228-1487-2

Ⅰ.①乡…　Ⅱ.①胡…　Ⅲ.①农村-群众自治-研究
-中国　Ⅳ.①D638

中国国家版本馆 CIP 数据核字（2023）第 038294 号

乡村柔性治理研究

著　　者 / 胡卫卫

出 版 人 / 王利民
责任编辑 / 李明伟
文稿编辑 / 陈　冲
责任印制 / 王京美

出　　版 / 社会科学文献出版社·国别区域分社（010）59367078
　　　　　地址：北京市北三环中路甲 29 号院华龙大厦　邮编：100029
　　　　　网址：www.ssap.com.cn
发　　行 / 社会科学文献出版社（010）59367028
印　　装 / 三河市尚艺印装有限公司

规　　格 / 开　本：787mm×1092mm　1/16
　　　　　印　张：21.5　字　数：295 千字
版　　次 / 2023 年 3 月第 1 版　2023 年 3 月第 1 次印刷
书　　号 / ISBN 978-7-5228-1487-2
定　　价 / 98.00 元

读者服务电话：4008918866